藏在书包里的玫瑰

静涛◎著

江西美术出版社
JIANGXI FINE ARTS PUBLISHING HOUSE

图书在版编目（CIP）数据

藏在书包里的玫瑰 / 静涛著 . -- 南昌 : 江西美术出版社 , 2017.10

（畅销大全）

ISBN 978-7-5480-5528-0

Ⅰ . ①藏… Ⅱ . ①静… Ⅲ . ①青春期－性教育 Ⅳ . ① G479

中国版本图书馆 CIP 数据核字（2017）第 158263 号

出 品 人：汤 华
企　　划：江西美术出版社北京分社（北京江美长风文化传播有限公司）
策　　划：北京兴盛乐书刊发行有限责任公司
责任编辑：王国栋　陈　东　刘霄汉　楚天顺
版式设计：张丽娜
责任印制：谭　勋

藏在书包里的玫瑰

作　　者：静　涛

出　　版：江西美术出版社
社　　址：南昌市子安路 66 号江美大厦
网　　址：http：//www.jxfinearts.com
电子信箱：jxms@jxfinearts.com
电　　话：010-82293750　　0791-86566124
邮　　编：330025
经　　销：全国新华书店
印　　刷：固安县保利达印务有限公司
版　　次：2017 年 10 月第 1 版
印　　次：2017 年 10 月第 1 次印刷
开　　本：710 mm × 960 mm　1/16
印　　张：23.5
I S B N：978-7-5480-5528-0
定　　价：39.80 元

前言

Preface

青春期是孩子身体快速发育的重要时期，是一个人从儿童长成大人的时候，是一个人一生中最重要的过渡时期。在这段时期，不仅要注意饮食全面，荤素搭配，还要参加一些体育活动，适当锻炼自己，促进身体发育，锻炼出强健体魄。当然，这段时期更重要的是思想认识、世界观的形成，也就是说这是一个人的心智全面发展的时期。如果一个人不能在这一时期好好把握，将来极有可能会后悔虚度了光阴。因为这不仅仅是身体成长的重要时期，也是学习成长的大好时期，错过了就很难弥补。也可以说，青春期的成长决定了你将来成为一个什么样的人。

因此，为了数亿成长中的孩子，我们从四个大的方面组织材料，悉心编写了这本书。

第一，我们从孩子的心理健康入手，帮助孩子解决一些成长中碰到的心理问题。例如，引导孩子解决青春期的逆反心理，帮助沉迷网络、不能正确管理自己的时间的孩子找到解决办法，给太在意自己在异性面前的表现却很自卑的孩子信心，纠正孩子们不正当的偶像崇拜，等等。

第二，我们从孩子的身体健康入手，帮助孩子合理摄取营养，普及孩子对青春期身体发育的认识和了解，避免不当的生活方式给身体带来永久的伤害。当然，家长也可以从中得到启示，对孩子青春期身体的健康成长尽到为人父母的责任。例如，肥胖症、近视、佝偻病等多是在这一时期得的。

第三，我们从孩子的生理认识入手，帮助孩子了解两性知识，对身体发育带来的症状做一些说明的同时给孩子们正确的性知识引导。例如，女性乳房变大、月经初潮等；男性喉结变大、早勃等。通过对这些现象的认识，正确对待性成熟，避免各种不当行为。

第四，我们从孩子的交际入手。帮助孩子提早了解社会，掌握与人交际的能力，克服社交恐惧症。例如，学生成长期，对于男女同学之间的关系要掌握适当，不可因爱生恨，影响学习，也不要结交一些社会闲杂人员，给青春期孩子带来不良的影响。

我国绝大部分青春期的孩子都在校园里度过，所以对于校园安全知识的了解，也是本书要讲的一个重要内容。如今校园侵害案件时有发生，也从一个侧面说明了我们对孩子校园教育的疏忽。因此我们单列一篇，在帮助学生提高学习成绩的同时，也为他们过好自己的校园生活提个醒，校园生活是美好的，但是也要警惕和防范，不要在青少年时期就开始怀疑人生，仇恨社会。

本书既可作为帮助孩子们成长进步的课外读物，也可以作为父母们的亲子读物，让家长更好地了解孩子们的喜好、理解孩子们的烦恼，成为孩子们身边的良师益友。希望本书能帮助每一个青春期的孩子安全度过青春期，健康成长。

目录

Contents

男孩篇　健康成长，成为真正男子汉

第1章　男孩心理健康发展的基础课 / 003

青春期男孩常见心理障碍 / 003

如何克服青春期嫉妒心理 / 006

青春期男孩的逆反心理 / 009

谨防青春期抑郁症 / 012

正确对待自己的容貌 / 016

正确引导青春期男孩恋爱心理 / 020

克制青春期偶像崇拜心理 / 025

青春期男孩性心理特点及调适 / 027

青春期性冲动是生存本能 / 031

正确对待性好奇心理 / 034

什么是性别认识错位 / 036

第2章　男孩成长，从0到1学会青春期健康知识 / 039
青春期应补充哪些营养 / 039
营养不良也致命 / 042
你知道不当饮食导致近视吗 / 043
阳光早餐，不能不吃 / 046
多运动，拒绝做个小胖墩 / 048
青春期一味减肥，小心得厌食症 / 050
损害大脑的十大生活因素 / 054
男孩变声期，保护你的声音 / 057
“维护面子”——青春期男孩如何护肤 / 061
消除青春痘的方法和理论 / 064
男孩不要乱拔胡须和鼻毛 / 065
眼镜度数会不会越戴越深 / 068
青少年吸烟、酗酒害处大 / 071
讲究卫生，从我做起 / 073
热爱劳动，积极进取 / 077

第3章　青春期，男孩生理卫生知识全知道 / 082
男女性别差异知多少 / 082
性成熟程度自检 / 085
性早熟和青春期延迟 / 086
青春期男孩生理发育特点 / 089
青春期男孩易患的生理疾病 / 092
什么是遗精和流白 / 097
青春期阴茎的尺寸多少算正常 / 099
关于阴茎的勃起 / 102
你所不知道的睾丸知识 / 104

青春期与前列腺的关联 / 107
为什么青春期男孩乳房会有肿块 / 108
喉结不明显就不是男子汉吗 / 110
青春期谨防习惯性脊柱弯曲 / 112
青春期男女身高、体重差异 / 113
为什么你的脾气这么暴躁 / 116

第4章　有效交际，扩展朋友圈，提升男孩竞争力 / 118

青春期的“异性效应” / 118
青春期同性之间的恋情你怎么看 / 121
女生讨厌什么样的男生 / 124
青春期早恋的原因和危害 / 128
师生恋——带刺的玫瑰 / 131
网恋，看上去很美 / 135
学交际从父母身上开始 / 139
爸妈偷看日记怎么办 / 141
如何与同伴交往 / 144
走出社交恐惧症 / 148
黄、赌、毒祸，远离别沾染 / 153

女孩篇　健康成长，成为内秀外美的气质女孩

第5章　女孩心理健康发展的基础课 / 161

美丽而又哀伤的青春期恋情 / 161
嫉妒的女孩不快乐 / 164
青春期女孩的心理健康标准 / 167
青春期女孩的性心理特点 / 170
青春期女孩的手淫 / 172

青春期女孩易患的心理困扰 / 175
青春期偶像崇拜心理 / 180
青春期少女如何克服性冲动 / 182
青春期女孩如何防治经期综合征 / 184
女孩青春期焦虑怎么办 / 186
走出抑郁，重展青春欢颜 / 190
女孩请正确对待虚荣心 / 193
正确认识性梦与性欲 / 197
禁色之爱——认识同性恋情 / 199

第6章　**女孩，从0到1学会青春期健康知识** / 202

初潮少女保健要点 / 202
青春期少女节食减肥惹的祸 / 204
吃出美丽，吃出健康 / 206
如何克服青春期厌食症 / 212
小心高跟鞋的诱惑 / 214
青春期化妆应注意的事项 / 216
青春期女孩如何护肤 / 219
如何呵护“秘密花园” / 224
少女如何应对性攻击 / 226
未成年人不得有的不良行为 / 229
吸烟不是时尚，千万不能沾 / 233
别成为毒品侵害的对象 / 235
形体锻炼，有所为有所不为 / 237

第7章　**青春期，女孩生理卫生知识全知道** / 243

女孩是这样悄悄成熟的 / 243
青春期女孩生理发育特点 / 246

大煞风景的“青春美丽疙瘩痘” / 247
青春期女孩也可能分泌乳汁 / 251
了解“秘密小花园”——处女膜 / 252
预防青春期女孩贫血症 / 256
特殊时期，特别呵护 / 259
“太平公主”的心事 / 262
佩戴文胸的正确方法 / 266
性成熟程度自检 / 269
豆蔻少女不能忽视感染性疾病 / 272

第8章 **有效交际，扩展朋友圈，提升女孩竞争力** / 277

做个气质优雅的女孩 / 277
爱情和友情的界限 / 280
不得不说的“师生恋” / 285
莫把芳心轻许付 / 288
女孩与同性交往的技巧 / 292
女孩与异性交往的技巧 / 296
社交并不恐怖 / 300
网络交友是一柄“双刃剑” / 303
学会和陌生人说话 / 306
异性交往，注意尺度 / 309
网恋要谨慎 / 313

特别篇 青春期男孩女孩校园成长指南

青春期思维能力如何提高 / 319
青春期怎样科学用脑 / 321
预防近视的方法 / 323

考试期间的膳食安排 / 326
重视考试心理状态 / 328
战胜考试怯场的良方妙法 / 331
珍惜诚信，远离考试作弊 / 334
如何调整考后情绪 / 337
学习压力过大怎么办 / 340
强迫心理与学习成绩 / 345
克服考试焦虑，提高学习成绩 / 349
良好的学习习惯是成功的一半 / 352
青春期的孩子为什么会逆反 / 358
谨防青春期校园暴力事件 / 362

男孩篇

健康成长，成为真正男子汉

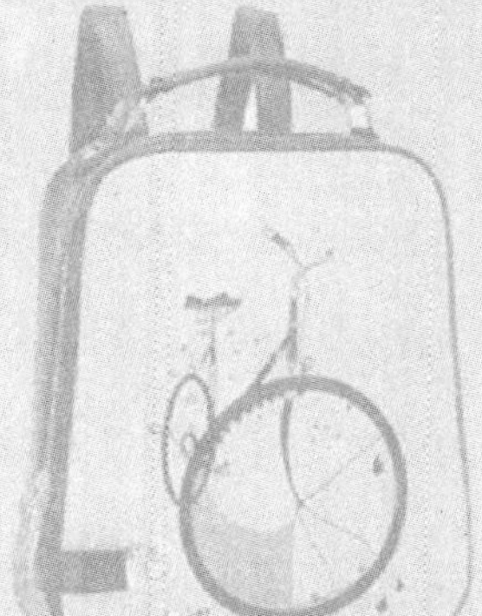

在本篇中，我们将为青春期男孩答疑解惑，也希望这本书能成为青少年朋友的良师益友。

美国著名心理学家威廉·詹姆士告诫青少年：播下一种行为，收获一种习惯；播下一种习惯，收获一种性格；播下一种性格，收获一种命运。在这里，我们愿将他的这段话送给你——成长中的青春期男孩。

第1章　男孩心理健康发展的基础课

青春期男孩常见心理障碍

心理障碍是心理极不健康的一种表现，是一种病态的心理，是对许多不同种类的心理、情绪和行为失常的统称。

它包括精神疾病、情绪障碍、变态行为、神经疾病、心理异常、精神反常以及神经系统障碍等。

步入青春期后的男孩，精力充沛、思维敏捷、记忆力强、情感丰富，是时代的希望所在。但由于青春期是男孩身心健康的定型时期，是走向成年的过渡阶段，心理发展和生理发育往往不同步，具有半成熟、半幼稚的特点。处于心理断乳期的青少年随着生理的变化以及环境的影响，心理上很容易出现一些不健康的倾向，如孤僻、易怒、苦闷、固执、轻率等心理异常。有的与老师和周围同学发生冲突；有的人为地制造与同伴的感情隔阂；有的则一味沉迷于个人的小天地里自我陶醉。也就是说，正值青春年华的少男，其人格的突出表现常以自我为中心，一切为自己着想，按自己的意图和情绪办事，与人相处较困难。特别是有些青少年早年脱离母亲时产生并遗留在内心的极度痛苦并没有得以消除和克服，所以常会以情绪激愤、贪食、厌食以及与他人发生冲突等方式表现出来，一部分人则会出现自伤行为。如有些青少年感觉恐惧或是觉得心烦意乱时，由于难以忍受，就会用牙齿咬自己，用火焚烤自己或者狂饮烈性酒，有的则用锐器刺戳自己的身体。

青春期男孩的心理障碍通常具有如下表现：

（1）对社会的正常现象持否定态度。他们认为社会上的一切现象和活动都是虚伪的、骗人的，从而持否定态度，总想从反面去尝试一下，企图从中获得个人心理的满足。

（2）对周围的人持怀疑或戒备心理。他们认为周围人的言行都不可信，都是造作的，包括家长、老师都如此，是想了解自己的情况来惩罚自己。如有位14岁的中学生，父母晚上怕他着凉给他盖被子，下雨天给他送伞到学校，有时找老师了解他的学习情况等。他不仅不感激父母的关心与慈爱，反而认为父母是在监视其行动和收集材料，是对他的不信任。在家里提出不合理的要求而父母未答应时，则认为父母对他不公平，从而憎恨父母，讨厌父母。

（3）具有明显的攻击好斗心理，对人缺乏友善态度。他们做错事不是去赔礼道歉，反而指责别人。如有位青年在人行道上骑车乱闯撞伤3人，他反指责别人挡了他的路，于是扬长而去。这种逆向性变态心理的人，一般都是缺乏同情心和丧失社会公德意识的，好斗心理强，破坏性很大。

（4）是非观念淡薄，道德评价标准错误。少男们往往颠倒是非，对正确的东西看不惯、瞧不起，对错误的东西却崇拜得五体投地，并极力效仿。如对电影、电视、录像、小说中的黑社会人物极为崇拜，于是在社会上，在学校中寻找臭味相投的人，结拜金兰，拉帮结派。有的搞所谓的行侠仗义，打抱不平，违反国家法律去盗劫，甚至还有杀人放火的。

（5）心理脆弱，意志消沉。产生这种病态心理的原因很多，其中长期得不到“爱”的温暖，也就是长久地受到学校、家庭的严厉批评和指责是一个重要因素。因为他们经常处于提防、戒备，担惊受怕的环境中，久而久之便形成了这种变态心理。凡有这种心理障碍的青少年，都是关闭自己的心扉，对他人采取疏远的态度，结果便出现沉默寡言、情绪消沉、心胸狭窄、心理承受力差的脆弱心理。

（6）性情暴躁，反复无常。遇到顺境，有点成绩时，便会趾高气扬，目空一切，而遇到不顺心或涉及自己利益时，便发脾气，对任何人都冷酷无情。如有个13岁的少年在学校打伤了同学，老师教育他时先指出他近段时间学习上有进步，他春风得意，当谈到他与同学关系处理不当而打伤人时，便满脸怒容，大吵大闹，结果离家出走，在外面混了几天，衣食无着落后才回到家中。

（7）缺乏上进心，虚荣心强。有这种病态心理的人，一方面对他人的教育和帮助无动于衷，或自暴自弃；另一方面在生活和享受上追求时髦，总想超过别人，于是他们总是关心流行的发式、衣服的款式等。这样的男青年的表现是留长发、袒胸露怀、吸烟、酗酒等，女青年则是涂脂抹粉，紧身细腰，挺胸露背，出入舞厅，而且过早地谈情说爱。有的女青年甚至放纵自己，同时与几个男生建立“恋爱”关系，引起争风吃醋、互相斗殴，以满足自己的虚荣心。

（8）想象具有空想性。凡是有心理障碍的青少年，总是空想联翩，而当这种脱离实际的想象不能实现时，他们便会心理失控，表现为情绪低落，意志消沉，心理脆弱等不正常心理现象。

（9）需求意识具有低级性。很多少男们认为人的本性就是自私的，“人不为己，天诛地灭”。因此，他们把自己的利益看得高于一切，没有远大的理想和抱负，追求的是吃喝玩乐，梦想的是金钱。他们对物质的占有欲很强，往往公私不分，不顾及他人利益；追求低级庸俗的精神享受。

当前青少年的种种心理障碍极大地影响了他们的健康成长，以至于成为造成社会治安混乱的重要因素之一。如果不能正确引导，那么到了大学或是走上社会后，就会出现这样那样的心理问题，给自己和周围人带来伤害。所以，家长和老师们应该联合起来，加强对有心理障碍的青少年的引导和教育，并向有关专家咨询如何解决，做到治疗与预防相结合、学校教育与家庭教育相结合，以便更好地促进青少年学生的人格健康发展，日臻完善。青春期的孩子们应该自己多学习一些调控心理状态的方法，做自我调整。

如何克服青春期嫉妒心理

所谓嫉妒，一般是指个人在意识到自己对某种利益的（潜在）占有受到（潜在）威胁时产生的一种情绪体验。嫉妒心理总是与不满、怨恨、烦恼、恐惧等消极情绪联系在一起，构成嫉妒心理的独特情绪。不同的嫉妒心理有不同的嫉妒内容，在名誉、地位、钱财、爱情四个方面表现得尤为突出。还有的嫉妒者，只要是别人所有的，都在其嫉妒范围之内。由于青春期孩子们的自我意识比较强，所以很容易有这种心理。一般嫉妒心理有以下几个具体特征：

1.指向性

嫉妒心理的指向性往往产生于同一时代、同一部门的同一水平的人中间，主要是因为嫉妒心理是一种以极端自私为核心的绝对平均主义者。因为曾经“平起平坐”过，或是曾经“不如自己”过，如今成了“能干”者，使嫉妒者产生抵触和对抗。

2.进攻性

古希腊斯葛多派的哲学家认为：“嫉妒是对别人幸运的一种烦恼。” 嫉妒心理具有明显的攻击性，其攻击目的在于颠倒被攻击者的形象。本来关系密切，由于嫉妒使道德天平倾倒，不看别人的优点、长处，而总是挑剔别人的毛病，甚至不惜颠倒黑白、弄虚作假。

3.发泄性

一般来说，轻微的嫉妒仅表现为内心的怨恨而不付诸行动，绝大多数的嫉妒心理都伴随着发泄性行为。主要有三种方式：言语上的冷嘲热讽；行为上的冷淡，疏远被嫉妒者；具体行为，或是攻击性强的行为。

4.伪装性

由于社会道德的约束，嫉妒心理被大多数人所不齿，使嫉妒者一般都不愿直接地表露出来，千方百计地伪装，使人不易察觉。如本来是嫉妒某人的某一方面，却不敢直言，故意拐弯抹角地从另一方面进行指责或攻击。

嫉妒其实是人类的一种普遍情绪，关键在于怎样处理。如果仅仅是因为想要比别人更好，只是一种羡慕式的嫉妒，或许还能使人意识到一种压力，产生一种向他人学习并超越的动力，促使人去拼搏、奋进。

我们应该将嫉妒的消极心理转为竞争的积极心理，以自己的优势胜过对方的劣势。但是，如果面对嫉妒导致的焦虑和敌意，觉得别人使自己难堪，由此而产生痛苦，甚至向他人发出攻击性的言行，就会成为个人成长和人际交往中的障碍，严重者还会导致人间悲剧。

产生嫉妒的原因有二：一是自己的需要得不到满足时容易产生嫉妒；二是在与他人比较来确定自身价值的过程中也容易产生嫉妒。

如果别人的价值比重增加，就会觉得自己的价值在下降，从而产生一种非常痛苦的情绪体验。尤其是比较对象和自己不分上下或不如自己时，这种情绪很容易转化为对别人的不满或嫉恨，在行为上表现出寻找对方的不足，或认为对方之所以成功只是由于外部原因，通过诋毁对方达到自我心理上的暂时平衡。即使是控制自己不表现出上述行为，但是原来轻松无拘无束的交往气氛也会变得紧张起来。因嫉妒引起的人际关系疏远、紧张乃至冲突的事例很多。青少年的嫉妒点主要表现在以下几个方面：

（1）学习、工作嫉妒。学业优秀、人际交往能力强、深受老师喜爱的同学往往招致嫉妒。

（2）爱情嫉妒。虽然大多数青春期的少男少女们并不知道爱情的真谛，可爱情却是他们最为关切和向往的事情。但爱情与嫉妒是一对双胞胎。轻微的嫉妒可以促进情感，一旦炉火过盛，则容易把爱情之花烧得枯萎，甚至导致更严重的后果。

（3）才貌嫉妒。才貌是指天生的智慧及外貌。优秀的才能和俊美的容貌容易使某位男孩或女孩得到老师和同学们的喜欢，而有的才貌较差的同学就难免生出嫉妒之心。

如何克服嫉妒心理呢？

（1）充分认识嫉妒心理的危害性。嫉妒是社会生活的腐蚀剂，腐蚀人的品质、损害人的事业、形象和身心健康。要克服偏激、增强自信，待人力求不受个人心境、情绪的干扰。

（2）调整自我价值的确认方式。简单地与别人比较往往会导致片面的看法。研究表明，自我价值确认越是倾向于社会标准（通过周围人、社会流行观念等），就越容易引发嫉妒；越是以自己的思考、内在的准则为参照，就越会减少嫉妒。能够体现出个人价值的方面很多，而每个人的优势和劣势又不尽相同。所以，用统一的标准衡量人的价值是不准确的。人生更重要的事是不断超越自己，而不是超过别人。

（3）“想开些”。人生总有不如意之事，如果正处在愤怒、兴奋或消极的状态下，能较平静、客观地面对现实，可以达到克服嫉妒的目的。

（4）自我驱除。嫉妒是一种突出自我的表现。无论什么事，首先考虑到的是自身的得失，因而引起一系列的不良后果。若出现嫉妒苗头时，即行自我约束，摆正自身位置，努力驱除嫉妒心态，可能就会变得“心底无私天地宽”了。

（5）减少自己的嫉妒心的同时有必要学会如何消解别人的嫉妒心。在与人交往时，尤其在不如意者和不如自己的人面前，应采取谦虚谨慎的态度，不要经常去谈自己得意的事情，也不要过分夸大自己的成绩；应有意识地暴露自己的一些不足和苦恼，避免激起他人心理失衡，以赢得更多的朋友。

青春期男孩的逆反心理

青少年朋友，你是不是发现自己曾经那么依赖的父母变得老土或不理解自己了呢？是不是感觉老师课堂上的表现经常很可笑？是不是老是感觉某个同学很不顺眼？父母和老师们是不是经常训斥你“不听话”“不可教”呢？其实对于青少年，这是很常见的情形，并不是别人差劲，也不是你“不可教”，而是青春期逆反心理在作怪。男孩的逆反心理往往来得更为猛烈。

青少年历来都受到心理学家、教育学家及家长的特殊关注。从十二三岁到十七八岁，是青少年生理上基本成熟，认识和情感有了飞速的发展，理想、信念、世界观开始形成的重要时期。在这个阶段，由于生理成熟与心理成熟的不平衡性，以及受自我意识觉醒等因素的影响，心理发展呈现错综复杂、矛盾重重的局面，逆反心理的表现十分突出：

（1）对正面宣传做反面思考。有相当数量的中学男生对家长的劝导和老师的教诲，表现出一种不认同、不信任的反向思考。他们往往以社会上某些个别的不公正的事实来以偏概全地全盘否定正面宣传。同样，也有一些中学男生不能从全局出发，从一定高度上去把握现实，片面地夸大社会的某些不完善之处。

（2）对不良倾向产生情感认同。有些经常打架斗殴、与老师公开对抗的中学男生往往被看作是够胆的英雄，甚至有些小女生为此而喜欢上某个男生。哥们儿义气等也是青少年常挂在嘴边的口头语。而乐于助人、爱护集体、爱护公物、遵守校规校纪的青少年，则经常被肆意讽刺、挖苦，造成在集体氛围里“正不压邪”的局面。

（3）对榜样及先进人物的无端否定。老师和家长都希望通过先进人物的感人事迹来教育感染青少年，唤起热情，以期达到激励后进的目的。但结果却往往适得其反，一些先进人物被说成是“出风头”或“傻子”，无端怀疑这些先进人物的动机，进而否定他们的先进事迹。对于身边的榜样，则冠以“拍马屁”给予排斥和嘲笑。

（4）对思想教育、遵章守纪的要求进行消极抵抗。青少年对于思想政治教育十分冷淡，认为思想政治教育不符合现实生活。因此，对思想政治教育采取应付、抵制、消极对抗的态度。

青春期少年为什么会产生逆反心理呢？原因有两个方面：

主观上，青少年正处于“过渡期”，其独立意识和自我意识日益增强，迫切希望摆脱成人的监护。他们反对成人把自己当“小孩”，要求以成人自居。为了表现自己的“非凡”，就对任何事物倾向于持批判态度。正是由于他们感到或担心外界无视自己的独立存在，才产生了用各种手段、方法来确立“自我”与外界对立的情感。

客观上，教育者的可信任度、教育手段、方法、地点的不适当，往往也会导致逆反心理。

逆反心理虽然常见，但不可忽视其危害性。它很可能会导致青少年出现对人对事多疑、偏执、冷漠、不合群的病态性格，使之信念动摇、理想泯灭、意志衰退、工作消极、学习被动、生活萎靡等。逆反心理的深一步发展还可能向犯罪心理或病态心理转化。所以必须采取有效的对策来防治。

（1）走出学校小天地。青少年的心理活动，会受到社会经济制度变革，文化、道德、法律等意识形态发展，善恶、美丑、是非、荣辱等观念更新方面的影响。所以，要克服逆反心理，青少年不能仅局限在学校这个小天地里，要置身社会，把自身思想情操等各方面的培养同社会政治生活、经济文化活动以及社会道德风尚联系起来，提高心理上的适应能力，使自己能更好地适应社会，不致迷失方向。

（2）要学会正确认识自己，努力升华自我。要学会自我教育，经常思考自己，主动设计自己，并自觉能动地以实际行为努力完善或造就自己。前苏联著名教育家苏霍姆林斯基说过：“真正的教育是自我教育。教育就是要迫使人去思考自己。”科恩在《自我论》中谈到自我教育时也说：“在关系到最高生活价值方面，教会别人是不可能的，每一个人都应自己教育自己，可能做到的只是帮助他更深刻地理解周围世界和自己，成为自己，实现比他身上现有的更好的东西。”科恩的论述说明，克服逆反心理的最好办法是进行自我教育。

（3）教育工作者须尽到义务。引导青少年克服逆反心理是教育工作者的义务。教育工作者要懂得心理学和教育学，要掌握好青少年心理发展不平衡性这个规律；不失时机地帮助青少年克服消极心理，使其心理健康发展。教育工作者要努力与青少年建立充分信任的关系，要与他们交朋友，以诚相待，以身作则，杜绝出现“台上他讲，台下讲他”的情况发生。教育者要爱护和尊重青少年的自尊心，选择合适的教育方式和场合，注意正面教育和引导，坚决反对以简单、压制和粗暴的形式对待青少年。在人们的心灵深处，最渴望他人的赞美。赞美是一种鼓励，它在人们心灵深处植入的是信心和力量，播下的是奋进向上的种子；它是一种兴奋剂，让人更加充满活力和精神；赞美还是一种认可，一种肯定，能使人们坚定发展的方向。相反，批评虽然可以帮助受教育者认识错误，但其心里是不悦的，至于粗暴的批评，更是一种适得其反的做法。对青少年逆反心理的调适应采用少些批评多些鼓励、少些训斥多些赞美的方式。

（4）社会工作者要负起责任，实现社会风气的根本好转。青少年中逆反心理的产生，社会大环境的影响至关重要。无数事实表明，实现社会风气的根本好转，对于克服和防止青少年逆反心理大有裨益。

谨防青春期抑郁症

抑郁症是一种以抑郁情绪为突出症状的心理疾病。抑郁症患者忧郁和厌世心理表现突出，主要症状有：

（1）生理方面：胃口变差、食欲减退或增加、体重明显减轻或增加、失眠或嗜睡、几乎整天都极度疲劳与缺乏能量、精神或动作反应激动或迟滞、性欲降低、头痛、头昏、眼睛疲劳、眼角酸痛、口渴、颈部酸痛、胸闷、呼吸不畅、胸痛、腹胀、频尿、身体酸痛、腰酸痛、盗汗与便秘感或一天数次大便等。

（2）心理方面：忧郁、心情沮丧、无望、易流泪、悲伤、激动易怒、害怕与恐惧、寂寞、无聊、感情淡薄、对自己不满意、满足感减少、兴趣明显减退、失去幽默感、低估自己的能力、悲观、自我谴责（常感到罪恶感或无价值感）、低自尊、容易感到挫折、社交退缩、时常健忘、思考、注意、决断力减退或犹豫不决、意志丧失、作业效率减少、胸部沉重苦闷与强迫回想旧事等，甚至有自杀意念及行为。

（3）严重忧郁症伴随症状：无用妄想、罪恶妄想、惩罚妄想、疾病妄想、贫穷妄想、幻听等，常导致医师误诊为精神分裂症。

抑郁症发病缓慢，往往先有失眠，食欲不振以及各种躯体不适感。主要由精神因素诱发的抑郁症则起病较急。发作多见于秋冬季，少数病人似有自己的好发季节。病程呈发作性，间歇发作或与躁狂症交替发作，有较为明显的缓解期。每次发作持续时间因人而异，多数为6个月，少数发作持续长达1～2年。一般发作次数越多或年龄越大，病程持续时间就越长，缓解期也相对缩短。

抑郁症对人的危害是很大的，它会彻底改变人对世界以及人际关系的认识，甚至会以自杀来结束自己的生命。

如何诊断抑郁症呢？各国诊断方法大同小异，按照国内的诊断标准，在连续两周的时间里，病人表现出下列九个症状中的五个以上，并且至少包括症状（1）或（2），并且这些症状是病人以前没有或者极轻的，就可诊断为抑郁症。

（1）每天的大部分时间心情抑郁。但应注意，对于儿童和青少年可以表现为易激惹，而不是明显的心情抑郁。

（2）每天大部分时间，对所有或者大多数平时感兴趣的活动失去了兴趣（或者通过病人自我报告，或者通过旁人的观察）。

（3）体重显著减少或增加（正常体重的5%），食欲显著降低或增加。

（4）每天失眠或者睡眠过多。

（5）每天精神运动亢进或减少（他人可观察到）。

（6）每天感到疲劳，缺乏精力。

（7）每天感到自己没有价值，或者自罪自贬（可能出现妄想），得不到自我解脱。注意这不是普通的自责或只是对自己的抑郁感到丢脸。

（8）每天注意力和思考能力下降，做决定时犹豫不决。

（9）常常想到死，或者常常有自杀的念头但没有具体的计划，或者是有自杀的具体计划甚至有自杀行为。

青春期少年由于性的成熟，学习的紧张，神经系统承受的压力更大，尤其是在遇到挫折和烦恼的情况下，神经系统的功能很容易失调，以致发生抑郁症。另外，人从儿童期到青春期，身体发生了质的飞跃，而心理意识上还处于幼稚的儿童阶段，对失败、挫折、缺点不能正确地认识，也会促使抑郁症的发生。

青少年抑郁症最明显的症状是情绪急剧地、长时间地低落，总感觉心里有无穷无尽的烦恼。

从表面上看，他们表情忧伤，说话低沉、缓慢，有气无力，有严重的孤独感；不爱交际，对任何事物都不感兴趣；心理过程和动作都产生障碍，书看不进去，字写不整齐，感觉做什么都没意思，头痛、胸闷、食欲下降、严重失眠；学习、工作能力明显下降，还常常产生自卑感、罪恶感，对生活感到失望，甚至产生轻生念头。

青少年朋友们，万一得了抑郁症，除了积极配合医生的治疗之外，还要进行积极的自我调整。

（1）要树立自信。抑郁症患者总是对自己没有信心，甚至全部否定自己，认为自己所做的一切都是失败的。这样一来，难免会使自己陷入低落情绪的泥潭。因而，要积极回顾以前的成功往事，或去做一些定能成功的小事，努力树立自信。

（2）要广交良友。抑郁症患者普遍没有真心的朋友，出现不良情绪时往往只能自己默默地承受，缺乏排解的渠道，久而久之会加重病情。而经常和朋友保持交往的人，其精神状态远比孤僻独处的人好得多，尤其在境况不佳时，“朋友是良医”。交朋友首先是可以倾诉衷肠的知己，还要结交一些风趣、逗人发笑、使人愉快的朋友。养成和朋友经常保持接触的习惯，这样可以避免孤独、离异感，防治抑郁。

（3）要多走进集体。抑郁症患者喜欢独处，不喜欢参加集体活动，因为他们一方面觉得别人身上的毛病太多，另一方面认为别人会伤害自己。其实任何人和事都不可能十全十美，但只要理智地去寻找，就会发现任何人和事都是有闪光点的；找到的越多就越会激发出接近集体的兴趣，抑郁情绪就会越少。如果能积极参加集体合作，把自己当成集体的一员，一个人就会有归属感，考虑问题也会从整体出发，学会互相关怀，与人同乐，那么自己的抑郁情绪当然会减少不少。

（4）要改变认知。抑郁症患者往往对自己不寄予任何希望，对未来不抱任何幻想，消极处世。在他们眼里，一切都是灰色的，这不仅不够客观，也不利于抑郁倾向的改变。因而，要积极、主动地多接触良性刺激，培养积极认知。

（5）要贴近快乐。抑郁的人偏偏喜欢听悲伤的歌曲、看悲伤的电影、想悲伤的事件，始终让自己沉浸在悲伤之中。听欢快的歌，看幽默电影，想高兴的事对抑郁症症状有缓解作用。

（6）做最感兴趣的事。有计划地做些能够获得快乐和自信的活动，尤其在周末，譬如打扫房间、骑赛车、写信、听音乐、逛街等。另外，生活规律也很重要。尽量按时吃饭，起居有规律，每天安排一段时间进行体育锻炼。

（7）多参加体育锻炼。增加体育锻炼可以改善人的精神状态，提高自主神经系统的功能，有益于人的精神健康。在各种运动中，跑步对防治抑郁症疗效最佳。科学研究表明，每天跑步的人，会有一种特殊的欣快感。因为跑步能使人体的脑啡肽含量增加，脑啡肽是大脑分泌的一种生化物质，这种生化物质有类似吗啡的作用，是一种天然的止痛物质，能使人产生一种特殊的欣快感觉。由此产生一个专门术语“欣快跑”。美国精神病专家发现，他们诊治的病人约有70%患有精神抑郁症，而经跑步一个月后，80%～85%的抑郁病人均迅速获益，其效果远远超过药物治疗。

（8）饮食治疗。多吃些富含维生素B和氨基酸的食物，如谷类、鱼类、绿色蔬菜、蛋类等，对于摆脱抑郁症也有裨益。芬兰研究人员通过对115名抑郁症患者的跟踪治疗证实，服用维生素B有助于抑郁症的治疗。

对于抑郁症严重的患者，如果用了以上方法，在一段时间内还是无法根除，请你继续保持积极心态，相信总有一天抑郁会烟消云散。因为你是青春期的少年，正是阳光快乐的日子，即使有什么忘不掉的悲伤，也会随着年龄的增长而淡化。要相信“世界是你们的”“未来一片光明”，不可一蹶不振。

正确对待自己的容貌

据说，有四分之一的人对他们的外表不满意，只有不足五分之一的人非常满意自己的外貌。因为对外表不满意而产生自卑感，会影响青春期的健康成长。

青春期发育过快，很多青少年对于别人的长相变化产生羡慕的同时，会拿自己的外表跟他人进行比较从而产生自卑感。

青春期的学生，虽然自我意识迅速形成，但是心理上还没有完全成熟起来，一个明显的表现就是过高或过低地要求“自我”。如果自我要求过低，得过且过，当然也不知道自卑；如果自我要求过高，在现实中又达不到这个标准，就会产生自卑心理。据研究，自卑的人智力水平和身材水平大都在中等或中等以上。所以，自卑的人之所以瞧不起自己，是因为主观评价标准太高的缘故。

赵凯今年刚满15岁，恐怕现在跟他最亲密的要算他那面小镜子。每天只要一有空，准把小镜子拿出来仔细端详一番。赵凯长得并不难看，起先他也是抱着一种自我欣赏的态度来照镜子的。不过日子一久，他开始对自己的相貌“横挑鼻子竖挑眼”起来。他发现自己的五官都“不甚理想”：眼睛过小了，而嘴巴又太大……他埋怨父母把不良的基因遗传给了自己，让自己无“脸”见人。为此，心中总升起一阵阵的惆怅……

初三年级的王宝是个皮肤略黑、容貌一般的男孩。小学的时候，他并未在意自己的长相。到了初中，忽然发现身边的伙伴都长得皮肤白皙、面色红润，而自己仍旧黑黝黝的，于是感到自己是丑陋的人，深为痛苦。班级里个别淘气的女同学背后戏称他为“黑小子”。他听到后，越发感到伤心和痛苦，觉得自己就像一个“丑小鸭”，是被人们遗弃、没有价值的人。在这种情绪笼罩下，他整日郁郁寡欢，怪爹妈没有给自己一个好的面容。如此心境使他的学习成绩逐渐下滑，更使他内心充满自卑感。眼看就要中考了，他整日愁眉苦脸，觉得自己“完了”，没什么前途可言，谁都比自己强……

赵凯、王宝这样的事例在青春期少年中很常见。美国20世纪初著名的心理学家马尔兹曾指出：青少年对外表所产生的烦恼，其心理障碍大都是在脑子里存在着一种“幻想式的丑陋”。据他对美国中学的学生所做的调查表明，约有90%的人对于自己的外表有所不满。这说明大多数人对自己的外貌的“期望值”较高。特别是一部分青少年，总以一种极度挑剔的目光来审视自己的外貌，把自己身上的一点“丑”加以无限的夸大。

发展心理学的研究表明，青春期是人认识自我并急于肯定自我的人生阶段，而自己的外部形象更是他们进行自我评价的重要方面。他们觉得自己的外貌几乎就是自我的全部象征，直接关系着自己在同龄人中的地位与尊严，因此容不得半点“差错”。于是，他们开始“吹毛求疵”地研究起自己的外貌，女孩非常关注自己的长相、身材和皮肤，特别爱照镜子，不是嫌自己鼻梁太低，就是嫌自己额头太窄，对于发胖更是有一种病态的感受。而男孩经常忧虑不安，是他们认为自己的身材不够高大，脸上长痘以及体重超重等。尤其是他们把身材高大与男子汉的形象联系在一起，所以身材矮小的男孩常常有着强烈的自卑感。要知道，人在相貌的问题上，极易受自我暗示的影响。如果你以挑剔的目光先假定了某一部位有点不对劲，以后就会越看越不对劲，如此将形成不良的自我暗示。长相困扰是青春期少年所特有的“体态意识”烦恼，几乎是秘而不宣的。

怎样解除这种痛苦呢？下面从心理学的角度给青少年朋友们提出几点建议：

（1）正视现实，确立良好的“自我意向”，是拥有健康心理和快乐生活的关键。爱美之心，人皆有之，谁都希望自己生得美，但愿望毕竟不是现实。一个人生得美与丑，不能由自己决定。面对一个难以改变的事实，常作无益的哀叹，就会使自己陷入深深的自卑情绪之中无法自拔，这是不少容貌丑陋者的通病。医治此病的根本办法就是正视现实，只有正视现实、承认现实，才能打消自己头脑中不切实际的幻想，重新调整认识。要以积极、赞赏的态度来接受自己的外在形象，并设法消除各种附加其上的“不良信息”，做到不听、不信、不制造，不自己给自己找麻烦。只有在心理上承认和接受了自己的“自然条件”，才能进一步地美化自己、喜欢自己，让自己透出生机勃勃的青春美来。

（2）不要过分看重自己的容貌。心理学认为，人的容貌美丑与人际吸引力有一定关系，但主要表现在异性之间，而异性之间又重在选择对象的问题上，对于一般人际交往，无论是同性还是异性之间，其影响是微乎其微的。人们看重的是修养品德，学识才华，是否有共同的兴趣爱好，至于外貌的好坏，在一般人际交往中几乎是可以忽略不计的。此外，人们对于某个人容貌的评价与其自我评价并不完全一致，自认为很丑的人，别人不一定觉得他丑。自认为很美的人，别人也不一定认为他美。因为人们在认识和评定一个人时，通常对那些不了解的人才孤立地从容貌上去考察，而对于熟悉的人，总是从整体上加以考察的，所以，容貌丑陋的人不要过分看重自己容貌的不足。

（3）不要在意别人的评论。容貌丑陋者往往有一种病态的敏感，特别注意别人对他的容貌产生的反应，如脸色、眼神、语气等。不仅对直接涉及其容貌的谈论反感、愤怒，而且对影射其容貌的言辞特别忌讳，推而广之，凡可促人联想起其容貌特征的谐音字、形容词、比喻等，他都深恶痛绝、嫉之如仇，这是一种变态心理。事实上，每个人的容貌都无法隐瞒，也不必去隐瞒。因为人都有一种好奇心理，喜欢探究奥秘。越是躲躲闪闪、掩掩遮遮，越容易引起人们的好奇心，越不想让人知道的事情，别人越是想知道。这样，越害怕被别人伤害就越容易被伤害，倒不如大大方方，坦然相对，别人不再感到稀奇，自己也就无所忌讳。再说，在同伴、同学、同事这个熟悉的生活圈子里，反正大家都认识你、了解你，有什么可忌讳的呢？在陌生的环境中，反正周围的人都不认识你，以后又不打交道，让他们评头品足吧，又何必忌讳呢？

（4）消除不良的自我暗示。容貌丑陋者往往觉得自己特别难以见人，觉得自己在他人心目中的形象非常卑下，常常想象自己是他人茶余饭后的笑料。实际上并非如此。世界上凡是“特别的”总是极少数。就容貌来说，大多数人都属中等水平。许多自认为很丑的人，其实并不一定很丑，只是由于消极的自我暗示才形成沉重的心理负担，使人终日心事重重，憔悴不堪、双目无光，自然会给他人留下不良印象。一个中等容貌的人，如果充满青春的朝气，再配上潇洒的风度，那么他必定会有十足的吸引力。

（5）善于发挥自身长处，弥补不足。“金无足赤，人无完人”，要想改变自己在他人心目中的形象，关键在于自我弥补。这种弥补，不是要求人们寻求生理上的弥补，而是要求人们发挥自身各方面的优势，以弥补自身形象的不足。如果你除了丑陋外，又没什么被人们称道的特点，那么在“晕轮效应”的影响下，你的容貌在人们的心目中变得奇丑无比。相反，如果你品德高尚，或具备某些人所不及的才能，晕轮效应的作用就会使人们只看到你的长处，你的缺点自然而然地被人们美化，至少不那么碍眼了。

每一个正为自己的外貌而苦恼的少男少女，都请记住：别跟自己的长相过不去！

正确引导青春期男孩恋爱心理

青春期的少男少女们都情窦初开，有强烈的性好奇和异性爱慕心理，非常渴望品尝恋爱的滋味，但是他们并不真正了解爱情的责任和义务。要知道，恋爱再美也有失恋的痛苦，而且一旦失恋就会影响到学习和生活。所以如果不对早恋的青少年进行积极的心理引导，他们很可能会做出一些傻事情，影响自己的人生。

1. 早恋影响学习，磨灭理想

早恋是指青春期或青春期以前的少年出现过早恋情的现象。早恋习称“牛犊恋”，多与环境因素引起早熟性兴奋和性萌发有关；一部分也与孤独、空虚，心理上缺乏支持有关。陷入早恋之中的少年男女因受到相互的吸引，互相爱慕、互相支持，情绪是欢愉的，情感是纯真的。由于情感处于主导地位，通常缺乏理性。多数人有肉体和性接触的意向，但不一定都付诸实践。相当多的早恋少年满足于温馨的情感交流和卿卿我我的言语交流。当然，也有一部分人基于性冲动和欲望而发生性行为。早恋是受了外部“催化”的性早熟的结果，很难指向一个固定的性对象；对某一异性对象的爱慕或倾倒是非理性的。例如，有的仅是因为对方声音好听而产生恋情；有的认为他（她）的异性伙伴对他（她）笑了一次。虽然早恋与少男少女道德品质的优劣无关，可通常情况下早恋确实是有危害的。

青春期是为各方面的成长、发展奠定基础的最佳时机，可谓黄金时代，此时的青少年精力旺盛、思想活跃、记忆力强，对新生事物极为敏感，是学习科学知识、提高各种能力的最好时期。因此每一个青少年都应该树立远大的理想，全力以赴、专心致志地刻苦学习，努力培养和磨炼意志，塑造美好的心灵，为最大限度地实现人生价值做好准备。如果这个时期涉入早恋泥泽，必定分散学习精力，浪费大好时光，无异于置一生远大前途而不顾。早恋极可能葬送了青少年的前途，以后追悔莫及。

（1）对青少年的心理成长极为不利。青少年早恋，自知会受家长和社会上其他人的责备和议论，因而就要躲躲藏藏，长此下去，影响了与同学、家人的关系。同时，他们的思想上会产生很多负担，影响了青少年心理的正常发展。有的甚至会改变性格，本来活泼、天真的少年，可能会变得孤僻、冷漠。

草率地对待恋爱，会酿成终生苦果。青少年涉世不深、阅历较浅，生活经验欠缺，对社会缺乏足够的了解，往往不够理性。因此，处理事情时往往很草率，一时感情冲动便与异性确立了恋爱关系，以后伴随着心理上的变化，可能会对对方产生不满，进而中断彼此间的感情。这种情况，会引起青少年的失望情绪，使之消沉甚至形成心理障碍，从而影响青少年精神生活的健康发展。

（2）出现过激行为，引发犯罪。青少年早恋，大多是由于感情的冲动或是出于对异性的好奇和好感而已。这种神秘感、好奇心使他们盲目地效仿成人。当强烈的好奇心和感情上的冲动构成合力时，十分脆弱的理智防线就会被冲垮。在这种情况下，往往会出现过激行为，甚至导致不可弥补的损失，造成青少年心灵上的创伤。

如果你已经有了女朋友，最好赶紧下决心摆脱早恋的束缚，为此应该做到以下几点：

（1）提高思想认识，勇于承认早恋行为。回避只能意味着放纵，就会任其发展；更不能找种种借口加以辩护，这样只会越陷越深，最终难以自拔。大胆地、毫不掩饰地承认现实，认识到早恋的危害，是摆脱早恋的第一步。

（2）当机立断，痛下决心。任何事物的对与错、是与非都有其客观标准，青少年要在明辨是非的基础上，学会控制自己的感情，勇于改正自己的错误。既然认识到早恋是不对的，就应该彻底纠正。这样做也许会伤害对方的感情，不被理解，但从长远看，对自己和对方都有益处，终究会被理解的。

（3）要努力说服对方，促使对方觉醒，共同用理智加以克制，逐渐淡化彼此间的感情，疏远相互间的关系。

（4）采取积极的措施，把主要精力集中在学习上，发展和深化自己的兴趣爱好，多参加有益的课外活动，以弥补暂时的空虚。

2. 单相思是一场费尽心思的情感误会

单相思是指一方对另一方的以一厢情愿的倾慕和热爱为特点的畸形

爱情。单相思多是一场情感误会，是青少年“爱情错觉”的产物。“爱情错觉”是指因受对方言谈举止的迷惑，或自身的各种主观体验的影响而错误地主动涉入爱河，或因自以为某个异性对自己有意而产生的爱意绵绵的主观感受。单相思有两种情况：一种是毫无理由的单相思，对方毫无表示，甚至对方还不认识自己，而自己执着爱对方、追求对方，这种恋爱是纯粹的“单向”，也可以叫“单恋”；另一种是自认为有“理由”的单相思，错认为对方对自己有情，于是“落花无意”变成“落花有意”，这是假“双向”，真“单向”。青少年心理尚未完全成熟，单恋现象比较常见，且较多地出现在内向、敏感、富于幻想、自卑感强的人身上。首先是自己爱上了对方，于是也希望得到对方的爱，在这种具有弥散作用的心理支配下，就会把对方的亲切和蔼、热情大方当作是爱的表示，并坚信不移，从而陷入单恋的深渊不能自拔。单恋者固然会体验到一种深刻的快乐，但更多会体验到情感的痛苦，因为他们无法正常地向自己所钟爱的异性倾诉柔情，更不能感受到对方爱意的温馨。

克服单相思的痛苦重在防患于未然。首先是要能避免“爱情错觉”，学会准确地观察和分析对方表情，用心明辨；要视其反复性，某种信息的经常出现可能意义很深，而单单一两次就不足为凭了；要学会用联系的观点去分析问题，把某种信息和其他因素结合起来考虑。

一旦你对某个人单相思，那就需要你拿出十足的勇气，克服羞怯心理和自我安慰心理的折磨，勇敢地用心灵去撞击。如果是“落花有意，流水无情”，则应该面对现实，勇敢地抛弃幻想，用理智主宰感情进行转移，通过思想感情的转换和升华来获取心理平衡等。另外，单相思的人一般都是比较内向的人，如果说单恋是爱情误会，那么这个误会只是因为你不了解对方。如果能够积极主动和人交流，让对方在默契度上能够和你达成一致，你们即使不能成为恋人，也能够成为很好的朋友。正如朱伯儒所说：“埋怨别人冷淡，不如首先燃旺自己的这块炭，去温暖别人。”或许，你喜欢某个人，正是因为她身上的优点让你着迷，所以主动点，不仅能够消除单相思之苦，也不会让真正的友谊与你失之交臂。

3. 失恋

失恋是指一位痴情人被其恋爱对象抛弃。青春期，一般孩子们的恋爱都是初恋，对于初恋的失败，有的人接受程度差一些，就会在很长时间内一蹶不振，有的甚至会走上不归路。当然，多数失恋者能正确对待和处理好这种恋爱受挫现象，走向新的生活。但是也有一部分人不能及时排解这种强烈的情绪，导致心理失衡、性格反常。所以，对于青春期孩子失恋要给予正确关注和引导安抚。失恋者常常会出现几种消极心态：一是失恋者羞愧难当，陷入自卑和迷惘，心灰意冷，走向怯懦封闭，甚至绝望、轻生，成为爱情的殉葬品。二是失恋者对抛弃自己的人一往情深，对爱情生活充满了美好的回忆和幻象，自欺欺人，否认失恋的存在，从而陷入单相思的泥潭。三是出现一个特殊的感情矛盾——既爱又恨，不能自拔。失恋者或因失恋而绝望暴怒，失去理智，产生报复心理，造成毁坏性的结局。四是从此嫉俗厌世，怀疑一切，看什么都不顺眼，爱发牢骚。五是从此玩世不恭，得过且过，寻求刺激，发泄心中不满。这五种不良心态会严重影响青少年的身心健康，甚至会导致一系列社会问题。

这里，我们来给失恋者几种自我调整的方法，帮助失恋的青春期孩子学会自我调整、自我拯救。例如，可以采取倾吐、锻炼身体、吃好吃的、旅游，甚至是打游戏等方法来排解烦恼。当然，如果你能找到一个真的喜欢你的，你也喜欢的人，那么以前爱情受到的苦，只是因为你没找到对的人，找到对的人，一切都会变得美妙起来。

克制青春期偶像崇拜心理

青春期少年偶像崇拜心理强烈，而且偶像往往都是色彩斑斓的影视明星，这已经成为人们的共识。

青春期少年伴随生理发育的日渐成熟，心理和社会性也开始趋于成熟，但又没有完全成熟。强烈的偶像崇拜心理是其突出特征。

偶像崇拜是通过心理上的自居作用来达成的，那些被崇拜的明星，往往被青少年当作他们人生发展的楷模、参照系以及心灵的一种寄托。当代流行文化明星们所表现的特征——靓丽的外表、潇洒的风度、事业的成功、社会知名度、丰厚的收入、优越的生活条件，等等，都会强烈地吸引青春期青少年；明星的作品如歌曲等，能够不同程度地对青少年起到特有的共鸣、宽慰、激励、引导、娱乐乃至宣泄作用，从而形成“爱屋及乌”的效应。

有几个明星偶像倒也没什么，可是千万别到了痴迷的程度，那样的话个人成长前途通常会受到严重阻滞。有的青少年朋友崇拜明星到了痴迷地步，甚至自残或自杀。

青少年为什么这么容易痴迷偶像呢？从心理学的角度来说，主要有三个原因。

第一，追星的青少年是要追寻自我。当他们或早或迟地走过童年，面对纷繁的世界时，往往会感到无所适从：“我是谁？我从哪里来？我要到哪里去？”这种内心深处的困惑源于心中没有建立起一个稳定的自我形象。此时，他们开始思索自我的意义，急需一个看得见、摸得着的活生生的形象作为自我代表。他们在公众人物中寻找那些具有自己欣赏特点的人物，于是明星出现了。如果明星能够有足以让他们佩服的表演，就会成为被崇拜的偶像，从这个角度来说偶像是崇拜者的代言人，是崇拜者的理想自我，也是崇拜者心目中的未来。

第二，偶像也是青少年心目中父母的替代品。青少年在生理上有了突飞猛进的发展，但心理上的发展却远远滞后。由于生理上的发展，他们认为自己已经长大了，希望能够独当一面，渴望摆脱父母的控制。然而，有限的生活经验又使他们不能没有父母的帮助，这种矛盾状况使他们感到苦恼。因此，他们选择崇拜拥有能力、地位和财富的偶像，希望通过偶像崇拜来实现独立自主的目的。从某种意义上说，这不过是将偶像做了父母的代替品，让偶像来行使父母对自己的控制。

第三，偶像崇拜也是青少年融入自己团体的一种手段。有些追星族是为了保持与同伴的一致而被卷入追星的行列的，相形之下是二流的追星族。这些追星族追求的是让自己有所归属，是为了让自己和别人知道他属于那个团体。

青少年朋友应该积极地自我调控，防止偶像崇拜走向盲目和痴迷。

1.树立健全的自我概念

了解自己的兴趣和需求，认识自己，培养健全的自我概念，增进自我选择与自律能力，才不至于因丧失自信心而盲目崇拜，失去自我意识。

2.善待父母的劝导

父母毕竟是过来人，道理知道得多且深刻，其劝导必定是有利于你的身心成长的。要经常真诚地和父母交换看法，请他们指出你的对错，提出好建议。父母在言谈举止、待人接物方面也很值得你学习。在崇拜偶像之前，不如先崇拜一下自己的父母。

3.正面性的英雄崇拜

在父母的协助下积极寻求有利于自身成长的英雄，如为国家利益献身的英雄、舍身救人的英雄、飞上太空的英雄，等等。以他们为榜样，你也会成长为一个被社会和历史认可的英雄。

4.涤除负面效应，发展积极自我

克制对影视明星的膜拜情绪，将更多的时间和精力放到学习上去。要积极认清自身责任，以健康的心态寻求合适的认同对象，才有助于成长与发展。

青春期男孩性心理特点及调适

青春期的到来，男性发育的变化不仅是具备了有别于女性的特征，而且在性格、心理、行为与举止等方面都呈现出与女性明显的差别，其性心理的特点主要表现在以下方面：

1. 追求性知识的方式

由于男孩性发育晚于同龄女孩，性意识的产生也较女孩晚。当首次遗精及反映在体态方面的两性特征出现时，往往产生一种惊惶不安的情绪。这一时期，男孩们非常渴望了解性知识，尤其时时留心来自异性的眼光。与女孩不同，男孩很少从父母或老师处获得性知识，而大多从报刊和医学书籍中满足自己对性知识的需求。这与青春期男性内心闭锁倾向有关。

2. 对异性的爱慕

男孩对女孩的爱慕心理可以归纳为以下几个时期：

（1）疏远异性期。指青春期开始的半年至1年（11～12岁）期间内的两性疏远阶段，其时性功能尚未完全成熟，性别意识刚刚萌芽。男孩发现彼此间性别的差异，便产生明显的性不安，如害怕被人看到开始长出的阴毛。男孩很重视同性伙伴的友谊，对两性间的接触持疏远和回避态度，如因学习需要，双方接触时感到拘束和难为情，认为两性间亲近、恋爱是可耻的。

（2）向往年长异性期。一些心理学家发现在性萌发期，即少男对性问题的认识从不知到知的发展过渡，他们对性问题仍然处于一种一知半解的朦胧状态。其实男孩可存在着两种特殊的心理状态，即疏远异性和发生恋年长异性现象，恋长者少年对成年或老年异性出现依恋。

（3）异性接近期。此时男孩对女孩普遍好奇，希望了解她们，包括生理和心理。对漂亮的女生更是喜欢，学习成绩突出者也具吸引力。男孩喜欢在女性面前展示自己的才能，以吸引对方注意自己。特别是在自己喜欢的女性面前，做事特别卖劲儿，希望自己在异性心目中成为英雄、崇拜对象。

（4）接近异性的狂热期。此期男孩往往对异性带有幻想色彩，很少考虑到会面临的困难和阻力，因而容易早恋，且情感发展速度较快，迅速达到炽热的阶段。从初恋到热恋是少年男女双方感情逐步深化的过程。狂热期间双方相互吸引力加强，激动程度高，有相互了解的迫切要求，真诚和信任感增强，而且思维方法和活动方式也发生改变。

3. 性欲望

一旦有了接近异性的欲望，并对具体、特定的目标发生兴趣和有一定交往之后，男孩往往就有性的欲望出现。因此，男孩在两性关系上表现比较主动。一般由彼此接近到发展成爱情，由男孩首先明确表示出来。男孩的性成熟比女性晚，但发展比较剧烈，很快进入性欲望亢进期，表现为性兴奋的产生和性欲望的增强。作为青少年时期，能否用理智克服其性欲望，也是男孩性心理成熟与否的标志。

青春期男孩的性心理健康问题比较多，虽大多数属于调节问题，但由于带有隐蔽性，又由于社会的忽视与个体的掩饰而不易被发现，如果发展下去，就会发展成各种性心理障碍和疾病，严重影响身心健康，影响正常的学习与生活，造成不良后果。下面是青春期男孩常见的几种性心理问题及调适方法：

（1）性认知的偏差与性冲动的困扰。据调查，不少青少年对“性”持有不正确的认识，有的视它为下流 、肮脏、见不得人，难以启齿、无所适从，以致对自己的性冲动感到羞愧、自责、苦恼和困惑，并产生厌恶与恐惧心理，等等。其实性冲动是男女青年生理心理的正常反应，是在性激素的作用和外界有关刺激下产生的，并不是不纯洁、不道德或可耻的行为。产生上述不正确看法的男孩如不及时醒悟会造成心理障碍。对性冲动要靠性道德来约束自己，采取可行的方法调适，如当产生性冲动时用内心压抑的方法予以调节是一种很有效的方法，适度的压抑是社会化的需要，也是一个人性心理健康的反映。然而严重的压抑则有害身心健康。另外还可用一种积极的建设性的、能为社会接受的欲望或方式来取代性欲，如用绘画、音乐、体育活动、从事劳动，或男女友谊交往等，使性能量得以转移、性情感得以平衡。这种方法即是升华。

（2）性焦虑。一般认为，青春期男孩心理的矛盾、冲突和各种性适应不良等都可能引起性焦虑。这种性焦虑主要是指对自己形体的焦虑，对自己性角色的焦虑，以及对自己性功能的焦虑。

一个人随着生理发育成熟，到青春期往往会出现对自己形体的不安。男孩都希望自己长得高大魁梧，女孩都希望自己长得苗条漂亮。如果有的男孩觉得自己矮小、瘦弱，就感到自卑；而有的女孩觉得自己过胖、长相平平，也会感到苦恼。有的男孩对生殖器的发育状况十分敏感，并为此心事重重。还有的男孩甚至对自己皮肤的黑白、脸上的“青春痘”等烦躁不安。此外，也有的男孩为自己的心理行为是否与性角色相吻合而忧虑。有的男孩感到自己缺乏男子汉的气质，于是便产生了“过度补偿”的念头，比如为了使自己更像个男子汉，故作深沉，或表现出大胆、粗鲁的行为，甚至打架与冒险，等等。

性焦虑对青春期男孩的性心理发展影响很大，而且常常影响到日常生活以及精神状态。一般通过性教育和性咨询可以起到改善的作用，其中最重要的是建立起健康的审美观，接受自己的现实，不要怨天尤人，要扬长避短，对自身的性生理、性心理方面的疑惑，应及时寻找心理医生咨询与帮助，不可独自敏感多疑、自寻烦恼。

（3）遗精焦虑。很多男孩对遗精有不正确的认知和心理反应，当出现遗精现象时，就感到不安、苦恼、困惑、羞愧和恐惧。其实，遗精是男孩性成熟的表现和未婚男孩的正常生理现象。因为男性进入青春期后，睾丸就开始造出精子，到18~20岁达到高峰，“精满则自溢”。有些青春期男孩由于某种错误认识，往往引起不良的心态而影响其情绪和健康，甚至产生严重后果，曾有男孩因恐惧遗精而切断阴茎或轻生。

要正确认识遗精现象，顺其自然。一旦发现遗精，要及时清洗，保持卫生。多参加文体活动，使生活丰富多彩，但不要看色情书刊、录像，减少性刺激。如发现遗精过于频繁，应及时去医院检查，对症治疗。

（4）手淫困扰。发生手淫的年龄多数从12~16岁开始，平均年龄14岁，与开始有遗精的年龄吻合。手淫是青春期男孩常见的现象，女孩也会手淫。不少男孩错误地认为手淫是不好的事，从而觉得自己是不好的人，在这种负罪感压力下，学习生活受到极大影响。对此，首先应端正对手淫的认识。手淫是青春期的正常性行为，是性生理发育和性心理发展的自然产物，它是一种正常的自慰行为，一般来说，手淫本身并无特别的害处，也不会影响日后的性生活和生育。如果手淫太过频繁，沉溺于其中而不能专心学习，则需要进行调整。常用的调整方法有转移注意力，比如听音乐、想自己感兴趣的事或者在手上用力弹橡皮筋；注意锻炼身体，就寝前做适当的运动，上床后尽快入睡，早上醒来不要赖床不起；少穿紧身裤，减少对生殖器的刺激；经常清洗外阴，消除积垢对生殖器的刺激；膳食上多吃新鲜蔬菜和豆类食品，少吃刺激性食物。另外，请牢记我国医学专家吴阶平教授的名言：不以好奇而开始，不以发生而烦恼，已成习惯要有克服的决心，克服以后就不再担心。如果情况比较严重，可以向心理咨询师咨询或给予药物治疗。

（5）“恋母情结”。这也是青春期男孩常见的性心理问题之一，上文已进行详细论述，此处不再重复。

青春期性冲动是生存本能

青少年朋友，你是不是每当看到某位心仪的女同学就有种想冲过去抱住她的冲动？是不是每当看见搔首弄姿的美女图片或煽情电影就会想入非非？是不是晚上做梦常梦见和某位美丽女生接吻、拥抱甚至发生性关系呢？这些都是青少年朋友正常的心理，是青春期性冲动，不是自己心灵肮脏，而是一种生存本能。

生存本能是人和动物所共有的一种赖以生存的天赋能力。例如，进食的行为就是一种生存本能，食欲是驱使动物进食的心理激励因素。没有食欲，动物就不会产生进食的动机和行为。动物不知道性欲与繁殖之间的关系，只是在性欲的驱使下亲近异性、追求异性，通过性行为获取性欲的满足。性欲得到满足也就实现了繁殖后代的生存活动。所以性行为就是繁殖后代的生存本能，没有这种本能，动物就会绝种。原始人类在进食和性行为这两种生存本能上与动物并没有区别。当代人如果完全缺少营养和生育知识，他们在进食和性行为上就会缺乏自觉性，甚至像原始人或动物一样盲目和不理智，只是受食欲和性欲的驱使去行动。

青春期异性之间的互相爱慕、亲近，甚至出现性欲冲动，实际上就是受繁殖本能驱使的表现。由于繁殖后代是人类得以生存的保证，因此性欲冲动的强烈程度也就超过了其他的生理欲望。生物在进化过程中通过适者生存的自然选择，形成了以强烈的性欲诱惑驱使动物，也包括人类，去完成繁殖生命的本能。

性冲动的发生，很大程度上是由于身体里性激素加速分泌。从生物学角度来说，性冲动是一种生理心理现象。它往往是通过两种途径诱发的：

第一，由视觉、听觉、嗅觉、触觉、味觉刺激大脑的思维所引起。每当男孩听到会激发性兴奋的语言信号，或是看到、触到异性的性感部位，或闻到异性身体上的刺激气息，或者脑子里想到有关性的问题，都会通过大脑支配脊髓中的性中枢，从而引起性器官的勃起。

第二，性器官直接受到刺激而引起的。性器官受到刺激后，交感神经会将信号传到大脑的性中枢，引起性器官充血，从而产生反射性性冲动。比如女孩子被自己所钟情的男孩无意中碰撞了一下腰部，即会感到一种软酥酥的麻醉似的感觉流遍全身而产生一阵无以名状的快感。意志薄弱的女孩子就有可能对这个男孩做出某些性冲动的行为。

在少男少女的交往中，男孩子比女孩子更容易发生性冲动。而女孩子对异性之间的友谊越是郑重，越是珍视，就越不可接受男孩子的性冲动表现。这样年龄的女孩子在与异性接触时，其实也不可能一点性冲动的意向都不发生。但是，她们通常认为男女之间的感情是纯真的，容不得任何粗鲁的言行玷污而克制住了。

不少青春期青少年由于缺乏性知识，对自身出现的性欲体验感到迷惑、恐惧、焦虑，甚至产生罪恶感；也有的则因好奇而盲目追求，以致影响学习和身心健康，甚至导致严重的后果。性心理、性行为是生存本能的具体表现，对此我们虽然不可能抗拒，却可以驾驭。认识到这一点，青少年就能比较清醒地了解自己产生与性有关的心理活动的原因，在这方面的行为也就能更加自觉和理智。

如果你的性冲动过于频繁，例如，一看见异性隆起的乳房或裙子里隐约可见的内裤线条就会有躁动甚至勃起现象发生，必然会影响正常的学习、生活和工作，以及与异性的正常相处。青春期青少年应该充分认识到，人与其他动物在此方面的区别就在于人类的性行为受到理智的控制和意识的支配，那么，应该怎样克服性冲动呢？可从以下几个方面入手：

（1）消除性神秘感。多了解青春期和心理卫生健康知识，消除性的神秘感。要从根本上认识到这是一种本能的生理现象。

（2）淡化注意力。你是否经常独处一隅，想着有关性方面的问题，或者特别留意身边女孩性敏感的部位，或者经常与同伴一起谈论性的话题等？如果回答是肯定的，你最好立即“刹车”，积极投身于大集体生活，比如多参加一些体育、文娱活动、知识竞赛活动，多观看一些健康的影视节目，特别是与性距离较远或不沾边的节目，如足球赛等，以淡化你的注意力，转移你大脑中枢神经的兴奋中心。

（3）净化刺激源。黄色书籍刊物、淫秽的音像是精神鸦片，是诱发少男少女冲动，教唆青少年不正当行为的罪恶之源，处于青春期的少男少女，若不警惕，最容易被俘虏。所以青春期的男孩女孩自觉抵制诱惑，避免看或听有性刺激的书刊、音像，净化身边刺激源。业余时间不妨多读一些自然科学、社会科学或与学习有关的书籍。

（4）弱化冲动欲。恋爱无比神奇美妙，对青少年具有强大的吸引力和诱惑力。一对青春期男孩女孩朝夕相处久了，难免日久生情，当一方冲动起来，不能驾驭自己的感情时，另一方最好耐心劝导、婉言回绝。用你的智慧弱化对方的冲动欲望，不可以态度暧昧或姑息迁就。让对方在你的缓冲减震作用下，恢复理智，避免偷食禁果。

（5）强化自制力。人不是超凡脱俗的神仙，不可能毫无欲念。但人的冲动是受道德约束的，人的意志完全可以战胜人体本能的欲望。加强自制力锻炼就能克己制欲。一般来说，一个矜持理智、自制力强的人往往性格开朗、兴趣广泛、积极向上，具有良好的道德素养和比较好的生活习惯，所以即使这些男孩女孩产生性冲动，他们也会用自制力加以抑制。

（6）培养好习惯，睡眠有规律。晚上临睡前用热水洗脚，不要饮咖啡和浓茶，上下床不要胡思乱想，不要穿过紧的内裤，以免刺激阴茎勃起。

正确对待性好奇心理

男孩进入青春期后，第二性征开始发育：睾丸、阴茎开始增长，精子生成，出现首次射精。出于对身体变化的好奇心和神秘感，少男少女们开始关注有关性方面的事，渴望得到性知识，并且对异性身体变化也产生浓厚兴趣，都强烈地想搞清楚异性的“那里”长什么样、两个人“那样”是什么感觉等有关性的问题。这种性好奇心理是性生理发育的必然产物，也是正常的、合理的。它可以促使男孩主动掌握性知识，破除性神秘感，有利于生理发育和心理健康，对人的一生都会产生深远影响。但正常不意味着可以放纵它，任其恣意疯长，必须正确驾驭。那么究竟应该如何正确对待青春期的性好奇心理呢？

（1）科学获得性知识。目前含有性知识的读物、影视、录像不少，少男少女们应在老师和家长指导下，根据年龄、发育水平去选择适合的内容。不要私自寻找或秘密地接触各种有关性的书刊，遇到身体变化和发育方面的问题时千万不要羞羞答答或憋在心里，要多和父母或老师求教，也可向热线电话、咨询部门求教，及早寻找到一个科学的答案。例如，有的青少年认为自己的性器官发育有问题，整天萎靡不振，学习成绩下来了，身体也拖垮了，后来家长发现问题严重带他去检查，完全正常，从此才放下心，不过等一切都恢复常态时，几年时间耽误了，身心健康都受到很大影响。这里也应该提醒家长：在遇到孩子提出这类性问题时要耐心解说，不要采取训斥或鄙视的态度，这样只会打击孩子的积极性。

（2）培养自制力。自制力是人良好的意志品质之一，自制力强的人能够用理智驾驭情感与欲望。进入青春期后，少年常有一种性萌动的体验。它常常是性本能的冲动，人是可以通过意志去节制这种本能冲动的。因此，我们要学会克制冲动，凡遇到想做而暂时不该做的事，特别要注意克制防止冲动行为的发生。

青少年朋友在接受科学性教育的同时，应注意自觉抵制性挑逗、低级庸俗和不健康的读物，克服这方面的好奇心。看黄色书刊和录像就像吸毒一样，因好奇而有了第一次，自然就有第二次、第三次，车刹不住了。这需要意志力，青少年成长过程实际上也是不断培养自己意志力的过程，该干的坚决干下去，不该干的坚决不干，没有一点儿意志力的人必将一事无成。

（3）正确处理早恋情感。如果你出现了早恋情感，一方面会从心底里感觉幸福，另一方面却也难以摆脱时隐时现的各种苦恼，因为早恋之时也正是需要集中精力学习的黄金时期，两者通常是矛盾的。此时你应该和家长一起努力，使早恋情感得以升华。情感升华即情感的抒发与心灵的美化，它建立在对性的正确理解的基础之上。情感的升华使你能以朝气蓬勃、积极向上的精神来对待自己身体和心理的变化，用崇高的追求替代性欲需求，成为一个成才意识强烈、兴趣广泛、文化素养好、意志坚强、情操高尚的好少年。

（4）培养强烈的事业心。青少年正处在长知识、长身体的时期，这两者都是将来干事业的本钱，所以把主要精力投入学习和身体锻炼中，搞好自己的学业和身体素质至关重要。这样可以克制自己的性冲动，不沉溺于色情。

什么是性别认识错位

亲爱的青少年朋友，你所在的班级或学校里是不是有一个或几个“假姑娘”呢？这些从穿戴到言行举止都很像小女生的男同学或许经常成为你们开玩笑的对象，可玩笑背后蕴藏着什么样的来龙去脉呢？

心理学家荣格指出，人格中有两个原型“阿尼玛”和“阿尼姆斯”，前者指男人身上具有的女性特质，当阿尼玛高度集中时，男人就容易变得激动、忧郁、嫉妒、虚荣；而阿尼姆斯指女人身上具有的男性基本特质，当它高度集中时，会使女性富于进攻性、追求权力，并引起内心冲突。如果两种特质发展不平衡，则会引发女人阳性化、男人阴性化。

如果一个女孩从小跟男性亲属生活在一起，那么她可能去学习男性的言行甚至着装，形成类似男性的思维方式和行为。长大后，她可能是一个女强人，但缺乏女性的温柔气质。她穿上男装是潜意识中对于男性角色的认同，也就此掩盖了她的气质缺陷。但往往因为她缺乏女性独有的温柔和细腻，似乎很难得到男人的垂青。而穿上男装时会有一种肌肤相亲般的兴奋，她可能会把性对象固化到异性的衣服上，得到一种类似性的抚慰。

同样，从小生活在女人圈的男孩，缺乏男性特质的学习，性格柔弱、情绪化，渐渐地跟男同伴格格不入，对于男性特质，他更产生了厌恶和不安全感。而只有在女性同伴那里才能找到温情、安全和认同。就像现代版的贾宝玉，对脂粉有特殊的兴趣。这样的男孩很多时候无法忍受男性性别带给他的社会压力，会羡慕女性的自在，所以他穿上女装，有可能是一种放松和反叛。正因为他女性气质比较重，穿女装也让他能真正感到一种性的满足和温柔，从而逃避男性角色的某些责任。

赵刚是某市高三学生。从11岁起，他就开始讨厌自己是个男人。

“我有两个很漂亮的姐姐，比我大五六岁。她们很受父母和周围人的宠爱，我很羡慕她们。”由于对姐姐过于羡慕，李刚越来越厌恶自己的男性身份。在班级里他很少和男孩子说话，只喜欢和女孩子在一起，慢慢地他更是连与男同学打招呼都感到厌恶，他开始想做女人。

虽然讨厌自己的男人身份，但赵刚始终觉得这是件很可耻的事情，所以他没向任何人说过。上高一时他开始偷偷地穿女性内衣，幻想自己就是个女人。同时他还在学校交到一个很好的“女朋友”。她是个特别好的女孩儿，开朗、活泼，还十分善良。他十分喜欢和她在一起，她也一样。可她将他对她的感情误会成男女之情，使他经常要小心翼翼地回避着她在肢体或言语中的示爱。现在他们相处已经两年了，最近她很正式地向他提出确定恋爱关系，为此他十分苦恼。

赵刚的这种情况就属于性别错位，是指人的心理性别和生理性别之间的混淆、换位。性别角色是以性别为标准进行划分的一种社会角色，它决定着一个人的行为模式。如人们要求男性行为体现出阳刚之气，女性行为表现出阴柔之美。虽然男女性别是由遗传决定的，但性别角色却是从儿童时期受到成人影响、教育的结果。一些在发廊、酒吧等地方长大的孩子由于经常接触一些打扮比较中性的人，极易发生性别上的认知混乱。还有些地方的习俗就是给男孩穿上裙子、起个女孩的名字等当作女孩来抚养，愚昧地以为这样会好养一点，但研究发现，这样成长的男孩后来都有些不正常。对孩子性别教育的缺失，是不利于孩子的健康成长的，很容易造成孩子性别角色的错位，带给孩子的将是心灵的扭曲和伤害。

正确的性别教育非常必要。青少年的身心发育是否健康，与性别教育有着非常密切的关系。6～15岁是青少年最容易发生性别认知混淆的时期，家庭教育失误很容易导致孩子在这一时期发生性别认知模糊的现象，此时家长应该及时进行正确性别教育，否则便很容易出现异性癖的心理问题。性别教育包括一定的性知识教育，但是性知识教育绝非性别教育的全部。在当今社会，家长要特别注意给孩子一个不受侵害的童年和少年，给他们提供一个健康成长的环境，不要逼他们早熟。同时，家长和学校应该积极思考有效的性别教育方式。从社会化角度来看，在对青少年的教育中，除了生理学的教育，还应加强性别认知的教育，而目前国内恰好忽视了这一点。如果在家庭、学校和社会教育中有意识地加强这方面的工作，即使孩子早期出现异性化倾向，也很容易在后期的教育中得到纠正。

第2章　男孩成长，从0到1学会青春期健康知识

青春期应补充哪些营养

青春期是身体各系统器官快速生长的时期，尤其是骨骼和内脏器官的生长，需要大量的营养物质。为了使身体能够健康发育，应该充分摄取各种营养素。所谓营养素，是指能在体内吸收，有供给热量、构成肌体组织和调节生理功能，为身体进行正常物质代谢所必需的物质。人体所需的营养素有糖、脂肪、蛋白质、维生素、无机盐和水等六类，在青春期要大量补充蛋白质、热量、无机盐、维生素等，因为这一时期对这些营养物质的需求比在一生中的任何时期都高。

第一，对蛋白质的需要。人体许多具有生理作用的物质都由蛋白质构成，如调节新陈代谢的激素、催化物质的酶、承担输氧任务的血红蛋白、构成肌体骨架的胶原蛋白等，都离不开蛋白质。由于青春期生长发育旺盛，一般成人每天需要79克蛋白质，而处在生长发育中的青少年则要增加25%～50%，因此，青少年要特别注意增加蛋白质的比例。营养素通常来自食物，但任何一种食物都不可能包含所有的营养素，各种食物中所含的营养素的种类和含量也不同。动物蛋白较多的食物有瘦肉、蛋、奶、鱼、虾、蟹及内脏；植物蛋白有豆类、花生等。此外，由于青

少年喜欢活动，需要的热量高，一般也要比成年人多25%～50%。

第二，对热量的需要。人体热量的主要来源是食物中的碳水化合物、脂肪和蛋白质。所以，青少年应该增加饭量，尤其要重视从早餐中得到足够的热量和蛋白质，以保证生长发育和学习、活动的需要。

第三，对糖类的需要。糖类是人体所需能量的主要来源，也是维护心脏和神经系统正常生理功能的必要物质。众所周知，肝脏有解毒作用，但只有糖较多地转化为肝糖原储备在肝脏时，肝脏的解毒作用才能得到很好地发挥。一般认为，糖占人体总热量来源的70%左右较为合理，青少年每日需热量2 500～3 000卡，当糖类摄入不足时，会引起全身无力，体重下降，严重时会影响神经系统的功能，产生水肿；但是如果摄入糖类过多，则会变成脂肪贮存在体内，造成肥胖。所以，糖类的摄入要适量，既不多也不少，只有这样，才能保证人体所需的各种营养。

第四，对水的需要。在人的生命活动中除了氧气，水是人体的第二必需品。水是人体的重要组成部分，也是血液的重要组成部分，是人生命活动中不可缺少的物质，它参与体内许多代谢过程和体温调节，可以保证腺体正常分泌并在体内有润滑作用。它占人体重的65%～70%，当体内丧失水分过多时，会导致血液浓缩、血流减速、影响对肌肉的供氧和代谢物的排泄，会出现肌肉酸痛、活动能力下降，当体内丧失水分达20%时便会危及人的生命。在不同的季节、不同的年龄，对水的需求是不同的。青少年的新陈代谢旺盛，活动量大，水分的排泄、消耗也多，一个青少年每天每千克体重需水40毫升，每天通过食物中摄入水700～800毫升，其余都要通过饮水来补充。因此，青少年每天都要补充足够的水分，只有这样，才有利于身体的健康和发育。

第五，对脂肪的需要。脂肪的主要功能是贮存能量和帮助脂溶性维生素的吸收，它能溶解维生素A、D和胡萝卜素，促进对各种维生素的吸收和利用，可以防止体内热量的散失和保护器官不受损伤。如果摄入脂肪过多会引起肥胖，并诱发一些疾病，但如果摄入脂肪不足又会影响到人体对蛋白质、糖的代谢过程。因此，一个人每天的脂肪摄入量要适当，一般来说，脂肪所供给的热量应占每日摄入量的30%。

第六，对维生素的需要。维生素，顾名思义，是维持人体正常生理功能所必需的一类有机化合物，是调节机体生理作用的主要营养素。它虽然不是构成身体的原料，也不能提供能量，但却能促进生长发育、增进健康，可以增加机体的抵抗能力。当体内长期缺乏某种维生素时，就会引起相应的代谢紊乱；如果长期轻度缺乏维生素可使工作能力下降，身体的抵抗力也下降。所以，为了保证维生素的供应，我们应当多吃一些富含维生素的食物，如动物肝脏、谷物、鸡蛋、奶制品以及新鲜蔬菜、水果，等等。

除了补充必要的营养素之外，青少年的食物种类还应该多样化，不偏食、不挑食。吃粮食要不分粗细，越杂越好，这样才能获得所需的营养；要多吃水果和蔬菜，以保证足够量的维生素；要注意矿物质的摄入，多喝骨头汤，多吃木耳、猪肝、海带、紫菜等。不要吃过多的甜食和咸食，更不要吃得过饱，而应该尽量将多种在营养素质量上各有特色的食物搭配起来，这样就可以得到身体发育所需的各种营养物质了。总之，要求营养比例适当，荤素结合；多吃植物油，少吃动物脂肪，降低饱和脂肪酸的摄入量，要吃得合理，吃得平衡。

我们都知道，生命的存在，有机体的正常发育，各种生理活动及体力活动的进行，都有赖于体内的物质代谢过程。而体内进行物质代谢就必须源源不断地从外界摄取一定数量的新物质，主要从食物中摄取。所以，如果你想身体健康地发育成长，一定要特别注意营养物质的供给，只有这样，你才能长得更高、更壮！

营养不良也致命

营养不良是由于摄入不足，或食物不能充分吸收利用，以致难以维持机体正常代谢，迫使机体消耗自身组织，出现生长发育停滞，体重不增或减轻，脂肪逐渐消失，肌肉萎缩，同时还可造成免疫功能低下、全身各系统功能紊乱等。各种营养素的缺乏会导致营养不良，主要分为蛋白质营养不良、能量营养不良以及混合性营养不良三种。

中医认为，营养不良多是由于饮食不节，喂养不当；而西医认为长期饮食不当，热量摄入不足、消化系统疾病如消化道先天畸形等导致喂养困难、慢性消耗性疾病或食欲缺乏，进食困难，或有偏食的不良习惯等是导致本病的主要因素。

那么，营养不良有哪些危害呢？

（1）营养不良会导致抑郁症。法国营养师莫尼克·费里解释说，当人们缺乏营养时，大脑就无法获得某些微量元素，而这些微量元素对大脑产生神经传递素至关重要。已有的研究表明，缺乏神经传递素很容易导致抑郁症。从另一方面讲，胃口不好是抑郁症的主要症状之一，因为长期没胃口导致营养缺乏，而后者进一步加剧抑郁症病情。

（2）降低学生的学习能力和身体的其他功能。学生时期正是身体的生长发育高峰期，若出现营养不良，会严重阻碍学生的正常生长发育，甚至影响一生的身体健康。

导致营养不良的原因有哪些呢？

（1）青春期少年缺乏有关的营养知识，膳食结构不合理，食物品种单调，偏食、挑食及吃零食过多。

（2）热量摄入过多，尤其是甜食摄入过多；同时课业负担过重，体育锻炼时间过少，降低了热量的消耗，也是导致营养不良的原因之一。

（3）摄食不足：因饥荒或其他原因造成的食物供应不足。

（4）需要量增加：生长发育时期人体对各种营养素的需要量显著增高，但由于疾病造成的消耗量增加或影响消化吸收而导致糖、脂肪、蛋白质及水盐代谢紊乱或药物导致营养不良。

那么，如何来治疗营养不良呢？

（1）治疗各种慢性疾病。

（2）合理调整饮食，使每天总热量、蛋白质及各种营养素达到要求，对重度营养不良患儿饮食调整必须从低热量开始，通常从每日167～250kj/kg开始，逐渐增多，根据小儿消化功能与吸收情况逐步提高热量，不要提高过快，以免引起消化功能紊乱。

（3）少量多次输血或血浆。

（4）给促进消化的药如胃蛋白醇、胰酶，亦可肌注苯丙酸诺龙，每周1～2次，连用2～3周，可促进蛋白质合成，但应同时提供足量的蛋白质。

（5）中药如参牙白术散（党参、茯苓、白术、扁豆、陈皮、山药、莲肉、砂仁、薏米、桔梗、大枣、甘草）。

同学们，如果你想有健康的身体，一定要注意营养均衡，千万不要盲目地节食、偏食和挑食，这对身体是极为不利的。

你知道不当饮食导致近视吗

眼睛是心灵的窗口，是人体的重要器官，因此，我们应该好好保护它。如果用眼过度， 比如看书学习、面对电脑以及看电视等时间太长的活动，都会引起眼睛的疲劳。而眼睛长期处于疲劳状态， 会感觉发干、发涩，从而导致视力下降、工作效率降低。近些年的医学研究表明，营养不良、营养过剩或偏食、挑食都是诱发青少年近视的重要原因。营养不良和营养过剩可能会改变眼睛视网膜的正常生理功能，使眼的屈光度发生变化而导致近视，偏食、挑食会因微量元素摄入不足而导致近视。因此，保护眼睛，除了平时注意劳逸结合，不要长时间看书、看电视，定时做眼保健操，还要从饮食方面注意调节，经常吃一些有益于眼睛的食物，对保护眼睛，可以起到很大的作用。

那么，哪些食物对保护眼睛有好处呢?

含蛋白质的食物：如瘦肉、禽肉、动物的内脏、鱼虾、奶类、蛋类、豆类等，它们都含有丰富的蛋白质，而蛋白质又是组成细胞的主要成分，组织的修补更新需要不断地补充蛋白质。

含维生素A的食物：蛋黄、牛奶、鱼肝油及黄色、绿色蔬菜等食物中，如胡萝卜、苋菜、菠菜、韭菜、青椒、红心白薯以及水果中的橘子、杏子、柿子等，都是对眼睛极有帮助的食物。如果缺乏维生素A，眼睛对黑暗环境的适应能力就会减退，严重的时候容易患夜盲症。

含维生素C的食物：各种新鲜蔬菜和水果，其中尤以青椒、黄瓜、菜花、小白菜、鲜枣、生梨、橘子等含量最高。维生素C是组成眼球水晶体的成分之一，如果缺乏维生素C就容易患水晶体混浊的白内障病。因此，应该在每天的饮食中，注意摄取含维生素C丰富的食物。

含维生素E的食物：维生素E主要存于坚果及小麦胚芽中，但补充维生素E时，要特别注意本身尿酸值的高低以免引起痛风。

含丰富钙的食物：钙是人体不可缺少的营养素，也是神经肌肉兴奋的主要调节剂。如果缺钙会引起神经肌肉的兴奋性增高，使眼部肌肉处于高度紧张状态，再加上青少年做作业时间长，不注意用眼卫生，造成眼球调节的频率和时间增加，增加了眼外肌对眼球的压力。所以，多补充一些含钙的食物，可以达到消除眼睛紧张的目的。如豆类、绿叶蔬菜、虾皮含钙量都比较丰富。

青少年一般都比较喜欢吃甜食，医学家指出，甜食是视力的杀手，长期嗜好甜食的人，会摄入过量的糖，从而导致体内血液偏酸。要想保持酸碱平衡，就不得不动员大量的钙去中和酸根，从而引起血钙不足，减弱眼球壁的弹性，使眼轴伸长，埋下近视的隐患。同时，血糖升高，会使水晶体复凸而形成近视。

日本秋田大学的教授岛田彰夫提出：吃硬质食品过少也是引起青少年近视增加的原因之一。吃食物可以促使面部肌肉运动，包括支配眼球运动的肌肉，进而有效地发挥调节眼睛晶状体的能力。日本研究人员为此调查了近300名学生，发现凡是喜欢吃硬质食品者视力均正常，常吃软食者视力多有不同程度的下降，故咀嚼被誉为眼的保健操。所以，多吃一些如胡萝卜、土豆、黄豆、水果、玉米等耐嚼的硬质食品，增加咀嚼的机会，可预防近视眼发生。

近年来国内外科学家们研究发现，机体缺乏某些微量元素，也是造成视力障碍和近视眼的原因之一。

锌：缺锌会引起视网膜病变、视神经萎缩。有研究表明，适当地补锌可以提高近视患者的视力。

铬：缺铬会引起眼的晶状体和眼房水的渗透压改变，使晶状体变凸及屈光度增加而造成近视。此外，铬在人体中与球蛋白结合，是球蛋白的正常代谢所必需的。在糖和脂肪的代谢中，铬也协助胰岛素发挥着重要的生理作用。处于生长发育旺盛时期的青少年，铬的需求量比成年人大。铬主要存在于粗粮、红糖、蔬菜及水果等食物中，应适当摄入。

铜：铜代谢异常会导致视网膜色素变性而影响视力，并且会引起眼肌损害。

硒：体内硒缺乏时，易患近视眼及白内障。

眼睛是心灵的窗户，拥有一双明亮的眼睛，是一个人健康的重要标志之一，也是我们每一个人梦寐以求的。所以，从现在开始，保护我们的眼睛！

阳光早餐，不能不吃

很多学生都有着这样的早晨：被闹钟叫醒后，挣扎了一二十分钟，才揉着疲惫、瞌睡的眼从床上爬起来，因为分秒必争，不吃早饭就冲出家门到学校去上早自习。营养专家提醒，对于青少年学生来说，早餐是一天中最重要的一餐。如果不吃早餐，会影响身体的正常生长发育和智力发育。但是，有很多青少年学生很不重视吃早餐，认为早餐可吃可不吃，主要还靠两顿正餐。所以在上学路上，学校门口，常看到一些学生手拿油条或馒头边走边吃。这样不仅使上午的学习活动受影响，而且长此下去会影响身体健康。瑞典一位专家在瑞典中学生中进行的研究表明，早餐能量摄入充足的学生其身体耐力、创造力、数字核对等方面的表现均优于能量摄入不足的学生，这说明不吃早餐可能影响青少年的认知能力和学习成绩。

那么，不吃早餐有哪些危害呢？

（1）导致营养和发育不良：不吃早餐的儿童，全天的能量、蛋白质、脂肪、碳水化合物和某些矿物质，如钙、铁、维生素B2、维生素B12、维生素A、叶酸等的摄入低于吃早餐的儿童。因为早餐所提供的营养素很难从午餐或晚餐中得到补充，不吃早餐或早餐营养质量差，是引起全天能量和营养素摄入不足的主要原因之一，长期下去，会导致青少年营养不良。另外，青少年正处于生长发育阶段，如果不吃早餐就急忙去上学，容易在9点、10点左右产生饥饿感，出现头昏、乏力，甚至面色苍白、出冷汗、昏厥等症状，影响生长发育。

（2）影响学习能力和成绩：学习是一项繁重的脑力劳动，大脑唯一能够利用的能量是血液中的葡萄糖，即血糖。血糖多少决定了人的身体能够产生多少能量，而能量的多少则决定了人的精力和自我感觉。如果不吃早餐或早餐营养质量差，血糖水平相对就低，身体不能产生能量，就不能及时为神经系统的正常工作输送充足的能源物质，大脑功能随之下降，注意力分散，精神不集中，记忆力下降，从而影响学习能力和学习成绩。根据对比实验，不吃早餐的青少年在图形识别的错误率、反应能力和数学测试方面的成绩都低于吃早餐的青少年。早餐营养质量好的青少年，标准考试的成绩、逻辑思维能力、创造性思维能力和身体耐力等明显较好，其他表现如迟到、缺课等现象也明显比营养质量差的青少年少。

（3）导致肥胖。现在青少年学生中有很多是肥胖症患者，为了减肥不吃早餐。根据营养学家研究：如果每天不吃早餐只吃中餐和晚餐，会吃得更多，而晚餐后一般运动量较小，身体来不及消化吸收，更容易形成皮下脂肪。比如日本的相扑选手，就是不吃早餐只吃午餐和晚餐而肥胖的。

（4）易患胆结石。夜间空腹时间长的人，胆汁分泌减少，胆汁的成分也会发生变化，其中胆酸含量减少，胆固醇就容易在胆囊中沉积。若长期不吃早餐，胆酸分泌减少，体内胆固醇过高时，更易在胆囊内潴留、沉淀而形成结石。调查发现，有97%的结石病患者都是不吃早餐族。

（5）容易诱发肠胃炎。早餐不足，午餐必然会因饥饿而大量进食，从而增加消化系统的负担，还会打乱消化系统的生理活动规律，容易引起功能失调，诱发肠胃疾病。现在有越来越多的中小学生患肠胃疾病。

不吃早餐的危害这么大，所以，青少年一定要养成每天吃好早餐的习惯。那么，如何吃好早餐呢？

第一，按时吃早餐。青少年一定要养成早睡早起的生活习惯，每天早晨要安排出吃早餐的时间。经医学研究证明，7～8点吃早餐最合适，因为这时人的食欲最旺盛。经过调查发现大部分中学生早餐6点就开始吃，而中饭则要到11点半左右才吃，这其实是不科学的。如果早上起床食欲不佳，可以先活动一下，做一些整理床铺、扫地的活动，再去吃早餐。

第二，种类丰富，营养均衡。早餐食物中，既应该含有碳水化合物，又要有脂肪和蛋白质。因此，早餐的食物可安排面包、馒头、包子等，搭配牛奶、稀粥、豆浆等，加上鸡蛋、肉松、果酱、黄油、芝麻酱、火腿肠、小菜等食物，使早餐有干有稀，有荤有素，可以增强食欲。所以，营养丰富的早餐，既可以使人精力饱满，头脑清楚，学习效率高，更重要的是可以保证青少年健康成长。

第三，早餐前应先喝水。人经过一夜的睡眠，从尿、皮肤、呼吸中消耗了大量的水分和营养，早上起床后处于一种生理性缺水状态。如果只进食常规早餐，远远不能补充生理性缺水。因此，早上起来不要急于吃早餐，先喝500～800毫升的凉开水，既可补充生理缺水之需，又可以对人体器官起到洗涤的作用，从而改善器官功能，防止疾病的发生。

第四，热量供给要适当。早餐食谱中的各种营养素的量，一般应占全天供给量的30%左右。其中在中、晚餐中可能供给不足的营养，如能量、维生素B_1等，早餐应适量增加，做到粗细搭配合理，营养互补。

现在，早餐在人们日常生活中扮演的角色越来越重要。吃营养充足的早餐，不仅有益于现在的健康，而且有益于将来的健康。为了精神饱满地投入到一天的学习生活中去，我们应该更加关注早餐。

多运动，拒绝做个小胖墩

传统的观念认为儿童长得胖就是健康，不少人甚至觉得孩子越胖越可爱。但现在随着生活水平的提高，有些同学由于营养过剩，从食物中摄取的糖分和脂类物质过多，因而形成“小胖墩”式的体形。

那么，造成肥胖的原因何在？可以从以下几个方面来看：一是许多家长为了自己孩子的健康成长，给予孩子最好的营养配餐，满足孩子各种挑剔的口味，甚至还购买大量的营养补品给孩子额外补养。一旦营养超过身体所需时，就会将多余的部分转变成脂肪贮积在体内，从而形成“小胖墩”。二是运动过少。这是由于热量的摄入超过热量的消耗而又缺少必要的体育运动，也会造成营养过剩。三是经常吃一些高热量、高脂肪的食物，如糕点、巧克力、牛奶、快餐等；另外，遗传因素和不良的饮食习惯也是造成肥胖的原因。

肥胖的害处何在？可以从以下三个方面来看：一是妨碍正常生活，最明显的表现是行动迟缓、步态蹒跚，容易发生意外事故和造成不必要的创伤；二是研究发现，肥胖会加重心脏和呼吸系统的负担，容易得高血压和心血管疾病；三是青少年肥胖的体形、笨拙的形象常常会招来别人的嘲笑，使他们的心理产生自卑感和压抑感，时间久了，性格会变得孤僻、任性和离群索居，更有甚者，会导致心理疾病。

那么，怎么来减肥呢？按一般发育规律，男孩在12～14岁肌肉有迅速增长的现象，在进入青春期后呈下降趋势，因此，青春期是防止肥胖症的最佳时期。

第一是运动减肥，通过体育锻炼达到减肥和控制体重，这对青少年来说是最有效的方法。因为运动能很好地作用于神经和内分泌系统，调整新陈代谢，促进脂肪代谢；运动能帮助消耗体内的脂肪和糖，也能增强心脏的机能，所以，运动是最佳的减肥方法。可选择跑步、做操、游泳、爬山、骑自行车等。

第二是节制、控制饮食，合理选择食品。适当控制饮食，以不影响正常的生长发育和身体健康为宜，但是对脂肪（如肥肉）、糖类（如糖果、巧克力）的摄入量必须加以控制。主食可选用米、杂粮、面等一些低纤维的东西，副食宜选用瘦肉、鱼类、蛋类、豆制品、蔬菜和各种水果等。此外，酒、咖啡、浓茶也要少喝，以免刺激胃液大量分泌而增强食欲。

第三是建立合理的膳食制度，养成良好的饮食习惯，严格控制进餐次数，每次进食不宜狼吞虎咽或进食过多。

当然，也不能为了减肥而少吃东西，小心得了厌食症，影响青少年身体的发育。

只有做到以上这些，青少年才会身体健康，充满青春的活力，投入到学习和工作中去。

青春期一味减肥，小心得厌食症

某初一男孩，偶然听到同学说他胖后，便每天仅吃少量的蔬菜和水果，吃饭时不是推说已吃过了就是吃后再悄悄抠出来吐掉。三个月下来，体重从120斤降至95斤，并开始出现了食欲消失，情绪明显抑郁的症状。但该男孩还是不认为自己瘦，仍坚持控制体重，其母发现后带他前往医院求治，经诊断为神经性厌食症。还有一位男学生，体重150余斤，自觉过胖，便盲目节食减肥，几乎达到了不吃食物的程度。不到两个月，体重锐减至120斤，但伴随而来的还有营养不良性水肿和神经厌食症。这已经是明显的矫枉过正了。

一般都认为厌食症多发生于女性，且年龄在13～28岁。但实际上，有1/10的患者是男性，并且现在有越来越多的青春期男孩患此病。因为随着青春脚步的迈进，无论是男孩还是女孩都十分注意自己的形象，对美的追求也越来越强烈，这是一种强烈的情感，也是生理、心理发展日趋成熟的必然。此外，现在的明星、名模，大多数也是以瘦为美，直接影响了年青一代对自身形象的追求，所以，一些男孩为了保持自己的形象盲目地节食，因此患上了青春期厌食症。

那么，到底什么是青春期厌食症呢？青春期厌食症也称青春期消瘦症或神经性厌食症，是指在青春期内发生了厌食的现象。这种厌食不是由疾病引起的，也不是平常所说的食欲不好，而是由于精神因素所致，它属于神经性厌食症范畴。一般患了此病的人拒绝进食，即使很长时间不吃东西也不觉得饿，精神萎靡不振，整天昏昏欲睡，最后会导致身体虚弱和其他身心疾病。比如，有的人总拿自己和明星相比，认为自己太胖，必须限制饮食；或认为越瘦越美，欣赏并追求苗条的身材，因而对食物产生了厌烦情绪，甚至见到食物就呕吐，以致体重急剧下降。轻者消瘦、营养不良、抵抗力下降；重者全身功能紊乱、心跳加速、卧床不起，需要送进医院治疗。如果体重下降到生病前的35%～40%时，心肌发生变化，可能突然死亡。由于这种厌食症的病因主要是精神因素，是思想上的错误观念所造成的，很难改变。因此，需要精神科医生进行配合治疗，不过，最好的办法还是预防。

时下的青少年非常容易患上厌食症，殊不知，这样对身体有严重的危害。青少年心理学家Michael Morton指出，患上青春期厌食症的孩子体重会很快减轻，失去活力和对生活的兴趣。他们常常感到悲伤和愤怒，他们努力想要保持社会生活，但是由于饮食失调造成的困扰使他们不可能参加社会活动，也使他们难以参加体育活动。主要表现在：

（1）脱发，因为头发的主要成分是一种称为角朊的蛋白质，锌、铁等也是毛发生长不可缺少的微量元素，而只吃蔬菜、水果与面粉等素食，会导致蛋白质与微量元素摄取不足，使头发严重营养不良。

（2）易患胆结石，由于过度节食，身体摄入的能量过少，导致沉积于组织中的脂肪库存消耗，使胆汁中胆固醇的浓度激增，胆汁变得黏稠，析出结晶而沉淀下来。

（3）心理上对脂肪有一种恐惧感，即使体重减轻了，这种感觉仍然存在，拒绝保持正常体重。

（4）青春发育延迟。

（5）引起体内新陈代谢失调，甚至会造成死亡。厌食还会引起恶性循环，如食欲减退，胃液等消化液的分泌减少；消化液减少后更增加厌食的欲望，使进食越来越少。

为什么会形成青春期厌食症呢？青春期男孩患厌食症通常源于对锻炼的困扰、基因的异常、同龄人的压力、社会的态度，或者感冒的流行都可能成为诱发因素。除了上述原因以外，还有以下几方面原因：

（1）不良的饮食习惯。过多地吃零食是造成厌食的主要原因之一，经常吃零食使胃肠不停地工作，打乱了消化活动的正常规律，长久下去就会没有食欲。另外，吃饭时不专心，会使食物的色、香、味对感觉器官的刺激作用减弱，使大脑对进食中枢的支配作用减弱，消化系统功能降低，对进食缺乏兴趣和主动性。

（2）饮食结构不合理。主副食中的肉、鱼、蛋、奶等高蛋白食物多。蔬菜、水果 、谷类食物少。冷饮、冷食、甜食吃得多。如果经常以巧克力、奶油蛋糕等食品为主，血液中的糖含量高没有饥饿感，所以就餐时没有胃口。餐间再次饥饿，又再以点心糖果充饥，形成恶性循环。

（3）疾病的影响。如反复感冒或反复腹泻、佝偻病、缺铁性贫血、锌缺乏等疾病，因病未愈或服用药物也影响胃口，造成厌食。

（4）社会文化因素。社会的压力会严重地影响个人的观念及行为，理想的体形是受社会文化因素左右的。在较不发达的时代（贫穷状态），丰满、肥胖是作为富有的标志，被人羡慕；而现代社会则以身材苗条作为有能力、高雅、有吸引力的标志，于是体重偏低受到人们的青睐。

（5）情绪因素。低落的情绪往往会造成食欲不振，导致偏食而造成营养不良，从而影响到身体健康。

那么，如何克服青春期厌食症呢？

（1）补充营养，纠正营养不良，严重的营养不良患者可能会有生命危险。青春期厌食症的病人在严重营养不良状态下，死亡率可高达10%。因而必须紧急抢救治疗。如果患者拒绝治疗，应采用劝说及强迫方式使其住院的方式，以挽救病人的生命。 这时可补充血钾、钠、氯等元素。贫血可补充铁，服叶酸，补足维生素等。由于患者长期不进食，胃肠功能极度衰弱，因此进食应从软食、少量多餐开始逐渐增加，不能急于求成。

（2）心理治疗，要找经验丰富的心理医生来疏导病人的心理压力，青少年应对环境、对自己有客观认识，找到适应社会的角度及处理和应付各种生活事件的能力。另外，对健康体魄的概念，标准体重的意义，对自己的身体状况有客观的评价。

（3）树立正确的审美观，真正地接纳自己，认识到自己的价值，在健康的前提下追求美，这样就会避免发生青春期厌食症。

（4）创设良好的就餐环境。如果在一个拥挤的地方吃饭，人多嘈杂，空气污染，也不利于就餐。因此，在一个安静舒适的环境里就餐，也有利于胃口大开。

（5）克服低落情绪，能激起对多种食物的欲望。所以，只有保持稳定的情绪，才能有利于身体健康。而保持情绪的最好方法就是锻炼身体，进行一些不太剧烈的运动，如跑步、打球等。

（6）培养广泛的兴趣，参加有益活动，转移注意力，减少对自己身材的关注，达到预防与治疗青春期厌食症的目的。

看了以上这些，你们一定知道厌食的害处了吧！要记住，一个真正美的人，是表现在仪表、举止、性格、谈吐、健康等各个方面的，仅仅表现在某一方面的美显然是不够的，应当集外表、心灵、健康于一体。只有这样，你才是最美的人！

损害大脑的十大生活因素

轻视早餐：不吃早餐会使人的血糖低于正常供给，对大脑的营养供应不足，久而久之会对人的大脑有害。此外，早餐的质量与智力发展也有着密切联系。据研究，一般吃高蛋白早餐的儿童在课堂上的最佳思维状态普遍延长，而食素的儿童情绪和精力下降相对较快。

甜食过量：甜食过量的儿童往往智商较低。这是因为儿童脑部的发育离不开食物中充足的蛋白质和维生素，而甜食会损害胃口，降低食欲，减少对高蛋白和多种维生素的摄入，导致机体营养不良，从而影响大脑发育。

长期吸烟：德国医学家的研究表明，常年吸烟会使脑组织呈现出不同程度的萎缩，易患老年性痴呆。因为长期吸烟可引起脑动脉硬化，日久会导致大脑的供血不足，神经细胞变性，继而发生脑萎缩。

睡眠不足：睡眠是消除大脑疲劳的主要方式。长期睡眠不足或睡眠质量太差，会加速脑细胞的衰退，聪明的人也会变得糊涂起来。

少言寡语：大脑中有专司语言的区域，经常说话会促进大脑的发育和锻炼大脑的功能。应该多说一些内容丰富、有较强哲理性或逻辑性的话。整日沉默寡言、不苟言笑的人并不一定就聪明。

空气污染：大脑是全身耗氧量最大的器官。只有充足的氧气供应才能提高大脑的工作效率。用脑时，特别需要讲究工作环境的空气卫生，如果吸进有毒气体，将对中枢神经系统产生慢性或急性毒性作用。

蒙头睡觉：随着棉被中二氧化碳浓度升高，氧气浓度不断下降，如果长时间吸进潮湿空气，对大脑会有极大的危害。

不愿动脑：思考是锻炼大脑的最佳方法。只有多动脑筋，勤于思考，人才会变得聪明，而且还会推迟神经系统的衰老，并且通过神经系统对全身的调节控制作用，达到养生延寿的目的；反之，不愿动脑只能加速大脑的退化，再聪明的人也会变得愚笨。

带病用脑：在身体不适或患疾病时，勉强坚持学习或工作，不仅效率低下，而且容易造成大脑损害。

长期饱食：现代营养学家在一项研究中发现，一种能促使大脑早衰的物质——纤维芽细胞生长因子，会在饭后增加数万倍，这是一种能促使动脉硬化的物质，能使毛细血管内皮细胞和脂肪增多，因而从长远意义上讲，如果长期饱食的话，势必会导致脑动脉硬化，出现大脑早衰和智力减退等现象。

除了以上十大因素以外，生活中还有许多因素也会导致大脑损害，比如说：

（1）一氧化碳中毒时，人的大脑也会因此受到损害。美国科学家最近发表的一项研究报告显示，无色无味的一氧化碳不仅会损害大脑，也可对心脏造成严重的伤害。

（2）高脂肪饮食可能导致大脑功能损害。一项新的动物实验表明，高脂饮食能减少大脑的能量供应，通过促进胰岛素抵抗而导致大脑功能损害。

（3）乏味的生活损害大脑。越来越多的证据表明，丰富多彩的生活可能会使脑细胞处于活跃的状态，而乏味的生活会使大脑处于抑制状态。

（4）酗酒也会损害大脑。科学家已证实，酗酒会使人的大脑受到酒精的严重损害，有时甚至会出现类似"白痴"的症状。

（5）压力损害大脑，研究发现，慢性长期的精神压力会让人感觉不舒服、焦虑、抑郁或疲劳，也会改变脑细胞的结构及功能。如果长期持续地处于压力之下会使大脑不堪重负，一些重要的神经连接会遭受破坏，最终损坏记忆，出现遗忘。"男性更应注意保护脑子，必须科学地用脑，因为男性脑萎缩比女性快得多"。这是美国一组科学家最近发布的一项研究结论。

（6）铅会损害大脑。研究人员发现，长期和铅元素接触的人，几年后大脑的脑细胞会有所减少。并且暴露时间越长，铅含量越高，脑容量减少越明显，大脑损伤越厉害，而这种损害表现为记忆力的衰退和思考认知能力的困难。

（7）手机损害大脑。专家分析，手机的最大隐患就是手机辐射带来的健康问题。西班牙儿科研究院著名研究员卡安妮教授近期的一个试验结果显示：儿童在使用手机通话几分钟后，大脑的活动迅速减弱，特别是靠近手机一边的大脑；在通话结束后的50分钟内，儿童大脑大部分部位的活动都比正常情况下减缓。

大脑是人体的高级中枢，是人类聪明才智的物质基础。那么，究竟该怎么来保护我们的大脑呢？

科学用脑，长时间地用脑会导致脑细胞受损与记忆衰退。因此，不熬夜是一种保护脑子的有效方法。人体内的肾上腺皮质激素和生长激素只有在夜间睡眠时才分泌，前者在黎明前分泌，后者入睡后马上产生。肾上腺皮质激素具有促进体内糖的代谢与肌肉发育的功能，而生长激素可促进青少年的生长发育，如果夜晚用脑过度，会使人的机体节律紊乱，导致脑细胞衰减。

保护大脑应多吃鱼，尤其是海鱼，对大脑最有补益。鱼类含有丰富的不饱和脂肪酸，是健脑的重要物质。海鱼中含二十二碳六烯酸和二十碳五烯酸，是促进神经细胞发育最重要的物质，具有健脑作用。另外，洋葱也是健脑的重要物质。洋葱中含有一种叫“前列腺素a”的物质，能舒展小血管，促进血液循环，降低血压，具有较好的健脑功能。

保持乐观的情绪，不抽烟，不酗酒，防止各种有害的因素对大脑的损害。平时生活要有规律、适当参加体育锻炼和文娱活动等，对保护和加强大脑功能也很有好处，如体育锻炼、跳舞、娱乐、野游、听音乐等。总之，要根据个人的爱好、身体素质和年龄来选择。

男孩变声期，保护你的声音

青春期是人一生中最主要的生长发育时期，这个时期少年的生理、心理会发生急剧的变化，各种器官、机能逐渐发育成熟，嗓音也由稚嫩的童声逐渐转变为粗而低沉的男性成人声音。在这个时期，男孩的喉部会出现声音嘶哑、音域狭窄、发音走调、咽喉部有异物的感觉，这种现象叫做“变声”，这个时期通常称为男孩的“变声期”，持续时间为3～6个月，有时会持续半年到一年甚至更长时间。有人形容这个时期男孩的发音，就像小公鸡的啼鸣。变声时声带不仅急剧增长，也显著增宽，男性声带约增宽0.6毫米。如果请五官科医生用喉镜检查一下，还可以发现声带充血、肿胀、分泌物增多等症状。

变声期是每个青少年都会经历的，身心向成熟期过渡的阶段。男性一般从十五六岁开始，女性一般从十四岁左右开始。根据全国统计的数据来看，平均年龄最早约为11岁，最迟约为18岁。变声期受地区和气候等因素的影响，因而也有一定的差异。如经济发达地区比经济落后的地区早，热带地区比寒带地区早，营养条件好的地区比营养条件差的地区早，城市比农村早。变声期可分为变声前期（6～13岁）、变声期（13～16岁）和变声后期（16～20岁）三个阶段。相比较而言，男少年的变声期变化明显，女少年的变化却没那么明显。

为什么男少年会变声呢？我们知道，人的主要发声器官是咽喉部，喉的结构十分精巧，由软骨构成喉的轮廓，里边有声带，发音时气流冲击声带，舌、齿同时配合，再加上鼻腔、喉腔、口腔等腔隙的共鸣作用就会发出声音。其中喉腔的大小，声带的长短厚薄，对发声起着决定性作用。而变声作为青春期的特征变化之一，是因为咽喉在体内睾酮等雄性激素的刺激下，逐步发育成熟而形成的。男性在青春期体内产生大量的雄性激素，使喉部甲状软骨迅速增大，左右两块方形软骨“顶”在一起，夹角变小，接缝向前突出，形成男子特有的喉结，使喉腔体积加大；同时鼻、口、咽等共鸣空腔体积也加大；声带加厚、加宽，长度由7～9厘米变为17～23厘米。这些变化使得嗓音变得低沉、浑厚，发声容易走调、音质不稳定、持久力差、讲话较吃力。从音频上讲，一般要比原来低一个八度，由原来的童声逐渐变为粗而低沉的声音。

由于变声期的声带常处于充血或生理上的炎症状态，声带易失去控制能力。声门发声时不能完全闭锁造成发声不准等。为此，处于这个阶段的学生常常有心理负担以至于不愿开口，说话时也觉得别扭害羞，怕同学们笑话等，甚至出现紧张、恐惧、情绪不稳等现象。诸如此类不利的心理因素所造成的不良影响，如果没有及时地予以疏导和纠正，极易使学生在变声期产生声带的病变，并严重影响学生的身心健康和成长，有时甚至会导致终身的遗憾。因此，生理学家指出，在变声期内，男孩子要特别注意保护好嗓子，否则，就会使嗓音嘶哑，甚至成为“沙喉咙”，不仅不能发出美妙的声音，就是连平时的说话也非常难听。而嗓音的保护与人的身心健康、生活规律、饮食习惯和体育锻炼等有着密切的关系。因此，处于变声期内的男孩应注意以下几个方面的问题：

（1）控制音量。尽管男孩子大多爱唱歌，但在变声期内应有所节制。生活中我们常常看到，有的男孩子嫌自己的嗓音过于低沉嘶哑，于是便喜欢提高嗓门使劲喊叫。结果往往造成声带病变，声带黏膜下部出血，引起声带肥厚等症状。因此，在变声期每次唱歌时间不宜过长，尤其不宜唱高音和强音，在游戏或运动时不要高声叫喊，不要在刮大风的天气和灰尘大的环境里大声讲话。在唱歌、讲话后，不要马上喝冷水或吃冷饮，应以喝温开水为宜。

（2）注意保暖。天冷的季节里外出时，要注意用围巾或高领毛衫保护好颈部，以免着凉引起感冒、急性扁桃体炎、喉炎等，影响声带的发育，特别要注意预防感冒等上呼吸道疾病的发生。

（3）体勿过劳。男性青少年精力旺盛，容易过度活动和过分劳累，这样会使身体抵抗力降低，从而引起喉炎、扁桃体炎等发声器官或全身性疾病。这样，不仅说话、唱歌必然有气无力，喉肌容易疲劳，而且也会影响到声带的发育。因此，处于变声期的青少年应当尽量避免过度活动和劳累。

（4）及时治病。如果感到嗓子发痒或出现声音嘶哑时，要多饮白开水、淡茶水或用些中药如胖大海、麦冬等泡茶饮用，或者口含碘喉症片、度米芬含片等。一旦患了上呼吸道感染和急性咽喉炎，要尽快求医，及时治疗，酌情应用抗生素等，以避免病情发展，形成慢性病变和影响发音。如果声音嘶哑较重时，应尽量少说话或者噤声，使声带充分休息。

（5）平时应坚持体育锻炼，提高身体抵抗力。另外，在努力学习的同时，应注意适当安排休息时间，保证有充足、定时的睡眠时间等。

除了要注意合理地使用嗓子外，做好饮食方面的调节也是非常重要的。

（1）人的咽喉组织是由胶原蛋白和弹性蛋白质构成，因此，在食物中应增加蛋白质的摄入，丰富含胶原蛋白质的食物。例如，猪蹄、猪皮、蹄筋、鱼类、豆类等。

（2）要摄入丰富B族维生素和钙质。B族维生素能促进喉部软组织发育，富含B族维生素的食物主要有：谷类、绿叶蔬菜、胡萝卜、西红柿、土豆、青豆、动物肝等。富含钙质的食物能促进软骨发育，富含钙质的食物主要有虾皮、牛奶、豆制品等。

（3）尽量少吃花生仁、爆米花、锅巴、坚果及油炸食物，因为这些食品既硬又容易对咽喉造成机械性损伤。

（4）要多喝水，以清除喉部分泌物。这样，既避免发生感染，又保持了喉部湿润，但不要喝太热和太凉的水，冷饮也要少吃，因为太热、太凉都会加重嗓子的负担。

（5）少吃酸辣味等刺激性食物，减少大蒜、辣椒、生姜、胡椒、韭菜、洋葱等对气管、喉头与咽喉的刺激。

（6）进食时宜细嚼慢咽，切忌快速进食，尤其是要防止食物中的细长的骨、鱼刺等损伤喉部组织。

我国著名京剧表演艺术家梅兰芳先生曾把如何护理和保健个人嗓音概括成一套完善的方法，“精神畅快、心气平和、饮食有节、寒暖当心、起居以时、劳逸均匀、练嗓保嗓、学贵有恒、由低升高、量力而行、五音饱满、唱出剧情。”由此可见，良好的生活习惯对嗓音保健起着多么重要的作用。如果以上这些你都可以认真做好，那么，相信你一定会平安、快乐地度过你的“变声期”。

“维护面子”——青春期男孩如何护肤

前苏联诗人马雅可夫斯基有一句著名诗句：“世界上没有任何一件毛衫比健康的皮肤和发达的肌肉更美丽。”皮肤是给予人最直观的美的窗口，也是衡量美的不可缺少的标准。也有人曾用“日照下的海”这一绝妙的比喻来形容人体的肤色美：“我们从这海里既可以看出它所反映出来的各种形体，又可以看出水的晶莹和本有特性。”

虽然男性以粗犷为美，但有谁不愿意在神采奕奕的面容中折射出干练果断的精神，以俊朗的形象愉悦自己、取悦他人呢？因此，一个男孩皮肤的健康与否，不仅直接关系到他在别人眼中的印象，也会影响到自己情绪的好坏。

一般来说，男子在进入青春期后，由于荷尔蒙活动的过频会刺激皮脂腺的分泌，皮肤油脂过多，容易形成毛孔阻塞，使脸部出现粉刺（痤疮）。加上环境如灰尘、阳光、空气污染等的侵害，皮肤也会受到损伤，变得灰暗粗糙。所以，如果你想拥有健康润泽的皮肤，就一定要注意平时的保养，防患于未然。但是，保养皮肤不能在皮肤出现问题时才开始，而要从青春期就开始，因为，即使是天生就健康的皮肤，也会随年龄的增长而发生变化。

男性皮肤的特点：男性的皮肤天生比女性厚一些，并且更富有弹性，这是因为他们的皮肤纤维彼此联结得很紧密。男性的皮脂腺和汗腺较发达，对皮肤有很好的保护和营养作用，故男性出现皱纹、皮肤松弛等衰老迹象比女性要晚些。但是，由于男性皮肤厚度与密度大于女性，所以男性皮肤的变化看起来比女性更明显更清晰。

男性皮肤还有一个特点就是敏感，容易发红、脱皮、发痒等，这些与刮胡子、不正确的保养方式、不良饮食习惯、吸烟、心理压力是密切相关的。许多人试图用女性护肤品来减轻这些刺激，结果往往把皮肤弄得更糟。原因在于与女性相比较，男人的皮肤pH值呈酸性，多数适用于女性pH值的护肤品，对男性即使不产生什么刺激，也会有不舒服的感觉。

弄清了男性皮肤的特殊性，我们就可以对症下药啦！

（1）清洁皮肤。目的是清除皮肤上积累的污垢、油脂和坏死的细胞。由于普通香皂会破坏皮肤表层，刺激皮肤，因此最好用专门的洗面奶或凝胶洗脸，以对皮肤起到很好的清洁作用。清洁皮肤的一般方法是用水打湿后，均匀涂上洗面奶，待揉出丰富的泡沫后，用清水洗干净，T字部位可多用一点时间。可以使用粗糙的毛巾清洗和按摩皮肤，这样有助于促进皮肤的血液循环和清除坏死的细胞。要养成定期进行深层清洁的习惯，油性皮肤者、吸烟者、司机以及常年在室内氧气不足的条件下工作的人，更要注意清洁皮肤。

（2）滋润皮肤。目的是恢复自然丧失的水分并保护其自然生存的环境。有许多男性的皮肤粗厚干皱，是因为他们往往只知道用洗面奶洗去污垢，却不注重润肤保湿，其实，仅仅将水洒在皮肤上是不具有任何保湿功能的，因为皮肤表面有疏水性，不含添加物的水根本无法渗透皮肤。所以，保持皮肤滋润首先要从人体自身做起，防止体内脱水，使皮肤有充足的水分和营养供应，方法是每天保证喝几杯水或饮料。美容专家建议，一个健康人每天最好用200毫升容量的杯子喝上6杯水，如晨起时1杯、上班前1杯、上午10点钟1杯、下午4点钟1杯、运动前1杯。睡觉前1杯。据说这是名噪世界的影星索菲亚·罗兰的美容秘诀之一，值得借鉴。另外，在洗完脸之后，涂上一些男性用的保湿霜来滋润皮肤。

（3）按摩皮肤。这不仅有利于血液循环，提高皮肤的新陈代谢，而且可以调节皮肤油脂的分泌，消除疲劳，有助于皮肤吸收营养，刺激皮下纤维组织，从而使皮肤保持弹性和光泽。采用的方法是在刚洗完脸以后，在手上涂些润肤霜，用无名指和中指的指尖和指腹按照由内向外以及与皱纹相反的方向按摩。

（4）合理饮食。有意识地根据自己的皮肤实际情况来选择食物，会有效地改善皮肤的状况。首先，合理的营养、平衡的膳食对增进皮肤的健康有很大的好处；其次，尽量不要吃一些刺激性的食物如烧烤、辛辣、奶油食品等；再次，多吃一些富含维生素的食物如水果、蔬菜等。

（5）充足睡眠。现代医学研究证明，充足的睡眠是保证健康乃至美容的重要条件，经常熬夜或者失眠的人容易衰老，包括皮肤衰老在内。特别是夜间12点到翌日凌晨3点这段时间，皮肤细胞代谢快，“以旧换新”的速度是清醒状态下的8倍多，故享有“美容睡眠期”的雅号。换言之，要想皮肤永葆青春，尤其要注意这段时间的睡眠，切不可错过。

（6）注意防晒。过强的阳光直射也会引起皮肤红肿、疼痛，甚至脱皮等损害，长期的损害会使皮肤出现皱纹、色斑甚至皮肤癌。因此，要尽量避免直接接触阳光。如果在夏天的上午10点到下午的2点之间外出的话，一定要涂抹防晒霜或戴太阳帽、太阳镜等。

有很多男孩子会觉得护肤是件很麻烦的事，其实只要在生活中多加注意，养成良好的生活习惯，就可以让皮肤得到充分的保护。要知道，“没有丑女人，只有懒女人”，这句话同样适用于男士哦！

消除青春痘的方法和理论

进入青春期后许多青少年发现原来光滑的脸上长出一个个小红疙瘩，这就是“痤疮”，也叫“粉刺”“青春痘”，青春期的男女少年容易患此病，因此，也有人把它看作青春期的标记。那么，它形成的原因是什么呢？从医学角度上讲，主要是由于皮脂分泌过多引起的。在人的皮肤内有一种皮脂腺，经常向皮肤外分泌油脂，从而来保持皮肤的润泽。而面部是皮脂腺分布较多的部位，在青春期，由于受性激素尤其是雄激素的影响，皮脂腺的分泌变得十分活跃，皮脂的分泌量增加，油质的黏稠度也增大，如果浓稠的皮脂堵塞毛囊口，大量的皮脂就不能排泄出去，从而积聚在毛囊口，时间长了，皮肤上就会鼓起一个个小疙瘩，轻轻一挤，会冒出白色豆渣样物质，这就是“痤疮”。

痤疮里面是脂肪颗粒，如果用手挤掉以后，该处就会出现一个小孔。也有的堵塞物质经空气氧化及灰尘污染后变成黑色，俗称“黑头粉刺”。也有的由于细菌入侵，使毛囊口周围皮肤发炎，形成圆锥形的小红疙瘩。痤疮还容易引起继发性细菌感染而发炎，产生丘疹、脓疱、囊肿等，愈后一般不会留疤痕。痤疮好发于脸、胸、背等皮脂腺发达的部位，以脸部最为常见。

痤疮只是青春期的一种生理现象，也是暂时现象。随着青春期发育的完善和体内雄激素恢复到正常，痤疮会自行消失。但由于痤疮影响面部美观，有些同学脸上长了之后，精神上感到很苦恼，就用手去挤压，其实这样做很不妥当，用手去挤压容易造成细菌感染而发炎、化脓，感染化脓的部位愈合后会在皮肤上留下凹坑，成为永久的遗憾。所以，如果痤疮发生在面部的危险三角区，一定不要用手去挤压，因为细菌可通过“三角区”丰富的毛细血管进入颅腔内，可能引起脑膜炎，这是十分危险的，甚至可能会危及生命。

其实痤疮是可以预防和治疗的。在预防方面，有以下几种方法：

（1）注意皮肤的卫生。平时用温水洗脸，洗去油脂和灰尘，以防皮脂腺堵塞毛囊。但洗脸次数也不宜过多，视油脂多少而定，洗后也不要用油性的化妆品擦脸，尤其不要用香脂擦脸。

（2）饮食要清淡。多吃一些水果、蔬菜，保持大便通畅，少吃一些油腻的食物或甜食，因为含油高、含糖多的食物，容易使皮脂腺分泌较多的油脂。

（3）注意保持心情愉快和睡眠充足，不喝酒，不吸烟，不吃过多的辛辣东西。在治疗方面，可服用消炎药物，抑制“痤疮棒状杆菌”的生长，减少游离脂肪酸，不过要严格遵照医嘱。局部可用3%的硫磺软膏、复方硫磺洗剂或5%的硫磺霜。如果重痤疮或严重发炎时，则须用抗生素治疗，但切记自己不要轻易尝试。

一般的痤疮并不影响健康，它是随着青春期的发育而产生的一种自然现象。青少年如果长了痤疮，不必过于苦闷，保持平衡的心态，积极地面对青春的小痘痘，微笑度过青春的每一天！

男孩不要乱拔胡须和鼻毛

自古以来胡须就是男子汉显示个性、表现风度、张扬自我的最好特征。从青春期开始，由于男性荷尔蒙的影响开始慢慢长出胡须。由于遗传、营养、内分泌等各种因素的影响，有的男孩胡须长得早些，有的则长得晚些。胡须刚开始长时，有的较密，又粗又浓，有的较稀，又细又软。但是随着年龄的慢慢增大，胡子会变得越来越稠密、粗硬、色黑，而且生长的范围也越来越大。这时，就有一些男孩子为了美观，千方百计地用手指或镊子、硬币把胡子拔掉，但这样做到底好不好呢？究竟是应该把它剃掉还是拔掉好呢?

带着这个疑问，让我们先来看一下胡子是怎样生长的吧！胡子是人体的毛发之一，每天向上长0.21～0.38毫米，主要靠根部的毛乳头吸收营养，是毛球细胞分裂的结果。胡子毛干的代谢很低，需要补充的养料极少。刮胡子只是刮去胡子的干，因而不会加速或延缓毛球细胞的分裂速度，用剃刀刮胡子，决不会越刮越长得快。

而拔胡子，不仅会拔去毛干，也会拔去毛根，但是却没有去掉胡子的生长点——毛球。相反，拔胡子只会加速毛球细胞的分裂，促使胡子长得更快一些，而且长得杂乱、质地差。拔去一根胡须，就会形成一个外伤创面。如果这时有细菌进入创面，就会引起感染，形成毛囊炎。有的毛囊炎愈合后，可使局部的皮肤形成小斑痕；如果炎症扩散，则会造成更严重的后果，如引起生命危险的败血症和脓毒血症。此外，如果拔胡子时用手或使用的器具未经消毒，往往会使细菌进入毛囊，容易引发毛囊炎。

胡子和鼻毛处在人的“危险三角区”部位。“危险三角区”在哪里？以鼻梁骨的根部为顶点，两口角的连线为底边做一个等腰三角形，这个三角形的区域被称为人体的“危险三角区”。它包括了上下唇、鼻子以及鼻翼两侧的主要面前器官。危险三角区之所以危险，首先是因为这个区域的血液供应特别丰富。供应面部的动脉血经新陈代谢后变成静脉血。面部的静脉血主要通过面前静脉、面后静脉、上颌静脉、眼静脉注入颈内静脉流回心脏。这些静脉在面部互有分支形成致密的血管网，相互沟通。面前静脉在眼的内眦部与眼静脉沟通，面后静脉在翼外肌的深处通过上颌静脉起始部的翼丛和面前静脉相通。而眼静脉和翼丛又直接和颅内毛细血管网组成的网状结构——海绵窦相通。其次面部静脉血管与身体其他部位的静脉血管相比，还缺少一种防止血液倒流的装置——静脉瓣。如此看来，危险三角区内一旦发生感染很容易导致炎症在整个面部发生扩散，如果带菌的血液发生倒流注入颅内，就会引起颅内感染，危及生命。

因此，胡子长了还是用剪刀剪短，或用剃须刀剃干净。一般在剃须前应先洗净脸部，然后用热毛巾捂敷胡须，使胡须软化。如用手工剃刀还须涂上剃须膏或皂液，以利刀锋的切割和减轻对皮肤的刺激。剃须时应绷紧皮肤，减轻剃刀在皮肤上的运行阻力。顺序应是从左至右、从上至下，先顺毛孔、再逆毛孔剃刮。剃刮完毕后，再用热毛巾敷上几分钟，然后抹上须后膏或润肤霜，这样可形成保护膜，使皮肤免受外界刺激。

如果胡子较软又较稀，一般可采用理发推子剪，而络腮胡子一般采用保安刀架刮。目前在市场上供应的电动剃须刀很风行，用起来也很方便，但是每天都要使用。

事实上，浓密黑亮的胡须是男性美的标志之一，为何要因此而烦恼呢？

为什么说拔鼻毛害处也大呢？鼻腔是呼吸道的大门，生长在鼻腔黏膜上的鼻毛，则是呼吸道大门的哨兵。鼻腔是人体与外界进行气体交换的通道，而位于前沿阵地上的鼻毛，担负着阻拦灰尘、细菌随呼吸进入体内的使命。被鼻毛阻挡的灰尘、细菌再由鼻腔黏膜分泌出来的黏液粘住，形成鼻涕而排出体外。鼻腔黏膜还可分泌免疫球蛋白A，以围歼入侵的病菌。对于较大的异物，如虫子、草屑等，鼻毛不但挡阻它们进入鼻腔，还向神经系统传递信息，引起喷嚏，把这些异物排出去。知道了鼻毛及鼻黏膜的生理作用，就不难理解拔鼻毛害处大的道理。拔掉鼻毛等于撤掉把守呼吸道大门的哨兵，灰尘、细菌可畅通无阻地进入人体，引起人体生病。在拔鼻毛的同时，也使生长鼻毛的黏膜受到损伤。这样不仅影响了鼻黏膜分泌黏液和免疫球蛋白A的功能，而且会使细菌趁机进入损伤的鼻黏膜，引起鼻黏膜炎症。拔鼻毛的结果是削弱了鼻腔防御疾病的能力。所以，拔鼻毛是有百害而无一利的。

眼镜度数会不会越戴越深

据统计，在全国的汉族学生中，视力不良率为34.20%，其中，高中学生视力不良率达50%以上。2016年8月19日的一则新闻说，河南许昌11岁男孩近视2200度，镜片厚度比啤酒瓶底还要厚。青春期是视力不良快速增长的时期，在这一时期中，13岁左右增长最快，增长率达10.55%。因此，青春期是预防视力不良的重要阶段。青春期中视力不良的主要表现就是近视眼。近视眼不仅影响学生的学习、生活，也影响将来的升学、就业、参军等。可能患近视的学生都有过这样的苦恼：到商场去，看不清陈列的商品和标价牌；走在路上，辨认不清对面走来的熟人，不与人打招呼，被人认为摆架子不理人；看错黑板上的习题，做错作业，凡此种种，整日生活在朦胧的世界，令人苦恼不堪。那么，什么是近视眼呢？近视眼是指眼球在调节放松状态下，平行光线（一般认为来自5米以外）经眼球屈光系统后聚焦在视网膜之前，产生远距视物模糊，即只能看清近处的景物，而看远处的景物则模糊不清的一种不正常的屈光现象。

青少年近视一般分为假性近视和真性近视，这是近视发展过程中的两个不同阶段。假性近视是由于用眼过度、眼睛调节紧张所引起的一种功能性近视，眼球并没有发生器质性改变，通过采取一定的治疗措施，如不长时间、近距离用眼，可以慢慢缓解眼睛的紧张状态。而真性近视就不同了，眼球发生了器质性改变，出现了眼轴前后径变长，并且这种改变是不可逆的。一般来说，真性近视要通过佩戴眼镜来矫正。但是有些人却不愿意戴眼镜，原因有多方面：戴眼镜不方便，怕碰又怕摔；戴眼镜不好看，有碍仪表；害怕戴上眼镜之后，引起度数加深，以后都甭想再摘下来，所以把配好的眼镜放在口袋里，只有在看远处时才戴。所以有些患有近视眼的人，宁可看不清远处的景物，也不愿意戴眼镜。其实，这些想法是不正确的。那么，近视眼患者究竟需不需要戴眼镜呢？近视眼镜会不会越戴度数越深呢？

让我们来听听专家的建议吧！戴近视镜不仅不会令度数加深，还能达到矫正视力、治疗眼病的目的。

（1）近视眼镜可以矫正视力。有近视眼的人，由于进入眼内的平行光线在视网膜前聚焦成像，这样看远处的物体就不清楚，看近距离的东西虽然比较清楚，但是，由于看书时眼睛距离太近，容易引起眼睛疲劳，会出现眼胀、眼痛的感觉。如果戴上一副合适的近视眼镜，就可以把视网膜前的影像向后移动，正好能够落在视网膜上，于是看物体就清楚了。所以，戴眼镜是为了矫正视力缺陷。

（2）近视镜可以减轻视疲劳。近视却不戴眼镜，必然导致眼睛极易疲劳，其结果只能促使度数日益加深。正常戴眼镜后，视疲劳现象就会大大减少。

（3）近视镜可以防治外斜。近视眼看近处时，眼的调节作用减弱，时间一长眼外直肌作用超过内直肌，就会引起眼位外斜。当然，近视伴外斜，仍可通过近视镜矫正。

（4）近视镜可以防治眼球突出。青少年由于眼球仍处于发育期，调节性近视极易发展为轴性近视。特别是高度近视眼，眼球前后径显著延长，外表即表现为眼球突出，如果近视一开始就正常戴镜矫正，这种情况就会有所减轻，甚至可以不发生。

（5）近视镜可以防治弱视。高度近视而没有及时戴眼镜，往往造成屈光不正性弱视，只要佩戴合适的眼镜，经过较长时间治疗，视力大多会逐渐提高。

（6）近视镜可预防高度近视引起的并发症。对于高度近视引起的并发症，如视网膜脱落、玻璃体混浊、白内障、青光眼、眼球震颤等，均有一定的预防作用。

但是有些人为什么戴了合适的眼镜后度数也会越来越深呢？大概有以下几方面原因：

如果度数超过600度，虽然经常戴着眼镜，度数也会逐渐加深。这种眼镜度数的加深与是否戴眼镜无关，如果不戴眼镜度数反而会增加得更快。这一般是与家族遗传和近视的类型有关，常常在发育期间加深得最快，医学上称为病理性近视。一般来说到25岁以后，在合理使用眼睛的情况下，近视度数就会逐渐地稳定下来。

有些人配了眼镜后，把戴眼镜当成一种负担，一会儿戴，一会儿不戴，高兴时戴，不高兴时不戴，或只在看远处时戴，并且错误地认为近视不能常戴眼镜，否则会越戴越深，以后就永远摆脱不了近视眼。殊不知，这恰恰使眼睛常处于不稳定的调节状态，导致眼镜度数逐渐增加。

有些人眼镜配得不合适，没有经过散瞳验光，或由于非专业验光师经验和学识不足，配出的近视片度数过大，虽然戴了之后也能慢慢看清，但那是由于加强调节力的缘故，时间一久，眼睛会觉得酸胀不适，视力下降，还会引起眼疲、头晕、恶心甚至呕吐的现象，并且近视的度数也会逐渐加深。相反，近视片度数过浅，起不到佩戴眼镜的效果，不能有效地帮助眼睛得到适当调节和减低疲劳，近视度数也会逐渐加深。

有些人配眼镜后没有注意合理用眼，长时间使眼睛处于疲劳状态致使眼球睫状肌长期持续收缩，导致近视的进一步加深。

对于患近视的学生来说，除了佩戴合适的眼镜以外，还要在以下几个方面多加注意：

饮食上多加注意。多吃一些富含维生素A的食物，如鸡蛋、牛奶、胡萝卜、西红柿等，以增强眼睛的调节功能。

日常生活中要注意保护眼睛。长时间看电视、玩游戏机、看小说等对眼睛伤害很大，因此，要控制每次用眼的时间不要过长，每次不要超过一小时，休息时要适当地做眼保健操或看看远处和一些绿色的植物，以便使眼睛能够得到很好的休息。

改善照明条件，光线不要过明或过暗，一般来说，日光灯、台灯要在60瓦左右。

一般不提倡青少年朋友佩戴隐形眼镜或进行任何切割眼角膜的治疗手术，因为青少年朋友的眼睛还尚未发育定型。

青年朋友们，眼睛是心灵的窗口。让我们都来爱惜我们的眼睛，从现在做起，养成良好的用眼习惯！

青少年吸烟、酗酒害处大

1.吸烟的危害

一项对北京市3万名学生吸烟情况的调查发现，中学生吸烟率男生为17.8%，女生为0.82%，每天吸烟10支以上者，占吸烟总数的5.13%。近5个中学生中就有一个人吸烟，有的吸烟程度已经很深。究其原因，是因为处于青春期的男孩觉得自己长大了，认为吸烟有男子汉气概，风度潇洒，因此模仿着吸烟，久而久之，形成吸烟的习惯。殊不知，吸烟是对身体非常有害的。医学家警告人们："吸烟等于慢性自杀！"据有关资料表明，香烟经过燃烧可以产生上千种化学物质，如烟碱（尼古丁）、烟焦油、一氧化碳、二氧化碳、亚硝酸类物质、放射性元素等。吸烟时，烟中的放射性物质随烟雾进入支气管和肺部，并在肺黏膜部位沉淀，不断放出射线，危害肺部。据统计，吸烟人肺部接收的放射性照射比不吸烟者要高出5倍以上，这些有害物质长期作用于人的内脏器官可能诱发癌症，这也是吸烟者易得肺癌的主要原因。这些有害物质长期作用于人的内脏器官可能诱发癌症。另外，烟草中的有毒物质还会引起心血管疾病、胃病、糖尿病、哮喘等，还会影响睾丸的正常发育，严重者还会影响生育能力和性功能。另外，吸烟还污染环境危害他人。青少年正处于生长发育期，身体各个系统的细胞都很稚嫩，对有害物质的抵抗力弱，免疫力也弱，所以开始吸烟年龄越早，危害也越大。

2.酗酒的危害

酗酒是指不加节制地大量饮入各种酒类或长期大量饮酒。因为各种酒都会有不同浓度的酒精（乙醇），白酒中含酒精40%～60%，黄酒和果酒中含10%～15%，啤酒中含2%～5%，如果大量酒精进入体内，就会引起不良反应，危害人的生命和健康。对青少年来说，酗酒的危害表现在以下几个方面：

（1）酒精可以损害脑细胞。由于脑组织对酒精特别敏感，所以酗酒时脑组织容易受到侵害，这时酗酒的人就会表现出胡言乱语、行为失常。

（2）由于青少年神经系统还未发育完善，中枢神经系统还很脆弱，极易受损。酗酒时会引起记忆力、推理能力、分析问题和解决问题能力的损害而最终导致损害智力发展的严重后果。在此，我们要特别提醒处于快速生长发育期的青少年朋友一定要注意少喝酒、不酗酒。

（3）酒精损害肝脏。90%的酒精依靠肝脏解毒变成二氧化碳和水后排出体外，但是人的肝脏解毒能力是有限的，尤其是青少年的肝脏尚未发育完善，肝细胞的解毒能力差，在大量酒精的刺激下，容易对身体产生更大的不良影响，引起各种疾患。

（4）大量饮酒还会造成急性酒精中毒，轻者面红耳赤、语言失常、易发怒、头晕眼花、恶心呕吐；重者体温下降、面色苍白、呼吸缓慢等，如果不能得到及时抢救，会因中枢神经麻痹而死亡。有些人虽然不是狂喝滥饮，但是天天喝酒，也会引起慢性酒精中毒，影响大脑的正常功能，表现为智力、记忆力下降，注意力不能集中，有的人还会发生幻觉，手、舌震颤等症状。

看到了吧！吸烟、喝酒有这么多害处，《中学生守则》中规定中学生不吸烟、不喝酒，就是从保护青少年的身心健康出发的。中学时代正是学习的黄金时期，我们希望大家不要为了追求时髦而吸烟、喝酒，更不要染上吸烟成瘾、酗酒的坏习惯。

讲究卫生，从我做起

走进学校，往往会看到一些学生一边啃着馒头、面包等食品，一边在操场上嬉戏打闹，尘土飞扬起来，沾在食物上也不以为怪。吃完后，会将垃圾挑个隐蔽角落随便一丢。

上完体育课，一些学生满头大汗，随手拿起自己的衣服一擦；有时困了，就往课桌上一趴，脸冲着桌子呼呼大睡；每天值日生打扫教室，都会扫出很多零食口袋，或是乱扔的纸屑，甚至还有些随地乱吐的口香糖，粘在地板上……这样的一幕幕每天都在上演。

“讲究卫生，人人有责”，这是人们常说的一句话，可是有多少人做到了呢？讲究卫生不是一件小事，而是直接关系到人的健康，关系到每个社会成员的生、老、病、死与民族的繁衍，关系到国家的繁荣和富强，也是社会风尚好坏的一个重要标志。是否讲究卫生，不但反映出这个国家人民的生活水平，也反映出这个国家人民的文明程度。对于个人来说，是否讲究卫生，反映出这个人的思想觉悟、道德水平和文化素质的高低。但是我们经常看到有些人没有养成良好的卫生习惯，随地吐痰，随地丢弃果皮纸屑，随意破坏和污染我们的生活环境，影响了我们正常的学习、工作和生活。

对于青少年来说，养成良好的卫生习惯是非常重要的，它不仅对预防疾病、保障健康有着重要的意义。而且对改变我们国家和民族的卫生面貌和道德风尚也有着极其深远的意义。因为卫生习惯是一个国家国民素质的重要体现。一个国家的人民有没有良好的卫生习惯，往往标志着这个国家和民族的科学文化水平以及道德面貌。

卫生习惯是青少年日常生活习惯的一个重要组成部分，它关系到青少年生活的方方面面。卫生习惯的好与坏，不仅关系到青少年个性品质的发展，还关系到他们的身体健康发展。养成良好的卫生习惯，既有助于环境的整洁，增强对疾病的免疫力，促进生长发育，又增强了体质，保持良好的精神面貌，促进其他良好行为习惯和完美人格的形成。因此，青少年应该养成讲卫生、爱清洁的好习惯。良好的卫生习惯包括的范围很广：环境卫生习惯、个人卫生习惯、饮食卫生习惯、体育卫生习惯等等。所以，良好卫生习惯的养成，不是一朝一夕的，而是要经历长时间的培养。

奇奇的妈妈是位医生，因为职业的关系，她特别注意培养女儿的卫生习惯。妈妈对奇奇说："要做个讲卫生，爱清洁的好孩子，比如说饭前便后要洗手，这样别人才会喜欢你，和你一起玩。"

奇奇问："为什么饭前便后要洗手？"妈妈告诉她："因为手每天要碰各种各样的东西，会沾染很多细菌，要是在吃饭前不洗干净，吃饭时会吃进肚子里长出虫子来，有虫子，就得到医院去打针吃药了。"等奇奇稍大一点，妈妈还进一步告诉她，饭前便后洗手可以预防各种肠道传染病、寄生虫病。

每次奇奇洗手时，妈妈都为她事先准备好香皂、擦手毛巾，放在奇奇容易取拿的地方。而且教给她洗手时应该把袖子挽起，以免把衣服弄湿，感冒着凉，并教给她手心手背都要洗，耐心地给她做示范。

于是，奇奇每天早晨起床后，自己洗脸、刷牙。尤其是在吃饭前，从来都不用别人提醒，自己主动去洗手，打肥皂，把手擦干。奇奇现在已经养成了讲卫生的好习惯，是一个讲卫生的好孩子，人人都喜欢她，并且愿意和她做朋友。

当然，良好的卫生习惯不仅仅包括洗脸洗手，还包括我们生活的方方面面：

第一，保持个人身体和服装干净整洁的习惯。例如，勤理头发、勤洗澡、勤剪指甲，不仅能清洁身体，保证卫生，而且能够促进血液循环，增进身体健康。人的双手每天要接触各种各样的东西，会沾染上很多污染物和细菌。据调查，一只未洗净的手上有4万到40万个细菌，1克重的指甲垢里藏的细菌和虫卵有38亿之多。所以我们一定要养成饭前、便后和手脏时及时洗手的习惯。洗手时要认真用肥皂搓洗，如果只用水冲冲是洗不干净的。要养成随身携带手帕的习惯。用手帕擤鼻涕时要按住一侧鼻孔，轻轻地擤另一侧鼻孔的鼻涕，不能同时擤两个鼻孔，以免引起中耳疾病或上颌窦炎。手帕要经常更换，保持清洁。保护鼻道，不抠鼻孔，养成用鼻子呼吸的习惯，这样可以使吸入的空气经过鼻道时变得洁净、温暖和湿润，保护呼吸道和肺，使它们免得疾病。不挖耳朵，不将异物塞入耳内，洗脸洗澡时不把水弄进耳内，以免损伤鼓膜，引起中耳炎，影响听力。保持仪表整洁，经常注意自己的衣服是否干净整齐，所有的扣子是否扣上了，鞋带是否系好了，女孩子要注意自己的头发是否整齐，学习梳短发。

第二，养成保护牙齿的习惯。注意保护好牙齿，早晚刷牙，饭后漱口。有人认为孩子的乳牙反正要换，因此不注意对它的保护，这是一种错误的观念。如果不注意保护乳牙，一旦它被龋坏缺损，将影响对食物的消化与吸收，不利于生长发育。乳牙被龋蚀还会影响恒牙的生长发育，因此一定要注意保护乳牙。培养良好的口腔卫生习惯，要做到吃完食物及时漱口、刷牙，睡觉前不吃糖果、饼干之类的对牙齿不好的东西。

第三，养成保护眼睛的习惯。不用手和脏手绢擦眼睛，看书和学习时保持正确的姿势，即眼距离书本一尺，身体距离桌沿一拳，握笔时手指与笔尖距离一寸，不在光线太强、太弱和阳光直射处看书和绘画。

第四，养成良好的睡眠习惯。如按时睡觉，保持正确的睡眠姿势，按次序穿脱衣服和鞋袜，并把它们放在固定的地方，学会整理床铺等。

第五，养成良好的饮食习惯，防止“病从口入”。要经常及时地喝水，因为水是人体内不可缺少的物质，青少年时期由于活动量比较大，新陈代谢速度快，因此体内对水分的需求相对于成人要多一些，占体重的 70% ~ 75%。这些水分除了从食物中获取，还应通过喝水来补充。另外，还要养成吃干净卫生食物的习惯，那种“不干不净，吃了没病”的说法是没有任何科学根据的。地上捡的东西绝对不能随便往嘴里放，生吃瓜果一定要洗干净，最好削皮。

第六，保持环境整洁的良好习惯。相信有不少人对“非典”还有记忆。因为SARS病毒就是通过人们唾液中的飞沫在空气中传播的，时间定格在2003年春季，一时间整个神州大地，学习和工作都停滞了，学校停学，工厂停业，同时也唤醒了人们对自身健康和环境卫生的高度重视。例如：不乱扔果皮、纸屑，不随地吐痰和擤鼻涕，不随地大小便。据化验，马路上20%的痰都带病菌，结核病人的一口痰里就有四五千个结核菌，这些细菌、病毒通过痰液，附着在空气的尘埃中，传播到世界的每一个角落，危害每一个人的健康，当然也包括吐痰的人。因此，一定要养成不随地吐痰的良好习惯。另外人在患病时咽喉和鼻腔里往往有大量的病菌，打喷嚏时很容易将病菌喷出来，所以在咳嗽或打喷嚏时用手绢捂住口鼻。 讲究卫生，保护环境，是我们每个公民的职责与义务，于己有益，于人有益，于全社会有益！

健康是一个人最大的财富，是一切幸福的基础。要拥有一个健康的体魄，必须养成良好的卫生习惯。而良好卫生习惯的养成，要靠从你我做起，靠从日常生活的点滴小事做起！所以，大家都积极行动起来，讲究卫生，关爱健康，关爱生命！

热爱劳动，积极进取

热爱劳动一直都是中华民族的传统美德，可是现在却有许多孩子不爱劳动。据调查，现在的中小学生，爱劳动、有较好劳动习惯的约占1/3，其余2/3的中小学生是不爱劳动或不太爱劳动的，这与父母的家庭教育有着极大的关系。许多家长心疼孩子，怕孩子吃苦受累，因此往往不让孩子劳动；有些家长则怕孩子干不好，比如孩子洗碗，嫌孩子洗不干净；孩子穿衣，家长嫌穿得慢；孩子烧饭，家长怕把饭烧焦，又怕引起火灾，还不如自己干来得省事；有些家长认为孩子学业重，功课多，不想占用孩子的宝贵时间；有些家长则认为孩子的任务是学习，劳动作为一种技能以后自然会做的，用不着家长教育。因此，孩子参加任何劳动，家长们总是不满意、不放心，这样，孩子就渐渐养成了衣来伸手，饭来张口的坏习惯，渐渐变得越来越懒，越来越无能，同时也失去了劳动的积极性和意识。前不久，有一则新闻——一名大学生在校内招聘生活助理，还美其名曰："本校贫困生优先。"这就是"现代富家公子"的一个缩影，他们依赖父母手中的钞票"买"来舒适安逸的生活，连起码的生活自理能力都没有。农村四岁小孩都会的洗袜子他们不会，六岁小孩会做的蛋炒饭他们更不会，我们不禁要问：难道父母的庇护能伴随他们走过一生的旅途吗？那些不会劳动或劳动观念差的孩子，将来能像他的家长一样独立生活、从容地自立于社会吗？大量的事实证明，劳动使孩子获得生存的能力，不劳动的孩子长大后可能会有性格上的缺陷。

一个中学生有天早上起晚了，来不及吃早饭，奶奶塞给他两个熟鸡蛋，可是，他不知道怎么吃，结果还是没有吃成，又带回了家。某校组织初二年级的学生进行了一次劳动比赛，内容是整理床单、叠棉被。不少同学弄得满头大汗，还是没有整理好，因为平时这些家务活都是妈妈和奶奶给包了。据日前的一份调查显示，中国孩子每天仅劳动12分钟，而美国孩子每日劳动时间是72分钟，韩国是42分钟，法国是36分钟，英国是30分钟。

相比较而言，其他国家在这方面做得比中国父母要好得多。在普通的美国家庭中，每一位成员必须要完成他们一定的家务劳动。像洗脸、刷牙、穿衣服这些生活自理方面的事，则属于孩子自己的事情，称不上是家务劳动。另外，美国父母给孩子分派家务劳动时很注意孩子的接受能力。每一位5岁以上的孩子都可以做上一两件家务活儿；小一点的孩子可以取来报纸和信件；十几岁的孩子则可以用吸尘器除去灰尘，每天早晨帮着开动洗衣机等。在美国的学校，为提高学生的生活能力，一般都设有一些供选修的劳动课程，如电焊、机械加工、农业和牧业等，这些课程不但能满足孩子们的好奇心和求知欲，还能培养孩子们对劳动的热爱。在课堂上，孩子们也不是光学理论，还要亲自动手去实践，如修车、种花种草等。与国内不同的是，孩子们参加这些课程都是出于自愿，也就是说孩子们自己真正想去尝试，而不是学校强行规定。当被问及是否愿意参加捡垃圾、慰问老人等志愿者活动时，五年级的克里斯汀告诉记者："只要我喜欢，我就会去，从来没有考虑过这个工作是不是很脏、是不是很累、老师会不会表扬这样的问题。"

日本人从小就注重培养孩子的动手能力。日本的课程除了设有图画课、美工课外，还开设了家政课、生活课、校外学习课。家政课上，孩子们可以学会缝纽扣、洗衣服、使用菜刀、做日本家庭爱吃的酱汤，以及如何有计划地花钱等。生活课的面比较宽，往往只有一个大的课题，其余就让孩子们自由发挥。

德国人的动手能力很强，这与德国人的家庭教育和学校教育的内容有着很大的关系。在德国，孩子的劳动义务被明明白白地写进了法律：6岁以上的孩子必须帮助父母干家务。

约翰有两个孩子，9岁的凯斯和11岁的乔治。他们家生活很富裕，但每个月才给每个孩子30欧元的零用钱，而且这30欧元也不是白得的，孩子们要帮家里干一定的活才能领到：乔治负责为花园里的各种植物浇水、翻土以及擦洗汽车；凯斯负责帮助父母洗餐具、收拾房间、外出购物和擦洗全家人的鞋子。如果他们想要买玩具或者买书的话，那他们只能通过自己的劳动赚取。每逢暑假，两个孩子都要顶着炎炎烈日，骑着自行车挨家挨户送报纸。记者对约翰夫妇的"残忍"表示不理解，他们却说："与其让孩子做寄生虫，不如教给他们劳动的技能。"不仅德国的家庭从小就教育孩子要热爱劳动，德国的学校里也开设了丰富的劳动课程。德国的小学每周有两节手工课，内容包括纸工、编织、木工、制作陶器等；中学设有劳动学课和操作课两部分，既要学习劳动价值与报酬，又要学会制图、缝纫等实用技能。

由此可见，劳动不管是在哪个国家，都是一件十分光荣的事情。

另外，通过劳动还可以锻炼自己的意志，古今中外，有不少名人都是在艰苦中磨炼成才的。例如，明代文学家宋濂，小时候家境贫寒，在家里要经常种地、砍柴等。他经常一边劳动，一边读书。有时，在寒冷的冬天，他光着脚走在深山里砍柴。就是在这样艰苦的环境中他不断地磨炼自己的意志，终于成为一位了不起的文学家。又如朱德总司令在《回忆我的母亲》一文中，阐述了从小参加劳动对他终生的影响。朱德在四五岁的时候就开始帮助妈妈做事，在八九岁的时候，朱德不仅能够帮助妈妈挑东西，而且会下地种田了。每当朱德放学回家，总是悄悄地把书包一放，然后就帮助妈妈去挑水或放牛。有时候，他上午读书，下午种地。农忙的时候，朱德便整天在地里跟着母亲劳动。朱德深情地写道："我应该感谢母亲，她给了我与困难做斗争的经验。我在家庭生活中已经饱尝艰苦，这使我在以后的生活中再也没有感到过困难，没有被困难吓倒。母亲又给了我一个强健的身体，一个勤劳的习惯，使我从来没有感到过劳累。"所以，一个没有经过劳动磨炼的人，是难以懂得生活的真谛的。只有通过劳动，才能使人了解生活，也只有通过劳动，才能培养人的坚韧与毅力。难怪高尔基发出感叹说："热爱劳动吧。没有一种力量能像劳动，即集体、友爱、自由的劳动的力量那样使人成为伟大和聪明的人。"

记得一本书中写过这样一个小故事：有一位哲人经过一块田地时，总是遇见一位白发苍苍的老人坚持在田地里劳动，他有些不解，便上前询问老人：您都这么大的年纪了，还不停地下地劳动，是膝下无小吗？

老人回答儿孙满堂。又问：是生活上穷困吗？老人回答虽说不上是丰衣足食，却也过得去。哲人有些纳闷：老人既有儿女，又不愁吃穿，这么大的岁数，干吗还非要拼命地劳动？老人打量了一下眼前的客人和悦地回答：我下地劳动，一是证明自己的身体还健朗，其次，劳动锻炼还有益于健康，再者我也知道自己能做的事情很有限了，趁还有劳动能力，在活着的时候能多做一些有益的事情也是快乐的。哲人若有所悟……由此可见，劳动不仅可以造就一个人，还可以给人带来快乐和幸福。

那么，我们青少年应该如何培养热爱劳动的习惯呢？

第一，树立劳动最光荣的观念，培养自己的动手能力。要知道劳动最光荣，劳动创造世界。经常帮助父母做一些力所能及的家务活，比如说洗碗、洗衣服等，既减轻了父母的负担，同时又锻炼了自己的能力。

第二，积极参加一些有意义的社会公益劳动。比如说参加学校的大扫除、公园拔草、打扫街道等。

第三，可以利用假期参加勤工俭学劳动。有位家长在暑假送孩子去糖果厂劳动了20天，孩子在那里不仅增强了劳动观念，同时也在劳动中发现了自己的价值，更加深了对劳动的热爱。

热爱劳动，是一种态度，一种品格，也是一种境界。只有热爱劳动的人，才能体味到劳动的乐趣，也只有热爱劳动的人，才能体味到生活的乐趣。让我们每一个人都热爱劳动，热爱生活吧！

第3章 青春期，男孩生理卫生知识全知道

男女性别差异知多少

亲爱的青少年朋友，如果有人问你是男是女，通常情况下你会不高兴地反问道："你自己不会看吗？"似乎这样的问题很可笑，可是你对性别知识了解多少呢？你知道性别是怎样形成的吗？

近代医学科学的研究，发现男女两性性征和染色体有密切的联系。人体细胞有23对染色体，其中22对是男女两性所共有的，叫做"常染色体"，另一对男女两性有所不同，称为"性染色体"。在女性细胞里，这对性染色体的形状和长度相同，用XX表示，叫做"X染色体"。在男性细胞里这一对性染色体的形状是不同的，其中一条和女性细胞的性染色体一样，也是X染色体，而另一条则比较短小，用Y表示，叫做"Y染色体"，所以男性细胞的性染色体为XY。在性别遗传中，由于男性的性染色体为XY，分别产生两种精子，即X和Y精子；而女性的性染色体为XX，则仅能形成一种类型的X卵子。这样，孩子的性别是由父亲精子中含有性染色体的类型而定，带有X染色体的精子和带有X染色体的卵子结合、受精，得到含有XX性染色体的受精卵，这种受精卵将来发育成为女性。带有Y染色体的精子和带有X染色体的卵子结合，得到含有XY性染

色体的受精卵，这种受精卵将来发育成为男性。从理论上来说，男性产生X和Y精子数目是相等的，因此，整个人群中男女的比例大致相等。人体胚胎学的研究说明，人体的早期胚胎就有了原始性腺的原基，这原始性腺的原基在一定的条件下可以发育成为睾丸，另一种条件下又可能发育成为卵巢。现在认为，这种性腺的分化方向是由于XX或XY性染色体的作用。当然，不应排除细胞内其他成分或因素的作用，但主要在于性染色体。在性腺分化为睾丸或卵巢后，睾丸和卵巢所产生的激素，分别决定其他性征的分化。个体完善的性别，是由一系列因素有机协调地总合而成的。

到了青春期，男孩和女孩的发育差异逐渐明显：在形态发育方面，一般女性发育的突增期在9～11岁，领先于男性；而男性的突增期在14～16岁，此后男女间的距离拉开。形成身体高大，肩部宽阔、肌肉发达的男性体型和相对身材矮小，骨盆宽大、臀部丰满的女性体型。在血压方面，青春期后期男性的收缩压升高，脉压增宽；女性则心率较快。在兴奋时，男性容易出现收缩压偏高，而女性多心动过速。呼吸系统有较显著差别。女性胸廓较小，呼吸道口径稍窄，肺活量偏小，因而呼吸频率快且多为胸式呼吸，红细胞数及血红蛋白含量的差别也在青春期后期出现，男性高于女性。这种差别原因，主要起因于性激素的影响。男性的雄性激素有同化作用，使氮在体内积聚，故肌肉发达；女性的雌激素促进长骨骨骺愈合，且有脂肪沉积作用。另外，下丘脑的功能差异使女性出现周期性神经内分泌变化，因而导致垂体、性腺及附性器官的周期性变化，表现为月经周期。男性则并无明显的周期性反应。

生理上，人类的性别可包括以下特征：①性染色体：男性XY；女性XX。②性腺：男性是睾丸；女性为卵巢。③内生殖器：男性为附睾、输精管、精囊、射精管；女性为输卵管、子宫、阴道上2/3段。④外生殖器：男性为阴茎、阴囊；女性为阴蒂、小阴唇、大阴唇。⑤第二性征：男性有喉结、皮肤较粗、毛发多密、肌肉发达、体形强壮等；女性有乳房发育、月经、皮肤细嫩、毛发较少和骨盆宽大等体形特征。我们又可把人的性别分为三种：①染色体性别：也称核性别，即男性XY；女性XX。②性腺性别：男性睾丸；女性卵巢。③身体性别：根据第一性征、外生殖器和第二性征决定的性别。

可实际上人的性别决定没这么简单，上述的仅仅是生理性别而已。现实生活中人的性别有四种：男，女，变性后男和变性后女。而人的性别又分为社会性别、生理性别和心理性别三种。社会性别是后天形成的，生理性别即指出生时的性体征，也是变性手术所需要改变的性别，而心理性别则是自我形成的心理状况。对于绝大多数人而言，其生理性别与心理性别（性别自认）是协调一致的。但也有极少数人情况却相反。一个生物学上的男性或女性个体，尽管他（她）清楚地知道自己的生物学性别，但在心理上却感觉到自己是异性，并渴望改变自己的生物学性别，即心理篇中所言的性别错位或“异性癖”。对于这些患者的治疗，一般来说，治疗方法主要有：心理治疗、药物治疗和整形手术治疗。整形外科手术是目前最好的治疗手段，而药物或精神治疗则均没有持久的帮助。

性成熟程度自检

处在青春期的男孩子除了身高、体重这些易被父母观察到的变化外，男孩子应了解自我性成熟发育的情况。

性成熟过程主要发生在青春发育期，这时，机体在生长、发育、代谢、内分泌功能及心理状态诸方面均发生显著变化。男性性成熟的特殊标志为第一次遗精，往往为梦遗。正如女孩第一次月经可能没有排卵，男孩第一次遗精也可能没有精子。同时伴有心理上的重要变化，如对异性的向往、希望异性注意自己、开始有性兴奋等。

男孩青春发育期没有严格的界限，一般在10～14岁，持续2～4年。现在对青春期启动机制尚不完全清楚。将要萌发青春期的男孩中枢神经系统逐渐成熟，减少对下丘脑的抑制作用，增加了下丘脑促性腺激素释放激素脉冲式分泌的频率和幅度。垂体相应分泌促性腺激素，从而进一步刺激睾丸间质细胞分泌睾酮。青春期发育与睾酮水平密切相关。

男孩青春期启动的第一个体征是睾丸和阴囊增大，一般出现在10岁左右。随后阴毛出现，阴毛生长是第二性征的前奏。接着阴茎增长、变粗，身体迅速长高，肌肉发达，胡须和腋毛长出，声音变得低沉，同时前列腺和精囊腺增大并开始分泌液体，精子逐渐生成。通常第一次遗精发生在13～15岁。

有人把男性生殖器和第二性征的发育分为五个阶段。第一期：10岁以前，睾丸容积仅有1～3毫升，第二性征不明显。第二期：10～11岁，睾丸和阴囊增大。第三期：12～13岁，阴茎增长，变粗；阴毛由少到多，变黑，变粗，卷曲。第四期：14～15岁，阴茎和阴囊进一步增大，阴囊颜色加深，阴茎头充分发育，阴毛呈男性菱形或盾形分布。第五期：16～17岁，外生殖器形状和大小近似成年型，接近性成熟。

由于个体差异，各个男孩达到特定阶段的年龄有明显的区别，而且各阶段持续时间也有很大差异。所以不能认为都一样，更不要到了一定年龄，为某一现象未出现而惊慌失措。不过值得注意的是，如果男孩子到了十二三岁睾丸还不增大，十五六岁第二性征还迟迟不出现，阴茎像幼儿一样，睾丸如蚕豆大，甚至像黄豆粒一样，无阴毛和腋毛，则要考虑睾丸或其他方面是否出了问题，应该及时到医院去检查和治疗。

性早熟和青春期延迟

当你随着同龄人大队伍昂首阔步迈进在青春发育的大道的时候，有许多同龄人却只能在大道两旁用羡慕的眼神望着你们，因为他们的青春期不是提前了就是延迟了。

有记载可查的最年轻母亲，5岁半。她叫利娜·麦地，秘鲁人，在1936年剖宫产下一男婴。一个还在幼儿园的孩子居然就成了妈妈，这都是性早熟惹的祸。一般认为性早熟是指女孩在8岁以前，男孩在10岁以前，性发育就已经开始，亦有3～6岁就发育成熟的。其表现为生殖系统的提前发育和第二性征的出现。如男孩长阴毛、腋毛、胡子，嗓音改变，阴茎和睾丸增大，有遗精，女孩长阴毛、腋毛，乳房隆起，生殖器官发育或月经来潮。其发生次序常常与正常青春期的发生次序相类似，但也有许多例外的情况，如月经初潮有时可先于乳房发育。性早熟同时伴随身体的发育和生长加速，使身长增高和肌肉发育加快、骨骼提前闭合以及较早地停止生长。所以，性早熟的儿童的身体显著高于同龄儿童，而一旦那些同龄伙伴达到青春期时，早熟的儿童由于较早停止生长，反而显得略为矮小。性早熟的儿童由于身体和其他意识的生长加速，当他们与身体发育相仿的大孩子在一起时，由于性早熟儿童的身体外形与认识能力或掌握社会的技能之间的不一致性，有时会产生种种问题，因此，应该对所有性早熟的儿童实施性教育，使他们了解自己的情况，还应认识到性早熟通常并不会促使过早发生性行为。

性早熟可分为真性、假性及部分性三类。真性是指儿童提前具有生殖能力，男性可排精，女性可排卵；假性是指生殖器官提早发育、第二性征提早出现，无生殖能力。部分性性早熟也称为不完全性性早熟，比如只是乳房隆起，无其他的症状。大部分的性早熟患儿属于真性性早熟，又称特发性性早熟。真性性早熟的发生，女性比男孩要多，其比率为8：1，80%的女孩和40%的男孩病因不明，其余病例的病因包括因丘脑的性中枢病变、内分泌因素或睾丸、卵巢肿瘤，以及饮食不良或家庭环境不良。成长环境不良：比如现在生活条件好了，且孩子都是独苗，于是家长放任孩子不加选择地吃好吃多，盲目给孩子进补，导致性早熟。家庭环境不良，如美国和新西兰心理专家的一项联合研究发现，父女关系的好坏会直接影响到女孩青春期发育。他们调查了美国173位女孩及她们的家庭，发现虽然母亲与女儿的关系会对孩子青春期发育产生影响，但结果却远不及父亲对女儿的影响大。那些没有父亲的女孩或受到父亲辱骂的女孩青春期发育较早；而父女关系较好的女孩青春期发育较迟。再如学业压力过大、孩子由于孤单大量时间坐在电视机前看与年龄不相适合的爱情片，也会增加性早熟的发生比率。如发现性早熟的儿童，需送医院检查治疗。

与性早熟相反，也存在青春期延迟的情况。青春期延迟或称性晚熟，是指身高较正常同年龄的孩子矮小，第二性征及性器官成熟程度缓慢。青春期延迟的特定年龄标准目前尚未取得一致意见，但从性和身体发育的观点看来，青少年如果比同龄儿童发育要慢得多的话，则可以认为是青春期延迟。如男性在14岁时睾丸还不发育，或在16岁时还不出现骨骼生长突增，女性到了14岁乳房还不发育，或到15岁还未出现骨骼突增，则可认为青春期延迟。

青春期延迟的男孩，由于不发达的肌肉和矮小的身材，常造成社会心理问题，而女孩这种影响则不明显。要注意，女性身体和性发育正常但没有月经来潮者，则不能认为是青春期延迟。

青春期延迟的原因很复杂，有先天遗传方面的，也有后天的营养和疾病因素等。先天因素有：（1）先天体质因素。他们的父母或亲属往往也有生长及性发育延迟的情况。一般身高发育和青春期开始，比同龄儿童晚了3～4年。（2）垂体促性腺激素异常。表现为身体矮胖，性器官发育不良。（3）先天性甲状腺素缺乏。俗称呆小症，除身体矮外，尚有智力低下。（4）先天促性腺激素缺乏。主要是性器官发育不良。（5）先天性腺发育障碍。除身体矮小外，常伴有其他先天畸形。后天因素是多方面的，它与疾病有直接关系，如血吸虫病、营养代谢障碍、脑炎、脑外伤、脑垂体的肿瘤等，均可导致青春期延迟。如发现青春期延迟，要及时就医。

但有一点应该提醒青少年朋友：生殖器官和第二性征的发育同人的高矮胖瘦一样，本身就存在很大的个体差异，而很多少男少女又对此特别敏感，往往产生不必要的顾虑。在青春期开始萌动时，男孩女孩都害怕自己的身体发育冒尖；随着大多数同龄人的发育成熟，他们就不会再紧张，但这时，不少人又开始害怕自己掉队，跟不上同龄者的发育水平。总之，青春期孩子特别容易发生“早熟”或“晚熟”的顾虑。事实上，青春期发育的早晚在个体之间可以相差好几年。如果没有科学的检测依据，是不好下早熟或晚熟的结论的。那些流行的“适当年龄”和“正常年龄”之说，多半不科学，不应盲目听信。

青春期男孩生理发育特点

进入青春期，许多意想不到的变化突然向你袭来，往往会让你在惊喜和恐慌中感到招架不住。

首先是你的身高突增，这主要由于你的下肢骨的快速增长。这时你要切实保证你的营养均衡和适度的体育活动，这对你是绝对有好处的。青春期男孩身高每年可增长7～9厘米，最多可达10～12厘米，整个青春期平均增长28厘米。由于男孩青春期开始发育的年龄比女孩晚，骨骼停止生长的时间也相应比较晚，加之男孩突增幅度大，持续时间长，故到成年时男性的平均身高一般比女性高10厘米左右。其次是体重的增加，这源于骨骼、骨骼肌、内脏重量的增加。一个人的肥胖与遗传有关，也与营养物质的积累与消耗有关。再次，体形的急速变化也是你的一个重要特征。胸围、臂围、腿围、肩宽、盆宽等形态发育指标，也都有各自的突增阶段，并存在着明显的性别差异：男孩肩宽的突增幅度大，女孩盆宽的突增较男孩明显；胸围的变化和肩宽类似；臂围与腿围的突增男孩较女孩幅度大，而且青春期后这些差别随着年龄增大，越来越显著——最终男性形成了肩部宽、骨盆窄、胸围大、肌肉发达的男性体态，女性则形成了骨盆较宽、肩部较窄、胸围较大、体脂丰满的女性体态。

相信青春期最让人关心的是生殖器官的变化。男性生殖器官分内外两部分。内生殖器包括睾丸、输精管和附属腺；外生殖器包括阴囊和阴茎。这些器官在青春期前发育非常缓慢，进入青春期后，在促卵泡生成激素、促黄体生成激素及雄激素的作用下，开始迅速发育，其速度远远超过其他系统。阴囊，是个起皱的小口袋，由腹壁皮肤形成，颜色比周围皮肤深。阴囊分左右两半，正中联结起来，左右两半囊里各有睾丸和附睾一个。阴囊的皮肤有弹性，表面皱褶很多，气温高时松弛，皮脂腺和汗腺分泌旺盛，加速散热；气温低时收缩，减少散热，并向身体靠拢。阴囊的这种自动调节功能，主要是保护睾丸的生精功能。阴茎是男性的性行为器官，其前端是龟头，神经纤维丰富，是最敏感的部位。包在龟头外面的一层薄薄的皮肤，叫包皮。

进入青春期后，睾丸开始迅速增大，阴茎也开始长粗长长。15～18岁以后，阴茎和阴囊进一步增大，阴囊颜色变深，阴茎头更充分地发育，直至外生殖器的形状和大小跟成人一样。一般地，在某个夏季的夜晚你会出现遗精现象，这说明你的睾丸开始有精子生成，说明你开始具有了生育能力，你真的长大了。睾丸是男性生殖系统中最重要的器官，可以产生精子，还可以分泌雄性激素，促使你出现第二性征，即区别于女性的形态特征。

青春期的另一个标志就是你的腋窝和阴茎上方长出体毛。随着年龄的增长，阴毛会由细弱变为粗硬，范围会扩展到大腿内侧和小腹处。同时你会发现腿上和手背上也长出更多的毛。腋毛的出现一般会比阴毛出现晚一年左右。面部的毛通常要等到身体上的毛增多后才开始长起来。开始时只是些细小的绒毛，可能几个月后你就需要每天刮脸了。有些男孩子在青春期也长胸毛，不过可能要在几年以后，即使是这样，也不是每个男人都长胸毛的。

由于男性体内也会有极少量的雌性激素产生，所以青春期男孩的一侧或两侧乳房会出现硬结，并伴有轻微的触痛感，这种现象一般大约持续数月后会自行消失，你不要感到忧郁。雌激素在男孩子和女孩子体内都有。男孩子身上的男性性激素最终比雌激素高出许多，因此会终止乳房的进一步发育。此外，男性在青春期，喉结逐渐增大，声带加宽，声调变粗，发音低沉。

青春期也有一些不太受欢迎的特征。皮肤上的油腺会变得更活跃，通常导致粉刺和痤疮。小心保持面部清洁并使用专门的去油洗面奶等产品可能有所帮助，不过，你也可以征求医生的建议。汗腺也变得更活跃——不只是腋下，还有脚跟、手掌心甚至两腿间的汗腺。你产生更多的汗液，味很浓。汗水变干后身上的气味会很难闻。你需要每天洗澡或淋浴并更换干净的内衣。

另外需要关注的是大脑和神经系统在青春期的变化。神经系统主要是由神经元（神经细胞）组成的，可分为中枢神经和周围神经两部分。中枢神经由脑和脊髓组成，周围神经由脑神经、脊神经和植物性神经组成。青春期神经系统的变化，包括“量”与“质”两个方面。尽管神经系统在“量”方面的增长，在幼年时期已完成了大部分，而“质”方面的变化，即功能的完善，却主要是在青春期完成的。

大脑是人体的总指挥，因此，从胎儿时期起便处于领先发育地位。婴儿刚满周岁，脑重比出生时增加2.8倍；长到四五岁，增加4倍；到8岁时，脑重量达1 400克左右，接近成年人水平。不仅脑重量如此，脑的容积也从小就一路领先。10岁儿童的脑容积已经达到成年人的95%。到了青春期，虽然脑的重量和容积没有多大变化，但其结构和机能迅猛发展。至青春期，脑电波的波形和频率已经和成年人相同，并完成了由半原始的θ波向α波的转化，表示大脑已完全成熟；大脑皮质的沟回组织已完善和分明；脑皮质神经纤维的发育（髓鞘化、增长与分支）已接近完成。

随着脑的内部结构的分化和发展，其机能也由低级向高级飞跃，如皮质细胞活动增加，脑细胞之间的联系加强，兴奋和抑制过程有较好的平衡，联络神经纤维活跃，特别是第二信号系统迅速增强等。这就为思维的发展创造了良好的物质基础。

青春期是接受教育，进行德育、智育熏陶及学会复杂精细技巧的黄金时代。青春期少年的可塑性最强，给予适当的诱导和启发，培养多方面的兴趣，对神经系统的发育是有益的。为了保证神经系统的良好发育，青春期应当摄取足够的营养，养成合理的生活习惯，保证充足的睡眠，从而使尚未趋向成熟的神经系统既有劳又有逸；特别是适当地参加一些有益的文体活动，不仅可以调节全身机能，也是消除脑力疲劳的好办法。

青春期男孩易患的生理疾病

1.性发育不良

性发育不良是性发育异常中比较常见的一种病症，医学上又称为促性腺激素功能减退性性腺机能低下症。这是一种发生在下丘脑的疾病，由于下丘脑先天性缺乏分泌促性腺激素释放激素（GnRH）的功能，或者因为下丘脑下部不能脉冲式释放GnRH，从而使垂体不能分泌促性腺激素（FSH、LH），造成睾酮水平的降低，导致20多岁的人睾丸和阴茎还像幼儿一样，没有阴毛、胡须等男子特征，如果患者同时伴有嗅觉障碍，又称为卡尔曼氏综合征。这些患者的性染色体核型均正常（46，XY），而性腺轴系激素都低于正常。

对于男性性发育不良的治疗，传统上一般应用HCG和睾酮替代疗法，希望通过给患者补充雄激素来促进性器官和第二性征的发育。而近些年来，随着人们对GnRH结构的了解，用人工合成的GnRH来直接治疗下丘脑性腺功能低下症的愿望变成了现实。经治疗，一些患者不仅临床症状改善，第二性征出现了，而且性欲增加，阴茎能勃起，甚至射精；部分病人的精液中查到了活动的精子，给患者带来了生育的希望。

问题的关键还是要早期发现，及时做出诊断和制定治疗方法。性发育不良的治疗是有时效性的，理想的治疗时间一般在青春期结束前。若过了一定的年龄段后，也就失去了治疗的机会。

2.外生殖器疾病

（1）隐睾

睾丸正常的位置是在阴囊内。如果阴囊内无睾丸存在就称为“隐睾症”或“睾丸下降不全”。隐睾是男孩中比较常见的先天性畸形。男性胎儿睾丸生长时原位于腹腔。至胚胎7～9个月时，下降入阴囊。有些出生时尚未降入阴囊者，大多在出生后1～2个月内降至正常位置。还有些人是出生后1～2年睾丸才移入阴囊。如果到了青春期睾丸还不坠入阴囊，在腹腔温度过高（35度）时，睾丸生精细胞停止分化产生精子，造成不育或产生癌变。对此，应及早手术固定，最好不迟于10岁。

（2）包茎

几乎每个新生男孩出生后都是包茎，如果不是包茎，反而可能是患有别的疾病，比如可能是尿道下裂或者尿道上裂。绝大多数孩子都是生理性包茎，而且没有异常感觉，如果有异常感觉就可能是由于生理性包茎引起的异常症状，需要就诊。一般正常的孩子到3～4岁时，大部分狭窄的包皮口会扩张开来。包皮扩张后硬皮可以外露，到了青春期后（17岁以后），包茎的孩子就不到1%了。总的来说90%的男孩生理性包茎在3～5岁时可以自愈。

如果到了青春期后期包皮仍不能上翻、阴茎头仍不能外露，那么就需要治疗了。由于包皮不能上翻，阴茎头和包皮脱落的上皮细胞和皮脂腺的分泌物就不能排出去，存留在包皮和阴茎头之间，会引发感染、红肿、脓性分泌物等问题。此类包茎一般应手术治疗。

（3）腮腺炎合并睾丸炎

流行性腮腺炎虽不至于危及生命，经过积极治疗和休息，一般一周左右即可消退。可令人担忧的是，它会累及生殖系统造成男性不育。因为腮腺炎病毒不仅侵犯腮腺，而且也在男性睾丸等处寄生、繁殖，引起炎症。腮腺炎病毒可以通过血液循环进入睾丸，使睾丸发炎，大多在腮腺炎发生后一周左右出现，医学上称为腮腺炎合并睾丸炎。腮腺炎合并睾丸炎以单侧多见，约占2/3，两侧者少。发病情况与一般睾丸炎相同，主要是睾丸和附睾肿大，阴囊肿胀，局部触痛，行动不便，并伴有高热、恶心或下腹痛等全身症状。症状一般在7～10天后会逐渐减轻消退。倘若睾丸炎就此痊愈，那是幸运，而严重的后果往往是炎症会损害睾丸内专门产生精子的生精组织曲细精管和生精细胞，造成不同程度的生精障碍。轻者或仅一侧睾丸受损害者，可能不会将全部生精组织破坏，还具有一定的产生精子的能力，仍可生育。如损伤严重或双侧睾丸感染，势必会使睾丸的生精组织全部受到破坏，而发生睾丸萎缩，丧失产生精子的能力，造成不育。少儿时期患腮腺炎合并睾丸炎的人成年后并非全部不育。因为幼儿的睾丸尚未发育成熟，直到青春发育期才开始逐渐成熟并产生精子。如果在青春期之前患睾丸炎，若损害不严重，到了成人一般不会影响生育能力；在青春期以至其后发生睾丸炎，就会使已经发育成熟的生精组织遭受破坏，最终会造成睾丸萎缩而不育。但是也不能一概而论，睾丸的生精能力相当惊人，只要不是将睾丸全部损伤了，仍会保存一部分产生精子的能力。

（4）睾丸扭曲

睾丸扭曲也是青春期男孩常见的病患。睾丸扭曲最典型的症状就是单侧阴囊突然间发生疼痛，此时阴囊表面可能会有红肿的现象，而该侧的睾丸也会因精索及肌肉收缩而比另一侧的位置高。触摸时整个睾丸非常疼痛，而睾丸上端的精索在触摸时会觉得变得较粗，也很疼痛。此时，同侧的小腹也会觉得疼痛，甚至呕吐。睾丸扭曲最好就是立刻手术治疗，将扭曲部位复原，并将睾丸固定在阴囊内，以免复发。另一侧也同时手术固定，因为两侧往往都有相同的问题。

最常发生睾丸扭曲的年龄是13～16岁。发生的时间常常在半夜，而在这种年龄，男孩子正步入青春期，亲子间互动关系也正在调整，因而有些男孩子在刚开始疼痛时，没有告诉父母，而且也没有立刻自行就医，往往导致未能及时挽回这个睾丸的生命。要知道，如果能在5个小时内接受正确的诊断和治疗，有80%的机会能保住扭曲的睾丸；如果超过10小时，则存活机会就只剩20%。所以青少年朋友们切记，若有突然性的阴囊睾丸疼痛，要立刻寻求治疗。

3.遗精异常

正常未婚的男青年每月遗精1～2次，甚至更多一些。也有些青年常为不遗精而不安，担心自己性发育不良。其实，精液可通过少量多次排入尿道，随尿液排出体外，不易被本人察觉。只有生殖器官明显异常，如睾丸很小、阴茎发育很差或伴有第二性征发育不好的青年，从来没有遗精，才是异常现象，应该到医院请专科医师诊治。如果遗精频繁，首先要找出引起遗精的原因，比较常见的原因是患生殖器官疾病，如龟头炎、前列腺炎、包皮过长、包茎、尿道炎等，均可引起遗精次数增加。另外，青年内裤太紧，被子盖得太厚太热，手淫，喜欢看性刺激的书画影视，身体过度兴奋和过度疲劳等都会引起遗精次数增加。青年应该养成良好的生活习惯，尽量避免诱发遗精的因素，如不穿太紧身的短裤睡觉，不盖太重太热的被子，睡前不嗜烟酒，不看性刺激的书画影视，平时积极参加有益的文体活动，戒除手淫习惯。正常的遗精要解除思想顾虑，频繁的遗精亦不要讳疾忌医。

4.痤疮

痤疮（俗称粉刺）是青春期相当普遍的一种皮肤病。由于青春期性腺活动增加，雄激素分泌增多，促使皮脂腺分泌的皮脂增多，大量的皮脂不能完全排泄出去，积聚在毛囊口。同时毛囊也因性激素影响而过度角化。毛囊脱落的上皮细胞增多，和皮脂混合在一起，成为干酪样物，栓塞在毛囊口。此时如遇细菌入侵，便会引起毛囊及毛囊口周围皮肤发炎，在皮肤上形成一颗颗米粒大小的疙瘩，其顶端有一黑点，挤压时有乳白色，豆渣样物质排出，这就是痤疮。痤疮好发于脸、头、胸、背等处，除内分泌增多因素外，遗传因素、精神紧张、多吃脂肪和糖类、消化不良、应用脂肪类化妆品、接触矿物油等，均可诱发痤疮或使痤疮加重。痤疮是青春期的暂时现象，随着青春发育的完成，常常自然减轻和消退，到35岁左右，便会自愈，因此，不必为此发愁。痤疮一般不需要治疗，但为了减少和减轻痤疮的发生，青年要注意保护皮肤。要注意皮肤清洁，经常清洗，洗澡洗脸尽量不要用刺激性太强的肥皂，也不要用过烫的水。平时不要用油性化妆品。出现痤疮时不要用手去挤压，以免造成发炎，留下瘢痕。饮食上多吃清淡的食品，少吃脂肪和甜食，少吃辛辣食品，多吃蔬菜和水果。保持大便通畅、心情愉快和充足的睡眠。

5.鼻炎、鼻窦炎

青少年与成人相比体质较差，自我保护能力有限，易发生感冒，未能及时彻底治疗而引发鼻炎，严重者可引发鼻窦炎。鼻窦开口于鼻腔，腔口狭窄，尤其是上颌窦开口高于底壁，不利于引流，易发生阻塞，一旦发病，治疗困难。由于鼻窦为鼻腔周围颅面骨内含气腔洞，黏膜血管分布较少，用药后局部血药浓度相对较低，造成见效慢，如不及时彻底治疗易复发，或转为慢性，治疗更加困难。鼻炎迁延为鼻窦炎，有时也与过敏体质有关。所以，少男朋友平时一定要注意预防感冒，得了感冒要及时彻底治疗。一旦得了鼻炎、鼻窦炎更要积极治疗，不可拖延。

6.肾脏疾病

肾脏疾病是青少年的一种常见病、多发病。临床上以急性肾炎、慢性肾炎、肾盂肾炎、狼疮性肾炎、肾病综合征等肾脏疾病为多见，多数患者表现为蛋白尿、血尿、水肿及高血压等症候。此病发病轻重悬殊，因疾病的性质及个体差异而定，轻则影响生活，重则有生命之危。预防肾病的发生，要做到未病先防、合理的饮食、适当的体育锻炼，以加强身体素质。

什么是遗精和流白

1.遗精

青春期少男随着性发育逐渐成熟，会发生在无性刺激情况下精液自行射出的现象，即遗精，通常情况下是一种正常的生理现象。遗精又分梦遗和滑精，青春期发育后的1～2年至老年，都可能出现。对夜间梦中遗精，又称梦遗或梦失精，俗称“跑马”。在清醒状态下无手淫或无性交刺激的状态下自发性射精称“滑精”。两者从根本上说没有太大区别。

遗精很少发生于12岁以下的男孩，到14岁男孩遗精的发生率约为25%，城市和家庭经济状况较优越的男性少年发生率高。16岁约为55%，18岁为70%，20岁为75%～80%，到45岁至少有90%的男子在某一境遇下发生过遗精。遗精发生的频率多数为每周1次或数周1次。有人做过调查，遗精的发生与受教育的程度成正比。具有初中文化程度的单身男子有18%，而具有大学文化程度的单身男子有30%～46%平均每月发生1次遗精。

遗精又可分为生理性遗精和病理性遗精。两者的鉴别点主要从年龄、身体状态、遗精时阴茎勃起情况、精量精质和遗精后自觉症状上来鉴别。有的人自称“遗精”，实际不是遗精，而是兴奋时出现的尿道分泌物，或是无兴奋时的前列腺分泌物。生理性遗精是指无性交或手淫的射精。一般2周或更长时间遗精1次，不引起身体任何不适。阴茎勃起功能正常，可以无梦而遗，也可有梦而遗。病理性遗精比较复杂，包括诸多病因，如性神经过敏、肾气不固、肾精不足等。

生理性遗精与病理性遗精之不同在于：（1）年龄不同：生理性遗精多见于青壮年；病理性遗精多见于中老年或身体先天不足者；（2）身体状况：生理性遗精者身体健康、精力充沛，或遇事易激动、劳累紧张；病理性遗精多见于面色无华、身体疲倦、大量吸烟饮酒、体形虚胖或疲弱、性事过度等人；（3）遗精时的状态：生理性遗精，一般2周1次或更长时间，遗精量多而精液黏稠，遗精时阴茎勃起功能正常；病理性遗精比较频繁，有的入夜即遗，或清醒时精液自出，遗精量少而清稀，遗精时阴茎勃起不坚，或根本不能勃起，遗精后出现精神疲惫、腰膝酸软、耳鸣头晕、身体乏力等症。由此可以鉴别。

偶然的遗精现象是生理性的正常现象，不是病，更不是不道德的坏事，所以少男朋友不必恐慌，不必理会他人的闲言碎语。但频繁遗精对身体不利，要找出引起遗精的原因，常见的原因包括患生殖器官疾病，如龟头炎、前列腺炎、包皮过长、包茎、尿道炎等，或内裤太紧、被子盖得太厚太热、手淫、喜欢看性刺激的书画影视、身体过度兴奋和过度疲劳等。找出原因后，要对症下药，如积极治疗疾病或养成良好的生活习惯等。

2.流白

男子在受到有关性的刺激，无论是意识、视听或局部接触等，均可以发现由尿道口流出少许清亮的分泌物，这就是俗称的“流白”现象，不是遗精。它是由尿道球腺、尿道旁腺所分泌出的一种液体，其中主要是位于阴茎内的尿道旁腺的分泌物。由于阴茎海绵体充血，阴茎勃起压迫尿道旁腺，促使其分泌没有精子的分泌物。这完全是一种正常的生理反应，其作用是润滑龟头，有助于进行性活动。因此，千万不能误认为是病态。

还有一种流白现象也比较常见，即发生在大便过程中，尤其在大便干燥，用力排便时更为明显，可以见到尿道口流出几滴乳白色的清亮黏液，往往被误认为大便漏精。其实这也是尿道球腺和前列腺的分泌液。因为这两个腺体位于盆腔底的会阴，与直肠、肛门接近，当用力排便时，肌肉强力收缩，压迫这些腺体排出分泌液。一般情况下，正常排便时用力不过分，不会出现这种情况，所以这种流白也不是异常现象。

当然也有不正常的流白现象，那就是在患前列腺炎时。由于炎症造成前列腺分泌液异常，当有局部的刺激时，就会出现大便时和排尿后流白现象。这种流出液可能量较多，而且较混浊，次数也较多，与正常流白不同。如果有这种流白现象，就需要到医院进行检查治疗。

青春期阴茎的尺寸多少算正常

“我都14岁了，可是我的阴茎跟小时候没什么两样，我不想让别人笑我，我想知道怎么样才能让我的阴茎大起来？”

“我是个13岁的男生，我开始长阴毛了，也开始遗精，可是生殖器都没变大，这跟我体形很胖有关吗？父母看了都说没到时候不用担心，可我还是想问问！”

“我15岁，阴茎平时只有5厘米，勃起10厘米，还可以再长一些吗？而且没有别人的粗，这正常吗？”

“我的阴茎平常6厘米左右，勃起12厘米左右，直径4厘米左右。我感觉有些短小，听说手淫可以使阴茎增大，是真的吗？”

“我今年17岁，我的阴茎勃起的时候才13厘米，是不是有点短呀？”

男生进入青春期后，首先是身高迅速增长，每年至少要长高6～8厘米，甚至更多，这主要由于我们的下肢骨在快速增长的缘故；其次是体重的增加，这是源于骨骼、骨骼肌、内脏重量的发育。

身体发育到一定时候，大脑的脑垂体分泌的促性腺发育的激素会增多，激素通过血液不断送到男生的性腺（睾丸）中，在激素的作用下，睾丸开始发育并且开始增大。随着睾丸发育成熟，在12～15岁以后的某个夜晚男生会出现遗精的现象，这说明性腺（睾丸）的发育已进入成熟状态，睾丸内开始有精子生成，男生已经具有了生育的能力。随着睾丸的发育，阴茎的长度和周径逐渐增加，但阴茎周径的增加较阴茎长度的增加为缓，阴茎显得有些细长。与此同时，睾丸的间质细胞开始分泌出雄性激素（睾丸酮），男生会出现做性梦、阴茎勃起的现象。随着其激素在血浆中的浓度不断增加，15～18岁以后，阴茎和阴囊会进一步发育增大，阴囊的颜色变深，阴茎周径变粗，阴茎头发育向前伸展，脱离阴茎包皮的覆盖，完全或大部分地暴露于包皮以外，到这个阶段阴茎的外形已接近成年人。

由此可见，13～15岁时正是阴茎刚刚发育的阶段，出现遗精只是证明男生的性腺发育进入了成熟状态，并不代表生殖器官已经发育成熟，对于十三四岁的男生来说，整个生殖系统的发育完成还需要再等上几年。所以，前面提到的那些男生的问题，实际上是由于他们对自身发育过程缺乏了解而产生的不必要的担心。

引起男生对阴茎大小担心的另一个原因，是刚进入快速发育阶段的男生，由于逻辑思维还处于较低的水平，看事物还比较表面化，他们往往对生殖器官外在特征的重视超过了对生殖器官功能的重视。所以，他们会把阴茎的外部特征视为衡量自己是否够男性化的绝对标准，并担心自己因阴茎不够大而被别人笑话。

其实，个体之间阴茎大小、粗细与个体间身材高矮、胖瘦、五官大小等一样存在差别。中国当代著名性学家史成礼曾对1 412例中国健康男性青年的阴茎大小及126例健康男性的阴茎勃起长度大小进行测定，结果表明，在常态时最长为14.5厘米，最短4厘米，平均8.375厘米；周长最大12厘米，最小4.5厘米，平均8.3厘米。勃起时最长16厘米，最短9厘米，平均12厘米；勃起时周长最大14厘米，最短8厘米，平均10.75厘米。此外，在常态下同一个人的阴茎长度也不恒定，如紧张、寒冷或严重疲劳时都可使阴茎缩短。再加上测量的方法本身也有较大差别，所以很难单纯从长度上判断阴茎是不是正常。只有那些阴茎在青春期前短于2.5厘米，青春期后短于5厘米，而且发育不正常，没有勃起功能；特别是第二性征发育不良，性功能障碍，无生育能力，无精子的人，才可被认为是阴茎发育不正常。

有一种广为流传的看法认为，阴茎大小是性能力强弱或性交效果好坏的决定因素。这种看法其实不确切。男人的性能力主要受雄性激素的影响，同时也需要有健全的性心理、正常的神经反射、完善的血液循环系统及足够的性知识和性技巧。性能力的强弱并不在于阴茎的大小。

生活中的确有的男性自觉阴茎偏小，或感到“阴茎变小”了。这一方面反映了他们对自己身体的变化，尤其是这个敏感部位的变化十分关注，另一方面又反映了他们性知识的缺乏。例如，阴毛长得浓密时，阴茎在疲软状态下就会相对显得较小些；又如身体长胖了，由于阴茎根部周围脂肪组织堆积，阴茎似乎也会相对变短些。这些视觉效应往往造成杯弓蛇影，给他们带来不必要的恐慌。还有，环境温度、测量方法等，也不可避免地带来误差，影响判断的正确性。有的人还拿国外性科学资料的数字来做自我衡量，这显然忽视了种族差异，也是不恰当的。

因此，任何盲目攀比阴茎大小的想法和做法都是不可取的，而把阴茎大小的个体间的差异视为不正常的看法更是错误的。如果为了与别人攀比，听信一些不科学的方法和做法，或者因为不必要的担心而使自己整日忧心忡忡，这才是影响到青少年身心健康的杀手。

对于绝大多数男生来说，只要具有正常的勃起，没有生理上的缺陷，没有生理功能上的障碍，将来能顺利地进行性行为，完成繁衍后代的活动，其生殖器官就是健康的。青少年不要幻想改变自身的正常生理结构，要学会正确面对自己与他人生理上和生殖器官上的差异，就能减少这些不必要的烦恼和减少因无知的行为给自己带来不必要的身体伤害。

如果阴茎有其他毛病，要及早就医。例如，包皮过长可影响阴茎正常发育长大，到性成熟期则造成终生遗憾，不但性欲大大降低，更严重的还可引起阴茎癌变。包皮过长及包茎患者宜在儿童期就去做手术。这种环切手术是小手术，不需住院，术后可以立即回家。手术对性功能和将来的性生活不会有任何影响，还能促进阴茎的发育。另外，男性也要养成每晚洗下身的习惯，保持会阴部的卫生。

关于阴茎的勃起

阴茎勃起是男性的一种本能活动，是青春期性发育成熟的一种标志，对此应该泰然处之，不必多虑。如果思虑过多，反而易使勃起频繁，本来是微弱的刺激可能也会激发勃起。男孩进入青春期后，随着体内雄激素水平的提高，“性”意识开始觉醒，有关“性”内容的听觉、视觉、嗅觉、触觉以及思维、想象等刺激作用于阴茎，会使其勃起，这叫精神性勃起。另外是因局部直接刺激，如对外生殖器的直接触摸，走路时被内裤摩擦以及直肠膀胱受到刺激所引起的勃起，称反射性勃起。实际上，从1～2岁的小男孩到年迈的老头，都可出现程度不同的阴茎勃起现象。青春期的男孩每晚可勃起6次左右，每次持续20～30分钟；青壮年每晚平均1～1.5小时勃起1次，中年以后次数逐渐减少；65岁左右的健康老人，每晚仍可有数次勃起。

那么究竟为什么阴茎能硬能软且不受思想控制呢？

阴茎是由三根长形的海绵体组成，其中两根位于阴茎的背侧，组成阴茎干的大部分，称为阴茎海绵体；另一根位于这两根的下方，即阴茎的腹侧，主要是尿道穿过的地方，称为尿道海绵体。海绵体是一种松软的类似于海绵状的组织。阴茎海绵体内有许多血管丛，它们都有朝一个方向开放的活塞瓣膜装置，起阀门的作用。当出现性兴奋时，这些瓣膜就自动关闭，血管丛在神经兴奋的作用下同时扩张，血液便大量流入阴茎。由于瓣膜已关闭，血液只能进，不能出，海绵体就膨胀、肿大，阴茎就勃起变硬。射精后，阴茎内动脉收缩，血液流入减少，瓣膜开放，静脉回流增加，海绵体变小，阴茎又恢复了原状，这就是阴茎能硬能软的原因。

当阴茎勃起时，越是注意它，想让它立即疲软，反而会更进一步把注意力引向性兴奋点。所以，正处于“骚动期”的男孩，要避免过度的性刺激，把注意力引导到理想和前途上，把精力集中到学习与工作上。即使在公共场合阴茎勃起，也要能不慌不忙，泰然处之地去试着想别的事情，一旦不再注意它，随着大脑皮层其他中枢的兴奋，性兴奋中枢就会出现抑制，勃起也会随之消失。

青春期正是每个人长身体、长知识、长才能的黄金时期，有理想的青少年应该把时间和精力更多地投入到学习、工作和体育锻炼中去，不要沉湎于有关性的读物或视听材料中。这样，阴茎勃起就会相对减少，这对学业和身体健康也都会大有好处。

当然，正常男子的阴茎，有时内脏器官的反射作用也会导致阴茎勃起。最明显的是早晨清醒前时常会出现阴茎勃起。膀胱内压力增加产生刺激作用，导致阴茎发生一种潜意识的反射性勃起，也就是人们常常说的让尿给“憋”硬了，这是一种正常的生理现象，医学上称之为清晨勃起。但这种勃起现象的强度或大或小，从来达不到性交所特有的水平。另外，阴茎不仅清晨易勃起，睡眠时也常有勃起的情形。人在睡眠的过程中，会有间歇性的眼球快速运动期，而阴茎勃起也常发生在这段时间。一般来说，每天晚上会有3～5次的勃起，每次勃起的时间，平均15分钟，但也有长达一小时之久的。只要神经、血管及阴茎海绵体结构与功能正常，就会有这种现象，而这也是性功能的重要指标。在这段时间，阴茎的勃起比较不受心理因素的干扰，也较能实实在在地表现出原本的功能。这种生理现象对性功能的研究及治疗，提供了极重要的指标。

你所不知道的睾丸知识

睾丸是男性的主要生殖器官，位于阴囊里，呈卵圆形，约栗子大小，左右各一个。成人睾丸两个重20～30克。睾丸是产生精子和分泌雄激素的器官。睾丸由大量卷曲的曲细精管构成。每个睾丸被结缔组织分隔成200～300个锥形的睾丸小叶，每一小叶内有1～4条曲细精管。曲细精管在睾丸纵隔处，每2～3根合并成一根直细精管，后者再反复分支，相互吻合即形成睾丸网。曲细精管是由5～8层上皮细胞组成的复层上皮管道，其上皮细胞可分为支持细胞与生精细胞两类。管道外表为一层薄的基膜，基膜外有几层扁平细胞，功能类似平滑肌细胞，又叫类肌样细胞。收缩时，曲细精管压力增高，精子排到睾丸网。在曲细精管之间的结缔组织为睾丸间质，有间质细胞，可合成分泌雄激素。

睾丸的主要功能是产生精子和分泌雄性激素。精子是男性生殖细胞，形状像蝌蚪。精子有两种。含有X性染色体叫X精子；含有Y性染色体叫Y精子。X精子和卵子结合生女孩；Y精子和卵子结合生男孩。雄激素能促进男性生殖器官的正常发育、维持副性征和激发性功能。

胎儿早期，睾丸位于腹腔内，出生前1～2个月逐渐降入阴囊，如出生后睾丸仍停留在腹腔，称为隐睾。

一侧睾丸通常比另一侧睾丸垂得低。大部分成年男子垂得比较低的是左侧，但是有些是右侧。睾丸一高一低的原因是，避免它们在走路时相互摩擦。如果你的睾丸被击中过，你就会知道它们非常敏感。

睾丸对人体起着至关重要的作用，如生儿育女、男性的特征（包括长胡须、喉结凸出、发音低沉、身体魁梧）以及全身的生长发育、物质代谢等，睾丸都扮演着举足轻重的角色。正因为如此，不少人对睾丸极其关注。但也有些人受旧意识的影响，明知自己的睾丸出了问题，却讳疾忌医，直到病情严重了才去医院诊治，这时往往延误了治疗时机。也有一些人的睾丸很正常，自己却疑神疑鬼，误以为异常，造成不必要的精神负担。其实，睾丸是否正常，除了去医院检查外，平时也可做自我检查。 要知道自己睾丸是否正常，首先得了解在不同年龄时期睾丸的正常大小。人出生到12岁以前，睾丸处于相对静止发育期，一般为1～4毫升。12岁以后，进入“青春骚动期”，睾丸体积迅速增大。到18岁左右，有60%～70%的男子已达16.5毫升以上。成年后的睾丸体积为16～25毫升，平均值为19.8毫升，比白种人和黑人略小。60岁以后，男性进入性衰老阶段，睾丸体积逐渐缩小，70岁以后，睾丸体积多数已萎缩到16毫升以下。根据以上正常值，只要测量出自己睾丸体积的大小，以此加以对照，就能初步知道自己睾丸的大小是否正常。当然在测量时还应抚摸睾丸表面是否光滑、硬度是否适中、是否有触痛等。

测量睾丸体积有两种方法：一种是用木制的不同体积的睾丸模型与睾丸比较。另一种是用卡尺测量睾丸的纵轴、横轴、矢状径的长度，算出睾丸的体积。在测量睾丸的体积时要注意用拇指和中指将睾丸挤于阴囊皮下，清楚地暴露睾丸的体积轮廓，排除附睾后再进行比较和测量。正常睾丸是有弹性的实体。在睾丸中，曲细精管占据了绝大部分空间。如果曲细精管发育不良，会引起小睾丸，如先天性曲细精管发育不良综合征，后天性各种炎症、损伤、放射线、毒物、精索静脉曲张引起的睾丸萎缩。而睾丸鞘膜积液、精液囊肿、睾丸肿瘤则可以引起睾丸增大。

自己测量睾丸体积有一个极为简便的方法：用手将睾丸挤于阴囊皮下，暴露睾丸的体积轮廓，然后找一种可塑物品，如苹果、梨、萝卜、山芋、土豆和面粉团等，削成与自己睾丸一样大小，再将这种可塑物品进行排水法体积测量。最简单的办法是，在茶杯中放半杯水，水平面处做个记号，当可塑物放入水中后，水面升高，把升高部分的水用针筒抽出，针筒上标出的毫升数就是睾丸体积了。测定结果，如果成年人的睾丸体积小于10毫升，就是小睾丸，若大于25毫升则是大睾丸，这两种都是不正常的。

说到睾丸，就不能不说精子。精子的发育成熟过程就是睾丸生殖细胞的发育成熟过程。精子的产生是男性发育成熟的标志，持续于整个成年期。人体内的睾丸必须不断地产生幼小的生殖细胞，即精原干细胞本身的再生，以使精子的产生具有贮备能力，这是精子产生所必需的。

精子是男性成熟的生殖细胞，在精巢中形成。

精巢中生有精原细胞，每个精原细胞都含有与体细胞内数目相同的染色体。一部分精原细胞略微增大，染色体进行复制，精原细胞成为初级精母细胞。初级精母细胞经过两次连续的细胞分裂，才成为成熟的精子。

第一次分裂开始不久，初级精母细胞中的同源染色体（配对的一条来自父方、一条来自母方的，形状和大小一般都相同的两条染色体）两两配对，即联会。随后在光学显微镜下可以清楚看到，每个染色体都含有两个染色单体，由一个着丝点连接着。这样，每一对同源染色体含有四个染色单体，这叫做四分体。

随后各个四分体都排列在细胞中央，各由着丝点附着在纺锤丝上。由于附着在着丝点上的纺锤丝不断地收缩变短，不久四分体平分为二（联会的同源染色体彼此分开），各受所附着的纺锤丝的牵引，分别向细胞的两极移动。接着，细胞分裂开来，一个初级精母细胞分裂成两个次级精母细胞。这样，次级精母细胞中染色体的数目只有初级精母细胞的一半（每个染色体仍含有两个染色单体，着丝点仍然是一个）。这是精子形成过程中的第一次分裂，在这次细胞分裂过程中，染色体的数目减少了一半。

第一次分裂以后，紧接着就进行第二次分裂。这时候两个次级精母细胞中每个染色体的着丝点分裂为二，两个染色单体完全分开，各有一个着丝点。这样，两个染色单体就成为两个染色体了。由于纺锤丝的牵动，两个染色体分别向细胞的两极移动。接着细胞分裂开来，两个次级精母细胞分裂成四个细胞（精子细胞）。精子细胞只含有数目减少一半的染色体。至此，减数分裂完成。精子细胞经过变形，形成精子。

精子的产生是一个连续的过程。当一批精原细胞进行发育时，另一批精原细胞也跟着发育。虽然从精原细胞发育成精子需要两个多月的时间，经历好几个阶段，但每天仍有5 000万以上的新的精原细胞产生出来。这样随生随长依次发育，使每个男人从青春期开始，直到老年，每天要产生几千万至上亿个成熟的精子。

精子从睾丸产生出来以后，就进入附睾继续发育成熟。附睾的另一头紧接输精管，它和精囊腺的排泄管合起来成为射精管，通过前列腺开口于尿道。就这样，睾丸、附睾、输精管、尿道口，成为精子排出体外的途径。

睾丸发育到一定阶段，精囊腺、前列腺和尿道球腺等三种附腺体加速成熟。它们分泌的液体是乳白色的，很稠，而且有一股特殊的气味。最后和精子汇集在一起，成为精液。

青春期与前列腺的关联

前列腺和腮腺、胰腺等腺体一样，是人体的一个外分泌腺，由多个腺泡和导管组成，分泌一定量的外分泌液，即前列腺液。前列腺还有内分泌功能，是男性所特有的生殖器官，也是男性生殖器官中最大的一个附属性腺，对男性生殖功能具有特殊的作用，与男性泌尿系统发生特殊的关系。

前列腺位于男性骨盆腔内，居于膀胱之下，尿生殖膈之上，耻骨联合下缘耻骨弓之后，直肠之前。尿道从前列腺中央穿行而过，前列腺后面的上部有左右射精管穿入，精囊腺则和前列腺后面上缘接近。

正常前列腺形似栗子，底朝上，尖朝下，宽度即横径为4厘米左右，长度即纵径为3厘米，厚约2厘米，其重量约20克。

在人的一生中，前列腺的结构随年龄的变化而变化。10岁以前，腺体未发育，前列腺很小。青春期，随着睾丸发育，前列腺管迅速发育成腺泡，同时间质也增多，到24岁左右发育达高峰。30岁左右，上皮细胞间腺泡内折叠，使腺泡结构复杂化。45～50岁，整个前列腺开始退化，位于尿道周围的腺体开始增生，压迫外周区使之萎缩，最终形成所谓“外科包膜”。20～50岁，前列腺体积相对稳定，50岁以后其体积又开始增大，可能发展为良性前列腺增生症。

前列腺的生理功能主要是分泌前列腺液，前列腺液是精液的重要组成部分，有内分泌功能，还可控制排尿和射精。

为什么青春期男孩乳房会有肿块

14岁的小勇发现自己的身体在悄悄地发育：声音变得不阴不阳、喉结突出、阴毛也开始稀稀拉拉地占领阴茎部分……根据同学们私下里聊天中所得的有限知识，他知道他就要成为真正的男子汉了，还有比这更令人高兴的事情吗？

一天下午，他和几个同学在足球场上踢得热火朝天。突然，球向他飞来，他挺身而出，企图用身体挡住，结果球结结实实地打在他的左胸上，顿时一阵刺痛袭来……他没在意，以前偶尔也被球击中，疼一会儿就好了。可一周后，他发现被球砸中的地方始终有些肿胀感，而且只要轻轻一碰它，就会很痛。一个月、两个月……那个地方依旧没有好转。他有点惊慌失措，担心是否发生了病变。一次洗澡的时候他在被球砸过的左乳头边摸到了一个小小的肿块！难道它真的有问题？莫非是一个肿瘤，而且也无药可救了，不然为什么疼这么久？一阵阵绝望向他涌来……

他对任何事情都没了兴趣，将死之人，学习好有什么用？球踢得好有什么用？即使是他暗恋的女生，他也不想同她讲话，以免走后给她留下太多的悲伤……

一天天过去了，乳头周围继续疼痛着，而且时有肿胀感，小肿块没有变大，但也没有变小的迹象。他每天睡觉闭上眼睛时，便想着这是否是留在世界上的最后一天……

同学见他成天无精打采的，就时常劝他去医院看医生。终于有一天，他逃课悄悄到了医院。一个女医生听他说了症状，脸上没有他预期的沉重，而是微笑着叫他不用担心，疼痛、肿胀和小肿块，都是青春期身体发育时一种很正常的生理现象。一段时间后，这些症状就会自然消失。虚惊一场!

男性和女性一样，到了青春期，就要出现第二性征。作为男性，发育期为10～14岁，持续2～4年，除了声音改变，长胡须，出现腋毛、阴毛、遗精等现象，有的乳房也会轻度增大，伴有胀痛、压痛和触痛，甚至摸到结节。结节多出现在乳头或乳晕下，小如樱桃，大有半个核桃大小，有胀痛感。这是一种正常的生理现象，多发生在13～16岁，一般维持一年左右，通常不需要任何治疗，随着内分泌功能的逐渐完善，便会自然消退。

当然每人变化并不都一样，有些明显，有些稍感到乳房发胀，因为在青春期，中枢神经系统逐渐发育成熟，垂体促性腺激素分泌增多，在男性，除了雄激素分泌增多外，还有少量的雌激素分泌，当体内雄激素不足以对抗雌激素的作用，而同时乳腺组织对雌激素较敏感的话，就会出现上述症状。另外，乳腺组织增生还与生长激素、肾上腺皮质素对乳腺刺激有关。生理性的乳腺增生大多在发育后期会自行消退，不必进行治疗。然而男性乳房增大，除与生理有关，还与病理有关。病理性乳腺增生和生理性的区别，在于它不一定发生在青春期，同时常伴发其他疾病，如肝病、睾丸功能不全、肾上腺疾病、甲状腺病、肿瘤、支气管扩张，或服用过雌激素样药物异烟肼、螺内酯、氯丙嗪等。

喉结不明显就不是男子汉吗

18岁的大明长得高大英俊，引来很多女孩爱慕。在其他男孩看来，他一定幸福得不得了。可他却很自卑，心里有解不开的结。为什么呢？他其他一切正常，唯独喉结不明显。他知道男性发育后喉结会突出，因为这是男性第二性征的表现。多年来，他反复对着镜子照，越照越觉得自己的喉结不明显。有一次同学间开玩笑，有人还以此嘲笑他，从那次后，他变得郁郁寡欢，自感男子汉的特征不明显，生怕暴露颈部，甚至连夏天都穿着高领子的衣服。他的这块心病总是去不了，以致影响到了正常的学习和同学交往。

男性在发育过程中为什么会出现喉结？它的作用又是什么？我们知道，喉的发育状况是与年龄、性别有关的。在青春期前，男女性的喉的发育状况差别不大，但至青春期，女性的喉仍无明显增大，而男性的喉则在雄激素的作用下迅速增大，位于颈部的甲状软骨向前方突出，使喉的前后径增加将近1倍，发声随之变为低沉的男性音。这就是喉结发育的生理过程。了解了这一过程，我们就能理解为什么青春期前男女声发音没有明显的区别，而青春期后男性的喉前后径变大发出低沉的男性音、女性喉部前后径小发出尖细的女性音。就像一些乐器，管径小的声音就尖细些，管径粗的声音就浑厚些，其道理是相通的。

那为什么一些男性虽然有着男性音而喉结却不明显呢？有些学者为此做过临床调研，发现一部分喉结不明显的男性，其中有些是非常健壮的田径、体操运动员等，他们肌肉发达，男性性征也很正常。这些喉结不明显的男性中，绝大多数已结婚，正常生育，且无其他异常表现，内分泌检查也未见异常。

专家们通过对这些人的个人生活史的调查发现：这些男性中有些是从青春期前就一直从事大运动量的体育训练，有些则在刚开始发育时就有过频的手淫史，有这种情况的人占被调查者的很大比例。有学者认为，这可能导致了在青春发育期雄激素的大量消耗而使甲状软骨未能充分向前突出，以致从外观看喉结并不那么明显。尽管前突不充分，但喉的前后径较青春期前的还是增大了，故声音同样是男性音。不过还有一些人是由于颈部较粗、肥胖或甲状软骨不是典型向前突而是向四周等量扩张，所以看起来喉结也不那么明显。

所幸的是在调查研究之后证实了一点：喉结的明显与否，与睾丸及阴茎的发育没有必然的联系，一些男性虽然喉结不明显，但其睾丸及阴茎的发育相当好。所以，现在一些医学书刊上不再把喉结的突出与否作为判断男性第二性征发育是否正常的标准，有些解剖书上甚至已经不再提到喉结这个解剖术语了。当然，只有那些喉结不明显或不发育，同时伴有内外生殖器发育不良及嗓音尖细的患者才有必要治疗。

因此，我们可以说，男性只要内外生殖器发育良好、毛发分布及生长正常、声音为低沉的男性音，就是一个标准的男子汉。

青春期谨防习惯性脊柱弯曲

人体的脊柱是躯干的中轴和支柱，是下肢和上肢连接的枢纽，它具有支持体重、保持躯干的平衡、缓和震动和保护脊髓及内脏的功能。脊柱由24块椎骨、1块底骨及尾骨组成。每个椎骨间还有椎间软骨和椎间盘。正常人的脊柱从侧面看有四个生理弯曲——颈曲、胸曲、腰曲和骶曲。脊柱从侧面看呈“S”形。由于脊柱周围有韧带加固，又有不同走向的肌肉群牵引和固定，使这根支柱具有弹性和柔韧性。

随着年龄的增长，支柱的弹性和柔韧性逐渐减退。10 ~ 16岁的少年由于生长发育快，骨骼的钙化和肌肉力量都还处于发育过程，生理弯曲还没有完全定型。并且，青少年的骨骼有机物成分较多，韧性较好，具有较大的可塑性。如果这一时期，不注意坐立行走和读书写字姿势，劳动时单侧身体用力过多以及缺乏全面体育锻炼，脊柱易发生变形。例如，写字时趴在桌上，听讲时不坐直，走路不愿昂头挺胸，总是低头看着地，特别是在同龄孩子中属于个高的同学和别人在一起时总是习惯性地弯着腰，天长日久，形成了驼背。形成驼背的另一个原因是缺乏体育锻炼。只顾学习，没有锻炼，长此以往，背肌发育不良，形成驼背。驼背是最常见的脊柱弯曲，指脊柱向左或向右的侧弯（检查时可见两肩不平，身体向一方倾斜）和向后凸出。脊柱变形影响健康，能使身体失去平衡，容易发生疲劳，有时会出现腰酸背痛等症状，个别严重的还可影响呼吸器官和内脏的发育。驼背的人，看起来背向后弓，没一点精神劲，体态显得很不优美。

青少年的脊柱弯曲异常一般是姿势性的，不固定，可以在几个月内通过矫正自己的坐姿、立姿和走姿而恢复正常。

如何纠正习惯性脊柱弯曲呢?

注意端正身体的姿势。平时不论站立、行走，胸部自然挺直，两肩向后自然舒展。坐时脊柱挺直，看书、写字时不过分低头，更不要趴在桌上。人们所说的要“站如松，坐如钟”，是有一定道理的。

正在发育的青少年最好睡硬板床，以使脊柱在睡眠时保持平直。

加强体育锻炼。认真上好体育课、课间操，促进肌肉力量的发展。

在全面锻炼的基础上做矫正体操。矫正体操有很多种，包括各种形式的徒手操、利用各种体育器械的矫正操等。矫正驼背主要以增强背肌、挺直躯干和扩张胸廓为主。

如果已经有了脊柱弯曲异常，要根据弯曲性质和部位进行矫正，如驼背者注意挺胸，向左侧弯者可将左上臂举起，身子向右做侧弯运动，使两侧肌肉的紧张度逐渐相等。日常多做一些有利于身体全面发展的运动，如跑、跳、打球、游泳、垫上运动等，加强全身血液循环，使局部肌肉得到充分的营养供应，对预防和矫正脊柱变形有很大的好处。

青春期男女身高、体重差异

男孩女孩进入青春期后，在神经内分泌的调节下，身体迅速生长，出现了人体生长发育的第二个突增阶段（第一个突增阶段在婴儿期），随着生殖系统的发育和第二性征的出现，男女身体形态发生了显著的变化，最后形成了真正的两性分化。青春期生长突增在起止的早晚、突增幅度和突增侧重的部位上都显示出明显的性别差异。突增开始的年龄女孩为9～11岁，男孩为11～13岁，男孩一般比女孩晚两年。最后形成成年男子身材较高，肩部较宽，肌肉发达，而成年女子则身材较矮，骨盆较宽，体脂丰满的不同体态特点。反映青春期形态发育特点和规律，一般常用人体测量的方法，通过人体长度、宽度、围度、重量等常用指标的改变加以说明。

1.身高

身高生长突增的出现是男女孩进入青春期的信号。青春期男孩身高每年可增长7～9厘米，最多可达10～12厘米，整个青春期平均增长28厘米；青春期女孩身高每年可增长5～7厘米，最多可达9～10厘米，整个青春期平均增长25厘米。由于男孩青春期开始发育的年龄比女孩晚，骨骼停止生长的时间也相应晚，加之男孩突增幅度大，持续时间长，故到成年时男性的平均身高一般比女性高10厘米左右。

在青春期以前，同年龄的男女儿童身材高矮相差无几。但是由于进入青春期的年龄不同，因此生长突增的开始年龄也不同。一般来说，女孩生长突增的开始年龄比男孩早2年，在10岁左右，男孩的生长突增年龄为12岁左右。因此，11～13岁的女孩平均身高反而超过同龄的男孩。在生长速度高峰出现后约一年，女孩将有月经初潮到来，一旦月经来潮后，身高的增长速度明显减慢。14～16岁，男孩的生长发育水平超过同年龄女孩，身高的增长速度明显加快，而且男孩停止生长的时间较晚，整个生长期较长，所以，男孩生长突增期间身高增长的幅度较大。这样一来，到青春期末，男孩的身高就明显超过同年龄的女孩。

2.体重

人体在发育成熟后，体重的变化取决于脂肪量的多少，骨骼、肌肉量的多少也有一定影响。女性骨骼比男性轻，骨皮质较薄，骨密度较小；男性肌肉比女性发达，所含水分较少，而蛋白质和糖的成分较多。在肌肉整个生长发育期间，肌肉细胞数目不断增加，男孩肌肉增加率在青春期加速，10～16岁期间约增加1倍，女孩肌肉增加率相对较小。女性脂肪比较丰富，其重量大约占体重的28%，而男性脂肪只占体重的18%，青春期生长突增期男孩脂肪量逐渐减少而女孩脂肪量一直在继续缓慢增长，突增高峰之后，在雌激素作用下，女孩脂肪增加的速度大大加快，使体形更丰满，少数人甚至形成肥胖。如何计算标准体重，国内外学者提出了多种计算公式，但这都是统计学的一般规律，是比较粗略的。

标准体重应结合性别和身高进行判定，才比较科学。严格地讲，不同地区应制定不同的标准。国内学者提出按性别计算标准体重的公式：

男性平均体重（千克）＝身高（厘米）－105

女性平均体重（千克）＝身高（厘米）－100

日本学者提出亚洲人按身高计算标准体重的公式：

（1）身高159厘米以下者：标准体重（千克）＝身高－105

（2）身高160厘米以上者：标准体重（千克）＝（身高－100）×0.9

应该说明的是，根据以上公式计算出的标准体重并不是绝对“标准”，实际体重高于或低于标准体重10%以内，都应该视为正常体重。

3.瘦体重与体脂肪

瘦体重又称去脂体重，包括全身的骨骼、肌肉和各种内脏器官以及神经、血管等，又称为代谢活泼组织。体脂肪通指全身所有的脂肪组织，但大部分储存在皮下组织里，又称为代谢不活泼组织。两者之和即为人体的体重。女孩体脂肪含量高是正常的生理现象，女孩过分担心自己患了“肥胖症”是没有必要的。有些16～17岁的女孩，不懂得这些生理变化，缺乏必要的卫生知识，错误地认为越瘦越好，害怕自己发胖而极力限食，导致由病态心理引起的生理功能失调，即神经性厌食，严重影响正常的发育，应引起有关部门的重视。男女孩由于瘦体重与体脂肪含量不同，从而出现男孩肌肉发达、肩部较宽、胸围较大的健壮体形。而女孩则形成体脂肪含量高、骨盆较宽、肩部窄的丰满体形。

4.围度和宽度

胸围、臂围、腿围、肩宽、盆宽等形态发育指标，也都有各自的突增阶段，并存在着明显的性别差异：男孩肩宽的突增幅度大，女孩盆宽的突增较男孩明显，胸围的变化和肩宽类似，臂围与腿围的突增男孩较女孩幅度大，而且青春期后这些差别随着年龄增大越来越显著，最终男性形成了肩部宽、骨盆窄、胸围大、肌肉发达的男性体态，女性则形成了骨盆较宽、肩部较窄、胸围较大、体脂丰满的女性体态。青春期少年围度和宽度的改变，充分反映了男女不同的体态特点。

为什么你的脾气这么暴躁

小毅小时候是个很乖的小男孩，长得又可爱，大家都喜欢他。邻居们常对小毅的父母说："这孩子真可爱，又听话又聪明，长大了肯定让你们省心。"父母听了，心里别提多高兴了。可是，小毅进入初中后，脾气慢慢变了——动不动大发脾气，和父母闹别扭，甚至在家砸东西；和同学吵架，甚至大打出手；和老师对着干，搞得老师三天两头喊他父母来学校——再也不见了以前的乖巧模样。小毅的父母为此整日愁眉不展，认为孩子完了，没什么前途了。他们有一天想起了咨询医生，医生却告诉他们：这是青春期的正常生理现象！

处于发育期的青少年，经常会表现出缺乏耐性、脾气暴躁，甚至会对父母、亲友或教师有侵犯性的言行。为什么会这样呢？科学家们发现，这完全是一个正常的生理现象，关键问题在于青少年的中枢神经系统处于高速生长的阶段。

美国脑神经科学家们对11岁左右的青少年（青春期的开始年龄）进行的实验证明，这一时期的孩子在感知、情绪等方面做出的错误判断最多，到大约7年之后，也就是基本完成生理发育的时候，他们才能比较准确地判断感情。科学家们让接受实验的青少年辨识一组肖像，然后让他们说出肖像的表情：是生气、是幸福，还是中立的无表情。然后将青少年判断的结果与年轻的成年人的判断对照。他们发现，青少年的判断与成年人大不相同。

科学家说，11岁左右的青少年，正处于大脑前额叶皮层（在前额骨后）发育的阶段，大量的神经连接正处于“改造”之中，而大脑前额叶皮层对感情、道德等情绪有影响，并负责产生行动的神经冲动。大脑的其他部分，在这一年龄之前就基本发育完毕，前额叶皮层是大脑最后发育的部分，发育过程伴随整个青春期。这就导致了发育期的青少年有感情判断失常、举止暴躁等表现，如果他们顺利度过这一阶段，那么就会一切恢复正常了。

青少年脾气暴躁，除了生理上的原因，也有一些心理原因。少男从儿童期进入青年期， 心理上会产生一种成人感和要摆脱双亲的欲望。这种现象如同婴儿期的断乳。断乳时，当儿童的欲求得不到满足时，会感到不安和烦躁。而青春期一下要从心理上摆脱对双亲的依赖，自然也会产生不安，情绪上容易激动。

步入青春期，由于生活范围、接触面逐渐宽广，心理上渐趋复杂，且富有色彩。其中情绪和情感的表现尤为突出，情感日益丰富，情绪变得极不稳定。因此，青年人常会为区区小事而高兴得手舞足蹈，也会大动干戈。有些人就此把青年人比作一轮冉冉升起的朝阳，充满无限生命力，但又像一艘航行在变幻莫测的大海里的小船，随时会遭到暴风雨的袭击而发生意想不到的事。

第4章 有效交际，扩展朋友圈，提升男孩竞争力

青春期的“异性效应”

“异性效应”是社会活动中普遍存在的一种心理现象，表现为男女两性共同参加的活动，较之只有同性参加的活动，更能让参与者感到心情愉快，干得也更起劲、更出色。或在异性面前，人们往往对自己要求更严，表现往往更出色。为什么呢？这是因为与异性在一起时，异性间心理接近的需要得到了满足。与异性交往时，人们会激发起更大的内在积极性和创造力，也会更注意自己的言行举止，变得更积极、更高尚。因此，男性和女性一起做事、处理问题都会显得比较顺利。

异性效应在青少年中表现得尤为明显。比如说某男生留了长发，家长、老师三令五申让他剪短，但他不以为然，我行我素；几位女生发表看法：不好看，还是短发神气。第二天，长发变成了短发。再比如说有的男生在女生朗读课文时倾心聆听，表现出愉悦的神情；有的女生在作文中，把一个相貌平平的男生描写得帅气无比、举世无双；男女生同在教室的时候，有的女孩子不知不觉地就提高了嗓门，以显示自己悦耳的嗓音；很多女同学喜欢和男生在一起，很多男同学也喜欢接近女生；女孩子好打扮自己，希望得到男孩子的注意；男孩子

爱在女生面前逞能、不服输，用带有冒险的“英雄行为”显示自己的力量，以使异性对自己产生好感，给异性留下一个深刻的印象。在学校的运动会上，来自异性的“加油”声会给运动员带来更大的鼓舞和力量。不少中学生就直言不讳地承认，与异性同学在一起学习、工作和娱乐，有一种难以言传的愉悦感。这是青少年发展过程中正常的情感交往，是无可厚非的。因为进入青春期后，青少年由于性激素的分泌，第二性征的出现，使身体外形及体内功能发生了很大的变化。而性生理上的急剧变化又引起了心理上的一系列微妙而复杂的反应，少男少女心理上的差异也越来越明显。男孩子往往性格开朗、勇敢刚强、果断机智，不拘泥于细枝末节，不计较点滴得失，好问、好动、好想。当然也有的男孩粗暴骄横，逞强好胜。女孩往往文静怯懦、优柔寡断、感情细腻丰富、举止文雅、灵活、委婉，有较多的被动意识。但是也有很多同学并没有意识到这一点，出于各种原因，反而对异性表现出矛盾心理。表面上，很多同学故意对异性采取疏远、回避，甚至是一种毫不相干、不屑一顾的态度，特别忌讳在同性同学面前与异性接近，但内心深处对异性则有一种非常神秘的新奇感，常常渴望并想象自己与异性接近，甚至看到别人接近异性，心里还有些嫉妒，对异性出现的一些细小变化比较敏感，常在心里比较和评价异性同学，关注自己在异性心目中的印象。

因此，异性间的相互交往及由相互吸引而产生的愉悦的情绪体验是一种良好的、积极的情绪体验，它不仅对身体健康有很大的影响，而且对整个心理活动都具有大量的生理效应，可激发人的潜能，使人敏捷活跃而奋发向上。如果青春期的少男少女能够大大方方地接近，堂堂正正地交往，不但对青少年的身心健康，而且对他们的学习生活都有着良好的促进作用。

那么，青少年怎样更好地、合理地利用异性效应呢？

1.利用“异性效应”，取长补短、丰富完善个性

男生和女生交往可以扩大自己的人际交往范围，使性格在不知不觉中得到互相渗透，互相影响。情感上的互相交流，可以丰富对不同情感色彩的体验，使意志得到锤炼，使性格更豁达、开朗，使人的性格逐渐成熟。这是在同性朋友身上所得不到的。

2.利用“异性效应”，有利于心理健康

青春期的少男少女，如果接触不到同龄异性，会对同龄异性缺乏了解。所以，男生和女生交往，有利于增进心理健康，使自己的性生理能量得到正常的释放，从而满足心理需求，使心理逐渐平衡。如果长期缺乏与异性交往，容易发生性心理扭曲，造成适应不良。有的人长时期不敢与异性接触，便会对异性产生胆怯、不满等心理。

3.利用“异性效应”，提高自我评价的能力

青春期的男女学生由于性意识的发展，往往非常留心异性同学（特别是自己喜欢的异性学生）的一笑一颦、一举一动，喜欢对异性同学评头论足，同时男女同学又都很重视异性对自己的评价。如某班的宿舍卫生总是搞不好，不少学生不叠被子，床铺乱七八糟，老师想了个办法，每个学生都在自己的床上贴上名字，检查卫生时，男学生检查女宿舍，女学生检查男宿舍。由于谁也不想在异性同学面前丢丑，因此宿舍卫生大为改观。男女同学在评价对方的同时，当然也一定会注意规范自己，塑造自己，完善自己，从而在评价别人中学会评价自己，使自我评价的能力得到了提高。

4.利用“异性效应”，提高学习与活动效率

在思维方法上，男孩子偏重于抽象化，概括能力较强；女孩子则多倾向于形象化，观察细致，富有想象力。男女同学在一起学习可以相互启发，使思路更加宽阔，思维更加活跃，思想观点相互启迪，往往能触发智慧的火花。在活动中男女同学相互交往，心理交融，也容易取得明显的效果。如一位班主任发现班级集体唱歌时，精神不振作，有的女生不唱，有的男生油腔滑调，总是唱不好。于是就组织了一次“革命歌曲演唱”的主题班会，由男女生干部共同主持，男女生分坐教室两边，一个一个分别来唱，加上掌声、赞许声，群情激昂，最后又来了一个男女生二部合唱，非常成功，收到了从来没有过的效果。

5.利用“异性效应”，激励自己奋发向上

由于“异性效应”，青春期的男女学生都希望引起异性的关注，都希望能以自己某些特点或特长受到异性的青睐。如某班外出野餐，第一次男女分席，男孩子你争我抢，狼吞虎咽，一桌菜吃个精光。女孩子在嬉笑打闹中，把一桌菜也很快地报销了，杯盘狼藉。第二次男女合席，情景大为改观，男孩子你谦我让，大有君子之风度，女孩子温文尔雅，大有淑女之风范。由于“异性效应”，男孩往往为此激励自己，成绩优异，谈吐文明礼貌，举止潇洒自如，服饰整洁大方，富于勇敢探索精神，具有豁达的胸怀和男子汉的气质。女孩子也不知不觉地对自己提出了要求，学习刻苦努力，举止优美大方，待人温文尔雅，言谈风趣，富有修养。这种相互激励就成为男女同学共同发展的动力和“促进剂”。

总之，“异性效应”是中学生中一种很正常、很自然的现象，对发展学生的真诚友谊，提高心理素质，培养合格精神、团结观念和交往能力，促进学生身心健康发展，有着积极的意义和作用。男女同学在交往中要互尊互爱、和睦相处，珍惜彼此之间的友谊。

青春期同性之间的恋情你怎么看

异性相吸、同性相斥，本是自然规律，然而在大千世界、茫茫人海之中却有那么一群人，情爱发生了错位，称之为同性恋者。

所谓同性恋，就是以同性作为性的对象，并与之发生性行为。发生在女性之间称女性同性恋，发生在男性之间称男性同性恋。同性恋者对异性可以毫无性爱倾向，也可以有微弱的性爱倾向或正常性行为。同性恋多见于未婚青少年，尤其是男孩，且西方国家多于东方国家。有人调查，男性中有1%～2%的人是同性恋，照此推算，我国12亿人口中同性恋的绝对人数会相当惊人。同性恋的临床表现是：自幼年起就有某些迹象，如爱异性角色、爱与异性戏玩、穿着异性服饰和模仿异性言行、体态等。进入青春期开始对同性产生好感，而对异性毫无兴趣。但是同性恋者不排斥与异性相爱的现象。某些同性恋亦可以与异性结婚，生儿育女，但同性恋强烈程度往往超过与异性的相爱，以致造成婚后夫妻感情淡漠、恶化或破裂。

同性恋有主动型（丈夫型）和被动型（妻子型）之分。一般认为男性被动型和女性主动型同性恋者心理障碍的程度更为严重，往往是诱惑和拉他人下水的主要人物，被称为素质性同性恋者。而男性主动型和女性被动型者身心方面较为健康，他们参与同性恋活动只是出于暂时的感情联系或性欲较强所致。同性恋并非精神病，有些人智力超群，对音乐和艺术饶有兴趣。许多历史名人如柏拉图、米开朗基罗等都是同性恋者。当面临社会压力和同性恋关系不能维持时，可能产生严重的焦虑或抑郁反应，甚至消极自杀。男性同性恋之间关系一般没有异性恋和女性同性恋那么牢固持久。多数男性同性恋行为带有粗犷的男子风度，并且与异性相恋成婚后放弃原来的同性恋伙伴。女性同性恋比较隐蔽，更为持久，长期亲密相爱，相互照顾如同夫妻。一旦一方违反誓盟，则会引起另一方的强烈情绪反应，甚至产生嫉妒、攻击或凶杀报复行为，后果严重。

不同社会文化对同性恋的看法从相安无事到深恶痛绝，差别甚大。在人类社会中同性恋的存在悠久而广泛，古希腊人特别推崇同性恋，曾把男人喜好男色看得很正常，认为它与武德有关，和理智、审美及道德等方面的某些美好品质相联系。在中国史书中也早有关于同性恋的典故，文学作品中描写同性恋的也不少。法国早在1810年就认定只要是发生在达到法定年龄的成年人之间的，经双方同意，私下隐蔽的同性恋活动就是合法的。欧洲一些国家和美国一些州在20世纪六七十年代也纷纷效法通过类似的法律。美国精神病学会于1974年经投票表决把同性恋从性障碍中删除。国际疾病分类第10版中也取消了同性恋，总的来讲，它是一种社会现象和客观存在，人们观念的总的趋势是采取开放、宽容和睁一只眼闭一只眼的态度。但20世纪80年代以来流行的艾滋病多见于同性恋者的事实使西方社会一度出现恐慌，同性恋者几乎成了过街老鼠人人喊打，人们避之唯恐不及。由于目前艾滋病已越来越多地在异性之间传播，所以那种片面地把同性恋和艾滋病等同起来，甚至认为艾滋病是上帝对同性恋的惩罚的观点是绝对站不住脚的。

同性恋产生的确切原因目前尚不清楚。有研究者认为与遗传有关，1996年英国《柳叶刀》杂志宣称科学家发现了同性恋基因；也有学者认为胚胎发育期，由于母体分泌雌、雄激素的不同而对胎儿产生影响。还有人强调心理与社会双重因素，比如2～3岁幼儿期是人的性意识和性识别的关键期，如果此时家长引导不当，幼儿就会产生性认同错位；再比如有些人只是在一生中的某一时期或处于某一特定环境时才出现同性恋倾向，像远航的海员、服役的士兵或集体宿舍的学生，称为境遇性同性恋；有些人则因失恋、婚姻破裂或其他原因而有过偶尔的同性恋倾向或性行为，为的是要寻求感情的宣泄。另有研究人员曾调查访问63位女同性恋者及138位男同性恋者，结果发现受访者的同性恋意识的萌芽年龄平均在14岁（女性）及13岁（男性），正值青春发育期。该研究结果也显示，虽然一般女性的平均性成熟年龄比男性要早两年，然而男同性恋者的同性恋意识却比女同性恋者早一年左右。

大多数同性恋者具有良好的自我协调能力，他们不承认自己有病，也不会向医生求助，他们的性观念和自我感受是一致的，并不需求治疗。有些同性恋者则属于自我紧张性同性恋，他们缺乏良好的自我协调能力，痛恨自己的行为，处于严重的自责和心理冲突之中，十分痛苦，加之社会和亲朋的压力，于是能够寻求医治。这些人多为男性，女性少见。

同性恋的治疗存在一定困难，因而预防重于治疗。同性恋的预防应从童年开始，特别是在性别身份识别方面，家长要及早地做出正确引导，以免导致性别身份识别障碍。家庭环境及社会文化中的某些消极因素，对性心理发育也有一定影响。父母应根据孩子的性别和心理特点进行教育和培养，不能为了满足自己的喜好去培养孩子的性格。治疗同性恋，领悟性心理治疗、心理疏导及厌恶治疗均可采用。激素治疗，如促性腺激素或同性别的激素，对部分患者也可能有一定的治疗作用。

很多处于青春发育期的朋友怀疑自己有“同性恋”倾向，且为此困惑不已。比如一名中学男生在日记里写道：“我是一名初三男生，从小和姐姐一起生活，养成了女孩的性格，上学以后和女生非常亲近，所以渐渐对异性没有了陌生感，反而对男生很感兴趣，不知道从什么时候起开始欣赏男生了。我不知道自己属不属于同性恋，有时候对男生和女生都感兴趣，我真的很苦恼，不知道自己以后会怎样！我试着去克制，和女生多交往，但又有心理负担。我该怎么办？” 其实很多青少年有过类似心理经历，但绝不要轻易地给自己贴上“同性恋”的标签，事实上很多人并不清楚什么是同性恋。所以大可不必惊慌。

女生讨厌什么样的男生

网上公布了一个很有意思的调查材料——女生眼中最讨厌的男生是

什么样子，大概有以下这些：

（1）用女生饭卡的男生：这种类型的男生不在少数，还有极个别甚至抢用女生的饭卡，女生一般说这些男生是吃软饭的。

（2）打电话给女朋友，若女朋友不在，就跟女朋友的舍友聊个没完的男生：这种类型的男生也不在少数，瞎聊的内容五花八门，不过稍微可以理解一下的就是打听自己女朋友情况的那部分，但是这样会不会让人觉得你太不信任自己的女朋友呢？

（3）吹嘘说自己家里很有钱，一天到晚炫耀自己的男生：少来，不觉得这样做很幼稚吗？这种男生毕业以后还要靠家里接济，不用自己去赚钱养家吗？

（4）在女生面前哭穷的男生：这种类型的男生不够豪爽，说什么现在的男生都处于温饱线以下，叫女生买冷饮给他们吃，自己却省了钱去上网什么的，以为叫几声老大就搞定啦？做梦。

（5）看到女朋友的女朋友就眼睛发直的男生：这种男生是最令女生难以接受的，他们一般都假借探望女朋友的名义，天天晚上站在女生宿舍走廊前面东张西望。

（6）一看到毛毛虫、蟑螂、老鼠就叫得比女生还要惨的男生：呵呵，现在这样的男生还真不少嘞，绝对比女生还娇气，女生要的是男朋友，可不是小白脸啊。

（7）不刷牙、不洗脸、不洗澡、不换衣服的男生：这类男生自以为很有男人味，故意把自己搞得像丐帮帮主。

（8）习惯吸烟、喝酒的男生：男生有吸烟的权利，但女生没有抽二手烟的义务，要吸烟？远点去抽，刷完了牙换好了衣服再回来。男生喝完酒，特别是一大帮男生喝完酒，倒霉的总是女朋友，还要负责帮他醒酒或是酒后的照顾工作。

（9）爱说大话，吹大牛，关键时刻却临阵退缩的男生：这种男生真没什么好说的，够逊。

（10）没责任感的男生：认真、负责任的男生才最讨人喜欢。

（11）在女生面前说黄色笑话的男生：这种类型的男生不要太多哦！他们以为这样很有型，自己很幽默呢？

（12）讲普通话带浓重口音的男生：情有可原，而且有的时候跟这种男生说话还会有爆笑的效果。可是还是多练练普通话比较好一些。

（13）穿西服的男生：在学校穿西服？你以为你是新来的助教啊？别吓人了好不好？装成熟，卖恶心。

（14）打赤膊的男生：这类男生以为自己身材很好，你以为你是施瓦辛格吗？天虽然热，衣服总还是要穿的吧。

（15）说脏话，打人的男生：有的男生喜欢说话的时候带上一些脏字，这类男生最令女生反感。关于喜欢动武的男生，不管打的是男是女，都跟市井流氓无异。

（16）自私，对自己大方，对别人小气的男生：不管是对普通朋友还是女朋友，这样的人都很容易引起别人反感。

（17）拖女朋友后腿的男生：有的男生在考前一个礼拜自己不愿意看书，还硬拖着自己的女朋友跟他一起出去玩，这样的男生劝也不是骂也不是，真的很伤脑筋哎。

（18）爱生气的男生：这种男生的数量现在呈明显的上升趋势，就是我们所说的娘娘腔，可能因为现在都是独生子，小时候没人说话吧。

（19）三八的男生：这种男生是女生最最讨厌的，他们倒不如转行做主持吧，说不定会变成第二个吴宗宪。

（20）自恋的男生：一天到晚说自己是大帅哥，其实是大衰哥。自己长得像猪头一样偏说像贝克汉姆，身材像冬瓜一样偏说自己像施瓦辛格，一看到别的女生朝自己的方向看就飘飘然。怎么就不看看你身后，说不定有个大帅哥呢？或者，是你自己拉链没拉。这种男生的口碑极差。

（21）行为粗鲁，不够优雅的男生：有些男生总是喜欢随地扔垃圾、随地吐痰，真没社会公德，或者老是故意抢女生的位置，真没风度，等等。

（22）故意装冷漠，对女生一副很不屑的样子，其实在背地里最喜欢讨论女生。

（23）脸上长满青春痘，还不停地在一边挤，让人看了就恶心。

（24）把老师的话当成圣旨，在同学中当内奸，喜欢告发别人，这是最令女生痛恨的类型。

（25）经常和女生玩在一起，喜欢在女生堆中打转，而不理会其他男生。

（26）花花公子类的男生，见一个喜欢一个，你以为自己是韦小宝还是楚留香。

（27）瞧不起女生，认为女生本来就比男生笨，生来就是做家务的命。

（28）你不想理他，他却偏偏要缠着你，以此来证明自己的魅力。

以上是女生眼中最讨厌的男生，那么，赶紧看一下什么样的男生是最讨女生喜欢的吧！

（1）能给女生带来安全感。爱情是精神和理想的家园，在这里，女生想得到的是宁静和无忧无虑的生活。所以一个可靠的男生，能带来安全感是最基本的要求。

（2）对女生体贴入微。女生是水做的，总是希望有人宠着她、惦着她，在她最需要的时候能够马上出现，某些时候能够在细节方面多关心点。累了时，能够背着回家。其实，她们并不是想偷懒，只是想借此机会和心仪的你走得更近些。

（3）任劳任怨。看到男生为女生受到寝室阿姨的“虐待”，她们会心痛但是也会有一丝甜蜜，一个男孩子如果都不能为自己所喜欢的人做出点牺牲，会让她们觉得自己没有价值。

（4）大度。小肚鸡肠的女生就已经让人受不了，如果一个大男生还斤斤计较，则更是让人无法接受和原谅的。她们希望男生有时候能细心体贴，但是更喜欢男生有着一颗宽容的心，包容她们的小脾气，接受她们的小错误。

（5）好学上进。“男人不坏，女人不爱”这句话并不是人人都赞同的，如果一个男生待在学校里不学无术，每天玩玩游戏就自以为很拽，这样的男生是不会有人喜欢的。学习并不是仅指学那些专业知识，任何有用的都可以，比如玩游戏是为了熟悉游戏开发那也行，她们讨厌的是那种纯粹为了虚耗时光而堕落的男生，他们没有资格也没有能力给女生带来任何幸福。

（6）偶尔疯狂。有时候，女生会希望男生能够疯狂一把，给平淡的校园生活增添点激情和绚烂的回忆。哪怕不会跳舞，女生也希望看到他为了她勇敢地站在激光灯下起舞。

（7）赞美。小女生总是有点虚荣心，所以请大男生们不要总是一副道貌岸然的样子，当她们性感、美丽时，适当地赞美一下，会让她们心情愉快哦。但是，那种嘴上涂蜜，见人就谄媚的男生最好站远点。

（8）不逃避。男生应该有一种不服输的精神，任何困难都不惧怕。

这个调查结果虽然有点无厘头，但从中还是可以看出许多问题、想到许多问题的。快对照一下自己，看看自己是不是也在其中。如果你刚好符合女生最讨厌的男生类型，快快改正吧，做一个大家都喜欢的人！

青春期早恋的原因和危害

步入青春期的学生，正处于生理上蓬勃成长、急剧变化，而心理上半幼稚、半成熟的时期。随着性意识的萌发，处于豆蔻年华的少男少女之间容易发生微妙的情感变化，他们容易对某个固定的异性产生好感或爱慕，期待和寻求进一步的感情交流。这是青春期典型的心理特征之一。有一位初三年级的男生，在他经历了这段时期后，说："当时的情绪总是特别的不稳定，心里总是躁动不安，乱乱的，总想和那个女生说话，又总是忍不住地想看她，她的一举一动、音容笑貌总是浮现在我的眼前，有时我想强迫自己摆脱这些想法，但又不受控制……"这说明处于青春期阶段的学生感情往往是脆弱的，自控能力差，很难用理智来控制自己的行为。有位作家曾经说过，早恋是一朵带刺的玫瑰，我们常常被它的芬芳所吸引，然而，一旦情不自禁地触摸，又常常会被无情地刺伤。对于正处于青春期的我们来说，早恋，虽然合情但不合理。每个人都想去尝试一下这苦涩但诱人的果实，可是却往往忽视尝试的后果。

引起早恋的原因是多方面的：

（1）青春期性生理和性心理发育的自然本能作用。进入青春期的青少年随着生理的逐渐发育成熟开始产生性意识。他们开始敏感地看待男女同学之间的交往，注视着异性同学有关自己的一举一动。逐渐地，在异性好感的基础上各自形成一个或几个异性的"理想模型"，并在众多的男女交往中逐渐由群体异性的好感转向对个别异性的依恋。

（2）道德观念相对薄弱和自制力不强。许多青少年由于自身道德观念薄弱，把谈恋爱当儿戏，丝毫不考虑爱情中的义务和责任。

（3）家庭的态度。父母不允许孩子有正常的异性交往，封锁一切有关性知识和爱情描写的书刊，导致一些孩子产生逆反心理。另外，缺乏家庭温暖的学生也容易发生早恋。

（4）学校和老师对早恋采取回避的态度，对青少年的早恋现象置若罔闻，导致早恋在学校中蔓延。更多的时候是采取另一种回避态度，绝对禁止男女学生的个别交往，一旦发现任何早恋的蛛丝马迹，便不分青红皂白地视为早恋，甚至公开处罚，严重挫伤了学生的自尊心。

（5）社会对中学生的早恋给予过多的渲染，描写中学生早恋的文学作品、影视节目纷纷出台，其结果反而对青少年的早恋起到推波助澜的作用。

（6）媒体舆论的不正确导向。当前流行于文化市场的一些不健康的东西，数量之多，覆盖面之广，是前所未有的，那些庸俗的、格调低下的文艺作品特别容易污染青少年纯洁的心灵。

《中学生守则》和学校的规章制度明确规定，不许谈恋爱，但究竟为什么中学生不宜谈恋爱呢？中学生谈恋爱有哪些危害呢？

（1）中学时期，正是青少年长知识、长才干、长身体的黄金时期，是为以后的人生打基础的时期。要想完成学业，就必须付出巨大的脑力和体力劳动，必须要聚精会神、全力以赴。如果一旦陷入爱情的旋涡中，势必要耗费很多的时间和精力，无法全身心地投入到学习中来，导致学习成绩下降，有的甚至厌学。有这样一个例子，某中学高三年级有14个男女同学早恋，同时参加高考，除了一个男生和两个女生考入了大专院校，其余的都名落孙山，这对他们来说，是多么大的损失和遗憾啊！如果在谈恋爱中感情再受到挫折，不仅会使他们精神恍惚，情绪低落，而且还会影响到他们的健康成长和全面发展。

（2）中学生没有经济来源，缺乏独立生活的能力。从经济地位上看，中学生仍然是依靠父母或国家养育。而从恋爱到结婚，生儿育女，都需要有一定的经济基础。

（3）早恋的成功率极低，是一朵不结果实的花。因为中学生在思想上、性格上还没有完全发育成熟，他们对人生、对社会、对世界的看法还比较幼稚和片面。即使现在谈恋爱，将来也不一定能成为终身伴侣。因为个人的思想、性格在今后人生的道路上还会发生很大的变化，虽然今天觉得志同道合，明天可能就会发生严重的分歧。因为有太多的例子证明中学时代相爱的恋人很少有能够结合在一起的，只是一朵过早凋谢的、不结果实的花。

（4）早恋容易产生强烈的逆反心理。恋爱中的学生，听不进别人的好心相劝，更容不得别人的批评，存在着严重的逆反心理。表现在对老师和家长的劝说产生厌烦情绪，一意孤行，容易产生严重的后果。

（5）中学生正处于身体发育的旺盛时期，生理上、心理上都极不稳定，情绪、情感容易发生很大的波动，因此常会感情用事，做出越轨的行为，以致心灵上留下不可磨灭的创伤，影响日后的正常生活。美国科学家研究显示，在17岁之前谈情说爱的青少年，由于无法应付初恋带来的情绪困扰，将会为日后患上精神疾病埋下隐患。

歌德曾经说过："一切才能要靠知识营养，这样才会有施展才能的力量。"所以，要想选择真正的伴侣，寻找真正的爱情，是要有一定前提和基础的，这个前提和基础就是知识。中学生应把主要精力放在学习上，掌握更多、更深的自然科学和社会科学知识，当他们到了合适的年龄，具备了一定的知识和能力，那时他们会比现在更清楚地了解人生，了解理想的伴侣是什么样的，而那时开出的爱情之花也会更加灿烂。达·芬奇说过："趁年轻力壮去探求知识吧！它将弥补由于年少而带来的亏损，智慧乃是老年的精神养料，所以年轻时应该努力，这样老时不致空虚。"

师生恋——带刺的玫瑰

英国电影《教室别恋》，还记得这部灰色的令人揪心的电影吗？还记得那个英俊少年和风韵犹存的女教师吗？现在让我们重温一下这段难以名状的故事：

第二次世界大战时期，瑞典马尔默的某中学，15岁的英俊少年史迪与其他同龄人一样，处于青春萌动期。新学期伊始，史迪喜欢上自己美丽的生物教师——37岁的维奥拉，于是上演了一段离奇的师生恋，纵使年龄差距，纵使社会道德不容。维奥拉的丈夫谢尔误将史迪当作来家中补课的学生，他带史迪一起欣赏古典音乐，并给他讲经营之道。史迪逐渐受到谢尔的影响，喜欢上了听音乐，为此还与专横的父亲发生了冲突。后来真相终于暴露，出乎意料的是，谢尔并没有对少年采取行动，而是满怀痛苦地冷静地质问，之后，又带他一起听柴可夫斯基的音乐。史迪决定离开维奥拉，并接受曾向自己示爱的女孩的情感。影片最后，当史迪不再理会女教师的诱惑，转而寻找那个女孩的时候，他已经捡回了失落已久的东西，他要去寻找的是一种真正的情感，那里有被崇拜和被爱的满足，以及青春的悸动。此片荣获奥斯卡最佳外语片提名。从灰色的师生恋中，我们看到一个男孩的情感轨迹以及一个青春期男孩特有的心理敏感。

在现实生活中，在我们的身边、在求学生涯里，无论成功与否，师生恋依然如带刺的玫瑰在暗暗开放。

为什么会产生师生恋呢？师生恋现象有其社会性的一面，也符合青少年自身的心理发展规律。

第一，恋师现象是青少年性意识、性行为发展过程中的一种奇特现象，它会对学生的成长产生一些消极的影响，但这也是一种正常的情感。青少年时期是人的性心理发育的关键时期，国外的心理学家把这一时期分为三个阶段：第一阶段，性的反感时期；第二阶段，对异性的狂热时期；第三阶段，浪漫的恋爱时期。由于在青少年时期，父母的形象在他们的心中变得渐渐模糊起来，他们的自我独立意识变得强烈，逃脱家庭、远离父母监护的愿望迅速膨胀，渴望能重新选择一种活法。但因为自己的能力有限、经验不足，束手无策的感觉萦绕着他们，他们渴望理解与帮助。环顾周围他们发现，与自己朝夕相处，关爱关心自己成长，传道解惑的老师，和同龄人比，多了一份成熟；和父母比，又多了一份尊严。渊博的学识、儒雅的风度、风趣幽默的谈吐，以及耐心诚恳的教导关怀，都完美地体现了内在美与外在美的统一。因此，学生容易对他们产生一份特殊的朦胧的异性间的感情。这种感情在心中潜滋暗长，就有可能成为一种对老师的恋情。羞于表达的男孩一般是暗恋着自己崇拜并喜欢的年轻活泼而又学识丰富的女老师。

第二，青少年中出现的恋师现象，其实是恋母或恋父情结的另一种体现方式。人们的社会化过程是由家庭、社会、学校共同来完成的，性格的形成受家庭的教育方式、父母的关心、家庭氛围的影响很深。如果父母过分溺爱会造成孩子对父母的心理依赖，不能很好地完成自我成长。他们在潜意识中渴望得到父母般的关爱，于是对父母的爱很容易就转移到关心爱护他的老师身上，并错误地把它当成是爱情。

第三，当代青少年是在改革开放以后成长起来的，流行歌曲以及影视文化中所宣扬的“让我一次爱个够”“跟着感觉走，拉着梦的手”“轰轰烈烈地去爱”等观念，使他们为了爱情奋不顾身，当然也就不会计较所爱的对象有无家庭等。

第四，恋生现象的出现，似乎在社会中有违师德。因为学生与老师之间的地位不平等，老师对学生的情感占有变得轻而易举。因为老师在学生心里的地位比较高，老师的形象代表着高尚，老师是成功的化身，一旦老师追求学生，学生有被宠爱的喜悦，能够很快产生反应。另外，人有支配欲望，由于地位的不同，学生处于被支配的位置上，老师易对学生产生同情、占有的心理，于是就可以跨越年龄，冲破角色的规定。如果没有外界的阻力，这种关系就发展为婚姻。在学校中，由于老师恋学生而发展的婚姻成功率比较高。

为什么要禁止师生恋呢?

第一，从世俗的伦理道德观念出发，在绝大多数人眼里，恋爱的两个人在辈分上应该是平等的，在年龄上应该是差不多的。如果偏离了这些轨道，就显得有些不合时宜。而师生恋在年纪和身份都有悬殊的情况下，总会变成焦点引人侧目。很多人都看过《穆斯林的葬礼》，一对纯洁的恋人，两颗天真的心灵，一段刻骨铭心的“师生恋”，因遭到旁人的不解，遭到亲人的反对，遭到世俗的仇恨而变得凄惨万分。一个穆斯林家族，六十年间的兴衰，三代人命运的沉浮。“玉”与“月”在过去与现在的两个时空中变换讲述着故事，一切的恩怨情仇，爱恨离别，也逃不过“玉”“月”二字，通过一个玉器世家的几代盛衰，唱出一曲人生的咏叹。

第二，师生恋中间存在着这样那样太多的变数，学生不明朗的未来、教师比较确定的将来，都有可能引起未来某一时刻的错位。爱情从来都是这样，如果发展不够均衡，就会有失落。这种失落也许来自虚荣，也许来自厌倦，最终会像白蚁似的残卷曾经的美好。

所以，师生恋无论是真实的情感还是文学创作，都是灰色的、不事声张的、无疾而终的。

那么，我们该如何来避免师生恋呢？

（1）人为拉大老师与学生之间的物理距离，以产生“距离美”的方式使教师与学生之间始终处于一种尊重与被尊重状态。

（2）注意准则。要区分在不同情况下、不同关系中师生所充当的不同角色，以及这种角色所应遵循的不同行为准则。

（3）掌握分寸。对老师应该尊敬和爱戴，言谈举止要文雅庄重，不卑不亢。

即使你现在很喜欢某个老师，也请你冷静地想想，如果真爱他你们也应该克制，到你成年以后，再去想想可能不可能。不然一味爱恋只是给自己身体和思想带来伤害。或许你现在爱，几年以后就不爱了呢。例如，我国台湾作家琼瑶的小说《窗外》描写了女生和老师之间的爱恋。

女主人公在中学时对语文老师产生爱慕的感情，老师由原先的疑惑、拒绝，到后来的接受和投入。因为当时老师已有家室，最后两人在面临自身与社会道德的非议下被迫分手。等到女主人公成年，再次见到自己的语文老师时，却怎么也不能对其产生一丝好感，她甚至开始怀疑自己当年的狂热和冲动是否值得。

师生之间的情谊因为真诚、纯洁，所以美丽、动人。有无数师生间动人情谊的美好故事在社会上流传。如果你的心灵深处也产生了对老师的崇敬和倾慕，那么，请你珍惜这份珍贵的情谊，千万不要用非分的欲念和失误的行为去玷污它。因为带刺的玫瑰，虽然美丽，但却伤人。

网恋，看上去很美

互联网的出现，被誉为20世纪最伟大的发明之一。在信息社会高速发展的今天，电脑上网、手机上网等以其不可思议的速度覆盖了全球每一个角落，它影响着我们生活的方方面面，改变着我们的传统观念和生活方式。其中对我们的学习、生活影响最大的是网上聊天。网上聊天拉近了人与人之间的距离，无论天涯海角，无论是否相识，我们都能通过点击鼠标或是手机轻轻松松地畅谈。微信、QQ、微博等社交工具无处不在。网恋作为网络的“附送品”，来势汹涌地走入了我们的世界，许多网民在不知不觉中成为网恋的俘虏，其中包括很多涉世未深的中学生。根据对241名学生的调查结果显示，30%的中学生有过或正在进行网恋，4%的学生准备尝试“网恋”；48%的学生认为“网恋需要每天联络，不然时间会冲淡感情”。在回答“网恋对你的学习有什么影响”时，选择“浪费时间，成绩有所下降”的比例高达38%；只有1%的学生认为网恋可以促进学习。据报道，一名年仅15岁的女学生，为了和网上结识的“白马王子”相会，竟携带万元巨款，千里迢迢从烟台来到苏州。幸被铁路民警及时发现，才未发生意外。一位家住城区的18岁女生在两个月里竟悄悄约见了7位“网上情人”，这些情人中有的甚至是已婚的男子。另一名17岁女生的母亲察觉，近日往家里打电话的陌生男孩突然多起来，后来母亲才知道，他们都是女儿在网上认识的“男友”。更为荒谬的是，山东威海市一名男中学生在网上结识了一位31岁的已婚女人，两人聊得难舍难分，已去英国留学的男学生竟想放弃学业，回国与恋人团聚。由此可见，中学生一旦陷入网恋，就会不惜以金钱、时间为代价，沉溺于网恋，不思进取，造成学业成绩下降。

为什么中学生会发生网恋呢?

一是18岁以前的青少年正处于身体生长发育的高峰期，性意识逐渐觉醒，开始对异性产生幻想，有了接近异性、了解异性的愿望和需要，这是生理、心理发展的必然。但是这种情感长期被现实的环境所禁锢和封杀，因为学校对中学生恋爱的各种禁令及家长的约束使他们在恋爱的问题上多了一些渴望，少了一些行动。而网络则为中学生提供了一个毫无约束的虚拟想象空间，为中学生驰骋自己的爱情幻想提供了良好的场所。

二是好奇心的驱使。中学生的心理特征就是对新鲜事物充满了好奇，他们对新奇的事物有一种本能的接近和探究的渴望。对他们来说，网络世界是一个全新的世界，同时又是一个虚拟的世界。这种通过敲击键盘产生恋情的新的恋爱形式，其本身就有较强的神秘性和吸引力，激发了对爱情充满憧憬与渴望的中学生的好奇心和探究欲。他们希望通过这种方式能把童话变为现实，美梦成真。所以，在这种好奇心的驱使下，许多中学生掉进了网络虚拟世界编织的美丽陷阱——网恋。

三是由于接触对象有限，大多数青少年认为现实生活中的异性常常是不完美的，而且难以接近，而在网络中双方处于“双盲”状态，彼此都不了解，时空的距离可以使双方增加许多想象的成分。心理学家认为，距离会使人感觉朦胧，朦胧为想象提供了足够的“空间”，想象则产生美感。同时网恋又不必像现实生活中的恋爱那样需要担负一定的责任，所以，一般认为，网恋可以更加放心地交流感情。

中学生由于年龄还比较小，社会阅历不足，他们与异性交往的经验较少，但是感情却比较热烈和纯真，所以容易轻信他人。试想，长期被禁锢的人，如果一下子进入自由的空间，获得自由的感觉，必然会觉得外面的世界充满了新奇。另外，在网上有很多成年已婚人士，社会背景较复杂，情场经验丰富，利用中学生的年幼无知对他们进行诱惑。

四是网恋成为一种新型交流感情的方式。网恋在很大程度上是一种精神的交流，它因不受时空的限制，为“纯”精神交流提供了完美的空间。在网上交流感情时，不存在面对面交谈时可能有的尴尬，这种独特的交流方式可以给人一种“传统方式”难以提供的亲密感，而且交流的深度也往往超过了“面谈”方式，它可以使从未谋面的陌生人很快就成为知己，即使在日常生活中非常木讷的人，在网上也可能“性格外向”，高谈阔论。现在的城市中学生绝大多数都是独生子女，他们没有兄弟姐妹的陪伴，有的只是父母的说教和无尽的爱。随着年龄的增长，他们与父母共同语言越来越少，而许多父母为了生计，在激烈竞争的现实面前已无暇顾及子女的教育，孩子难得与父母谈心，甚至见面也很难，而学校对中学生的关心侧重于学业而非情感，这样伴随孩子的必然是内心的孤独、寂寞。上网聊天便成了他们解除寂寞和孤独的途径。网上自由宽松的环境，可以使他们尽情倾诉，如果网友是异性，日久便会生情，发展为网恋。

五是媒体的大肆渲染。现在打开电视，很多节目都拿网恋、网婚做题材，“今天你网恋了吗？”“你网婚成功了吗？”是我们经常听到的问话。一些文学作品的描写也将网恋的美丽表现得淋漓尽致，这当然也激发了人们在网上寻找自己另一半的热情。有一名初二男生，自从在网上认识一个女网友以后，就如痴如醉地泡在网上，连吃饭都舍不得离开电脑，在和他的网上女友交往的日子里，整个人完全变了样，有时候一个人还会莫名其妙地笑起来。有一次，他竟然在网上从中午一直聊到了次日早上。他很激动地说，自己终于找到了现实生活中一直没有找到的人。

有人说，网恋是把双刃剑，危险与美丽如影随形，既然它已经出现，且无可回避，那么，我们该如何对待网恋呢？

第一，要树立对事物的正确看法，不要单纯地看待事物。青春期少年由于刚刚接触社会，辨别是非的能力还不高。如果过多地接触网络，会缺少与社会的接触，因而容易产生内向、孤僻的性格，做事急躁、冲动，对网络恋情寄予厚望。如果遭受网恋失败的打击，势必会影响到自己的情绪，并且把这种情绪带到平时的学习与生活中，会给心理造成不可磨灭的影响。

第二，把主要精力放在学习上。中学生的年龄正处在14~18岁之间，是长知识、长身体的阶段，其首要的任务就是学习。如果将大量的时间和精力花费在网恋上，不仅会耽误正常的学习与作业时间，还会为自己以后的前途发展埋下隐患，到头来后悔莫及。

第三，要树立远大理想，培养学习兴趣，提高自制力。现在人类社会的各项活动都在逐步融入网络，网络正在慢慢成为人类一刻也不能离开的“法宝”。在信息时代，有志的青少年，应该尽快地学好网络知识，驾驭网络，开阔视野和思维，改变学习和思维方式，更新思想，而不应该沉迷于虚拟的网络空间里谈情说爱，虚度年华。

时刻保持着清醒的头脑，不要过度沉溺于网上虚拟的境界。怀着一颗平常心上网，当网恋走近你时，远离是最好的选择。

学交际从父母身上开始

父母是我们的第一任老师，父母的唠叨是对一个孩子爱的表现，但是有的孩子却非常反感，原因是什么呢？除了父母的苦口婆心，还有孩子对旧事重提的疲劳感。如果这种情况放到学校就是对老师的不尊重，让学校老师感觉这个孩子的家教不够。如果这种事情放到孩子毕业后参加工作，会让单位的领导很头疼，也不会重用这个孩子。

父母一切是为了孩子，基于这个前提你就能够理解父母的唠叨，就能够和父母的交流越来越好。下面我们看一个例子，有一位学生写道：也许是老了，也许是到了更年期，父母越来越爱唠叨了。有时给我带来许多烦恼，有时又给我带来一丝温馨。“别看电视了，都什么时候了？明天就期中考试，还在这待着，真是无药可救了！”听了妈妈的话，我立刻起身把电视关掉，跑进书房，翘起椅子，噘起小嘴，发出怪声，眼虽看着书，却心不在焉。这时妈妈走进屋，看到我这副模样，又训开了：“你看人家孩子，多上进，人家把学习当乐趣，再看你，一学习就像抽筋拔骨似的，明天都快考试了，你还在这玩，不好好学，别人不知现在怎么学呢……”听了妈妈的长篇大论我就想发作，但是自古忠孝（忠于自己，孝顺父母）不能两全，最后我决定选择孝，对于老妈的唠叨，我只好忍气吞声，不敢声张。唉，苦恼啊！

这其实就是长期没有和爸爸妈妈交流好，如果你提早告诉他们，虽然我可能看会电视，但是会高效学习。回头努力提高学习成绩，相信能互相理解，缓和父子或母子关系，营造融洽的家庭环境。

可是，如果有的父母就是唠叨，都快成习惯了，高情商的处理方法是什么呢？

（1）随声附和，点头答应，若不对事后理论。

（2）尽可能理解父母，对的接受，但不失自己的原则。

（3）父母用心良苦，等他们的心情好时，告诉他们我长大了。

（4）说得对，便洗耳恭听，说得烦，便直言告诉他们我的想法。

（5）妈妈很爱我，我也愿意与她讲心里话，爸爸太严厉，只能听着，不容我争执，等到他说够为止。

（6）能忍就忍，家长不会凭空发火，即使说得不在理，也总是为我们好。

（7）大多时候认真听，从中知道一些平时忽略的道理；更多的时候找一些借口或父母感兴趣的话题，转移他们的注意力。

（8）沉默是金。

（9）小时候我很不耐烦，和他们顶嘴，现在我觉得唠叨是对自己爱的表现，现在居然喜欢妈妈唠叨，真的！

（10）“对极了”，然后端来一杯水，在妈妈感动之余，转移话题。

（11）“呀，我得写作业了”，跑进自己屋。

（12）“妈，是不是还有……”把经常唠叨的内容全部说一遍，妈妈只好无奈地笑了。

（13）……

虽然在父母的眼中，孩子永远是孩子。但是如果你就这么长大，不懂得和父母交流，或者总觉得自己是叛逆期，顶撞父母是正常的，其实都是不成熟的表现。若是以后变成习惯带到学校，带到工作中则没有什么好处。学会和父母打交道，以后你和同学之间，工作以后和同事之间的关系，就可以相处较好。

常言道：“可怜天下父母心”，这话的意思是所有做父母的都是疼爱、关心自己的儿女的，都是为儿女而操心，可见父母永远是我们的恩人，更是最可信、可亲、可爱的人，所以说我们作为子女应该明白做父母的一片苦心，他们的唠叨只为我们好，只为我们过上好日子，只为我们能胜过他们，这其实是他们最终的目的。

仔细想想，比起同学的嘲笑、老师的批评，甚至于毕业后做不好事情领导的批评，父母的唠叨算什么？他们只是为了你好，对你的损害程度是最小的。转化同父母的矛盾，你就能够学会第一堂与人交际的课程，甚至是终身受用的课程。

所以，想要一个好的人际关系，从认真对待父母，对待父母的唠叨开始吧！

爸妈偷看日记怎么办

“今天，老师给我们讲了许多新知识，回家我讲给妈妈听，妈妈也很高兴。”一名小学生在交给老师的日记里写下了上面的内容。老师在日记后面批了个“优秀”。晚上，他回到家里，又翻开另外一本硬皮的日记本，宣泄自己的不满：“今天，老师又拖堂了，只有两分钟时间上厕所，又接着上第二节课……”

“孩子有两个日记本，其中一个记录的全是自认为私密的事情，另一个则是拿出来公开展示，供老师批改的。”学生的母亲最先发现了儿子的“双面日记”。据说，学校老师要求学生每天都要写日记上交，以培养锻炼作文能力。可孩子不可能将心里话写在上面，于是另外准备了一个日记本，还特意将日记本配上密码锁，不让任何人看。

无独有偶，2004年4月，家住哈尔滨市的小学生高强因父母偷看自己的日记而去派出所投诉父母侵犯了他的隐私权。他平时有两本日记，一本是老师留的作业，父母、老师都要经常翻看，还有一本记了一些自己的私事，从来没有让别人看过。近几个月以来高强发现，每次与父母发生矛盾时，父母都能用他写在隐私日记中的几件事情来讽刺他，他认为可能是父母偷看了自己的日记，便做了个实验。高强学着电影中的办法在日记中夹了几根头发，结果晚上回家后发现日记中的头发不见了，他由此断定父母偷看了他的日记。他觉得即使是父母也不应该随便看孩子的日记，觉得自己就像一个透明人，心里很难受。

一个学生曾经这样描述了他的感觉："不知从哪一天开始，我渐渐地发现自己变了，变得寡言少语，不爱玩，不爱闹，常常情不自禁地沉湎于自我遐想之中。回到家便走进自己的房间去看书，想心事，不停地记日记。爸爸妈妈对我的日记很敏感，可我不愿意拿给他们看，我的很多想法他们是不能理解的。有一次，我从学校回家，发现我放在抽屉里的日记本被人翻看过，我气愤至极点，从此与父母反目成仇。"

成长中的青少年最渴望拥有的就是一本带锁的日记，一张小小的写字台，一间独立的小房间，有了心事，打开日记，一吐为快。但是生活中经常会有这样的事发生，父母偷看日记，自己感到很愤怒、很难过，觉得父母侵犯了自己的隐私。其实日记只是倾吐心声的一种方式。随着青春期的到来、自我意识的发展，青少年学生的心中已渐渐开始有了秘密。但由于青春期的闭锁心理，他们觉得自己周围的人难以细致入微地理解自己，很难对其他人产生信任感，因此他们不想轻易地向别人打开自己的心扉，而采取记日记的方式来表达自己的喜怒哀乐，使自己的心灵得到安慰。日记变成了他们倾吐自己内心世界的对象，写日记成了他们自己内心的独白，这在某种程度上已成为青少年表露自我意识的一种方式，是他们独立意识和自尊意识的体现，表明了他们渐渐从幼稚走向成熟。

从父母的角度来讲，"望子成龙，望女成凤"是天下父母共同的心愿。哪个父母不希望自己的孩子茁壮成长，有一个美好光明的前途呢？随着孩子一天天长大，生理趋于成熟，但心理却很幼稚，不稳定，父母很想知道他们的内心想法，不管是学习上的还是生活上的。但是处于青春期的青少年，大多都不愿与自己的父母进行沟通，诉说自己的真实想法。所以父母就采取了偷看日记的方法来了解子女心中在想什么，在外面在做什么，有没有结交坏朋友，有没有“早恋”。虽然偷看日记的这种方式不对，但是父母的出发点是为了让孩子少犯错误，少走弯路。

不过，偷看日记这件看似平常的事，如果处理得不好，往往会造成父母与子女之间的感情危机，甚至引发家庭风暴。

那么，如果你发现了你的父母偷看你的日记，该如何做呢?

1. 日记作为一种隐私，有权进行保护

如果父母在没有经过自己同意的情况下，就偷看了日记，也不必大动肝火，可以婉转地与父母谈一次话，或是给父母写一封信，或在日记本里夹一张字条，明白地告诉父母：偷看日记的违法性和对自己造成的伤害。不论是成年人还是未成年人，其日记都是个人隐私，未经允许不得随便看，否则就是侵权。另外，告诉父母，自己并没有做什么坏事，日记里所记的事仅仅是一个孩子的隐私，让父母放心，并请他们尊重你的自由和权利，不要多加干涉。

2. 理解父母的良苦用心

作为子女，应该学着用心去体会父母的爱。试着告诉自己，父母不看我的日记固然是尊重我、信任我，但是看我的日记也是想更加了解我的一种方式。你不妨寻找机会加强与父母的沟通。例如，茶余饭后，主动与父母聊聊天，谈谈自己的学习、生活，听听他们的知识和经验。如果你向父母敞开心扉、倾吐心声，相信大家彼此之间会更加理解、更加信任。

3. 学会做父母的朋友

营造和谐的家庭气氛，主动与父母交往，把父母看作自己的知心朋友，把他们当成倾听自己心声的听众，让他们走进自己的内心世界。

同学们，当你的父母偷看了你的日记的时候，我想你已经知道该如何做了。看一看他们为你操心受累而头上添的白发和脸上增的皱纹，你就会有一种感动，他们因为关爱而犯的种种过错其实真的是可以原谅的。

记住：学会理解我们的父母，学会去爱我们的父母。

如何与同伴交往

上课铃声响了，黑板上几个大字“我是勤劳的小蜜蜂”，让同学们有一种说不出的兴奋和莫名的紧张。今天即将产生出本学期班里的“小蜜蜂”获奖名单，每一个同学都做了充分的准备，将在这节课向全班同学做一学期工作的总结和成果的展示。班主任王老师首先做了评选标准的介绍：“由于是第一次，我们不要求你做多少事，也不要求你必须有多少成绩，只要你有参与评选的勇气，并且真正为集体服务了，那么人人都有机会获奖，名额不限。”听到这里，同学们都松了一口气，自信的笑容洋溢在脸上。评选正式开始了，同学们一个个先在黑板上一笔一画地写下自己的姓名，然后一本正经地做起了工作总结。在一次次掌声之后，娜娜也走上了讲台，她长得既漂亮又可爱，是那种大家闺秀式的女孩子，曾用歌声为班级和学校争得了许多荣誉，本学期她担任副小队长和音乐课代表的工作，总结做得也很认真，很多同学都为她鼓了掌。

在所有参选同学做完总结之后，开始投票评选了，大家不由得又紧张起来，然而一个个人名都被多于一半的票数通过时，紧张被兴奋和快乐所取代。到娜娜了，可是下面举手的却廖廖无几，充满疑惑的老师不禁问道：“为什么？”“她根本就没有每节课间检查用具。”“那天她没做值日就走了。”此时竟然一改刚才的沉闷局面，有许多人都高高举起了手准备发言，老师意识到不能再继续这个话题的讨论了，便打断了他们，开始了下面同学的评选。最后在参选的四十多人里，就连平时最不受欢迎的小刚也上线了，只有她落选了。

为什么在老师眼里这样优秀的孩子，同学们竟然不喜欢、不接纳她？第二天，老师找了她心目中的娜娜的两个好朋友聊天。

“你认为娜娜是一个什么样的人？”

“她太傲气，别人不能碰她。”

“她太自私了，只考虑自己，那天……”

……

一个个事例说明她也许在某些方面的确很优秀，但是她不会与同伴交往，没有一个真正的好朋友。

人生活在社会上，有着各种各样的人际关系。与他人交往，既是人的一种心理需要，又是一种社会需要。社会越先进，人际关系就越会显示出其特有的价值。正是在与人的交往中，才会慢慢形成与他人相处的方式，形成自己独特的性格和对外界的看法，从而促进个性的形成和提高适应社会的能力。对青春期的男孩来说，同学之间的交往尤为重要。心理学家指出：人们总是希望有人与他（她）进行交流，从而摆脱孤独与寂寞；希望参与具体活动，希望加入某一群体，并为之所接纳，从而获得归属感。这样，快乐时有人与他（她）分享，痛苦时有人为他（她）分担，迷惘时有人给他（她）指点，困难时有人给他（她）援助，忧伤时有人来安慰他（她），气馁时有人来鼓励他（她）。通过交往，人们能够寻求心灵的沟通，能够寻找感情的寄托。

那么，该如何与同学相处呢？

1.互相尊重

古人说：“爱人者，人恒爱之；敬人者，人恒敬之。”意思是说：爱护别人的人，别人也总是爱护他；恭敬别人的人，别人也总是恭敬他。互相尊重，就是人与人之间要彼此尊敬和重视对方。要知道尊重别人也是尊重自己，也只有尊重别人，才能赢得别人的尊重。我们尊重同学，就应该尊重他的一切，包括尊重同学的人格，尊重同学的愿望、感情、爱好和民族风俗习惯。那么，尊重同学应该体现在哪呢？比如说：在学校里，应该尊重高年级同学，爱护低年级同学，尊重女同学，不取笑同学，不给同学起绰号、不背后议论同学。同学间每天见面时要相互问好，离校时说声“再见”。这虽然很简单，却是真诚、礼貌的表示，也是尊重别人的一种必要形式。有一个小故事：有一次朱师傅为周总理刮脸，突然总理咳嗽一声，朱师傅没提防，给总理的脸上刮了个小口，朱师傅忙道歉说：“对不起，总理！”总理却亲切地说：“怎么能怪你呢？我咳嗽没和你打招呼，幸亏你刀子躲得快。”这个故事告诉我们：只要有一颗尊重别人、爱护别人的心，才能使上级和下级、老师和同学、同学之间平等相待、彼此尊重。同学之间互相尊重还必须注意从“我”做起。每个同学都希望得到别人的尊重，如果总是让别人尊重自己，唯我独尊，那是不现实的。只有从我做起，先尊重别人，才能赢得别人的尊重。每个同学都有自尊心和荣誉感，我们有些同学不大注意这一点，常常用自己的长处去讥笑别人的短处，跟别人说话不分大小，抒嘴专门揭短，开玩笑开过头，侮辱人甚至捉弄生理有缺陷的人，这些都是不尊重别人的表现，是不应该的。

2.互相关心

生活在学校这个大家庭中，我们每一个人都希望得到别人的关心和爱护，这是人的一种正常需要。当一个人能够感到周围的同学对他十分关心时，他心中会感到很温暖，会充满自信和快乐。“投我以木瓜，报之以琼琚”。同样，得到别人关心的人，也会去关心别人，这样相互之间就建立了一种友好、亲密的关系。同学之间要互相关心、互相照顾、互相爱护。但是关心同学一定要真诚、要热情，不要只流于口头上。当同伴有求于自己时，应该竭尽所能满足对方的要求：当看到别人有困难时，要主动去帮助、关心和体贴。

3.互相理解、互相宽容

作为同学、朋友，我们要学会理解和宽容别人。当同学、朋友遇到挫折、苦闷、压抑时，他需要一个发泄情感的对象。如果我们能够真诚、耐心地倾听对方的诉说，就是对朋友莫大的理解和支持。在倾听过程中，不时插上一两句富有情感并且发自内心的安慰话语，可以引导他走出烦恼与不快的泥淖，同时他也会为有你这样的朋友而感到骄傲和自豪。另外，同学之间，由于性格、生活等条件迥异，相处时难免有矛盾冲突，所以同伴之间被人误解是在所难免的。因此，同学之间交往时一定要学会宽容。一个对别人宽厚、有气量，不计小隙，能宽容异见的人才能为大家所喜欢和接受，同时你也能赢得更多的友谊，拥有更多的好朋友。

4.文明交往

同学之间在交往时要举止稳重、大方、行为适度。与人谈话，不要对别人拍拍打打或用手对别人指指点点。不要当着同学的面与别人交头接耳，同时不要在别人单独谈话时凑上前去听。自己讲话时注意离对方不要太近，尤其不能溅出唾沫来，走路时不要搭着别人肩膀走。在同学面前，特别是在女同学面前不要乱开玩笑，更不能搞恶作剧，同学之间逢年过节、过生日可以送点小礼物，最好是自己动手制作，如贺年卡、生日卡等。在与同学交往中还要注重讲礼节。妨碍别人时要立即改正，并说“对不起”“请原谅”；当别人妨碍自己，并表示歉意时要说“没关系”；当别人给了自己方便和帮助时，要说声“谢谢”；当帮助别人受到感谢时要谦逊地回答“不用谢”“别客气”；当你需要别人帮助时要用商量的口气说“请”。礼貌是交往的桥梁，不讲礼貌的人是没有人会喜欢的，自己也会失去朋友。我国古代大教育家孔子曾说过这样一句话：“独学而无友，则孤陋而寡闻。”意思是说，独自学习而没有朋友，将是一个学问浅显，听不到太多东西的人。同学们要学会文明交往，广泛交朋结友。

5.要主动与同伴交往

在紧张的学习生活之余，不妨主动地找同伴谈心，讨论某些问题，交换一些意见，互相传递信息，这样可以加深彼此的了解和信任。

6.交往要有“度”

中国有句话说“君子之交淡如水”，与之相对的是“小人之交甘若醴”。其实也就是说，如果你和一个人的关系太过紧密，或许不是什么好事。可以用“物极必反”的哲理来论证。生活中，任何过了头的东西都会走向它的反面。同学间的交往也是如此，交往过密，反而容易出现裂痕；把握适当的“度”，才能使同学间的友谊成为永恒。

人不是独自生活在这个地球上，每个人都有交往的需求。而朋友是人生的任何阶段都需要的，如果没有朋友，就像春天没有美丽的花草，夏天没有热烈的阳光，秋天没有田野的果实，冬天没有皑皑的白雪。所以，我们一定要珍惜同学之间的珍贵友谊，让我们的友谊天长地久吧！

走出社交恐惧症

晓萌是一名高三的学生，性格内向。上高一时，由于不经意间多看了同一排的男生几次，引起了对方的反感，同班同学还经常取笑她想和那名男同学谈恋爱。晓萌为了避免同学们说闲话，就尽量使自己不再看那个男同学了。但到了高二，她发现自己几乎不敢看身边的任何一名男生。甚至有时面对女生，她也不敢抬头，心里很紧张。遇到陌生的人，这种情况会更严重，经常令她面红耳赤。晓萌心里认为世上最难打交道的是人，每次遇到必须轮流上台发言的时候，她宁愿装病逃学。用她的话说："站在台上，不知道别人是怎么看我的，他们可能都在嘲笑我、讨厌我，与其那样，还不如把我给杀了。"

还有另一位男生说："我特别怕到人多的地方去。比如商店、广场、集会或穿越马路、参加宴会，每当这时，我就感到心惊肉跳，既不敢抬头看人，也不敢与人交谈。我曾经问过我妈妈这是为什么？妈妈说我在幼儿园时，有一次表演节目时在台上出了丑，老师批评了我几句，从此就再也不愿去幼儿园了，后来在六岁时，妈妈带我去逛商场，人多又把我给挤丢了。我在人群里大喊大叫找妈妈，吓得尿了裤子，从那以后，我就害怕去公共场合。"

从晓萌和那位男生的表现可以看出，他们患的是青春期社交恐惧症。这种症状多发于青少年期，男女都可能出现，因为青少年正处于渴望友谊，希望广交朋友的年龄阶段，有些比较害羞或胆小的人一到具体的交往，如找人交谈、或者别人与自己打交道时，就会出现恐惧反应。表现出不敢见人，神经处于非常紧张的状态，这就是社交恐惧症。随着青少年的成长，独立性的增强，需要与外界打交道的机会也越来越多，部分同学对社会交往尤其是那种面对面式的交往的恐惧也在不断地增长。每一次在公开场合的抛头露面都会令他们紧张不安，甚至于进教室的这个简单过程也会让他们感到浑身不自在，似乎有几十双眼睛在盯着自己。如果再遇上班级组织集体发言，他们更是能躲则躲，这使十分不安的心又添了许多懊悔和自责。在对北京某中学进行的1 337名中学生社交恐惧的现状调查中发现，有67.5%的学生说自己偶尔会有社交恐惧的感觉，频繁出现这种感觉（每周3次以上）的学生占10.7%，1.4%的学生被怀疑是社交恐惧症。这听起来有点像天方夜谭，但其实距离我们并不遥远，有些就发生在我们的身边。

那么，到底什么是社交恐惧呢？它是指以焦虑、恐惧和自闭为主要特征的一种综合心理障碍，一般表现为：自我封闭、不敢交友、害怕社交，除了几个亲近的人之外，他们很难和外界沟通，这些人无法主动走出自我的世界，也不愿意加入人群。在人多的地方会觉得不舒服，担心别人注意他们、担心被批评、担心自己格格不入，由此而产生焦虑、不敢面对挫折、逃避现实，觉得只有躲在没人的地方才是最安全的。社交恐惧不仅仅只表现在面对陌生人时手足无措，还表现在不敢在公共场合打电话，不敢大声说话，不敢单独见陌生人，不敢在有人的注视下进行正常的活动等。严重时，还会伴有心慌、颤抖、出汗、呼吸困难等症状。一般可用以下的专业测试来判断你是否有社交恐惧：

（1）我害怕在重要人物面前讲话。答：（1 2 3 4）

（2）在别人面前脸红心里感觉很难受。 答：（1 2 3 4）

（3）聚会及一些社交活动让我害怕。 答：（1 2 3 4）

（4）我常回避和我不认识的人进行交谈。 答：（1 2 3 4）

（5）让别人议论是我不愿的事情。 答：（1 2 3 4）

（6）我回避任何以我为中心的事情。答：（1 2 3 4）

（7）我害怕当众讲话。 答：（1 2 3 4）

（8）我不能在别人注目下做事。 答：（1 2 3 4）

（9）看见陌生人我就不由自主地发抖，心慌。 答：（1 2 3 4）

（10）我梦见和别人交谈时出丑的窘样。 答：（1 2 3 4）

每个问题有4个答案可以选择，它们分别代表：1. 从不或很少如此；2. 有时如此；3. 经常如此；4. 总是如此。根据你的情况在上表中圈出相应的答案，此数字也是你每题所得的分数。将分数累加，便是你的最后得分了。

得分在（1～9分）放心好了，你没患社交恐惧症；（10～24分）你已经有了轻度症状，照此发展下去可能会不妙；（25～35分）你已经处在社交恐惧症中度患者的边缘，如有时间一定要到医院求助精神科医生；（36～40分）很不幸，你已经是严重的社交恐惧症患者了，快去求助精神科医生，他会帮你摆脱困境的。

中学时期正是一个人生理和心理都在发生急剧变化的时期，如果在这一阶段遇到心理问题，没有解决好，就可能会影响到他们将来的升学、求职、就业、婚姻等一系列社会化进程。那么，我们该如何来应对社交恐惧呢?

第一，战胜恐惧，改变自己的认知。艾默生说过："恐惧，比世界上任何东西都更能摧毁人心。"其实，如果你仔细想想，我们在别人面前之所以会那么紧张、言谈举止不自然，主要是因为我们太在乎别人对自己的看法，总想给别人留下一个好的印象。过分注意的结果就是我们不能专注于自己要说的话和要做的事。所以，战胜恐惧的第一件事就是忘却自己，要认识到别人对自己的评价是暂时的、偶然的，不要过多考虑别人对自己的评价。要知道每个人都是自己舞台上的主角，尽量使自己进入一个"忘我之境"，无拘无束地表现自己。

第二，增强自信心。美国的心理医生藩尼洛普·罗西诺夫曾风趣地说："你要推销的第一个对象就是你自己。你越是对自己有信心，越能表现出一种自信的气概。你必须确信自己有权呼吸，有权占有一个空间，而且在任何地方都感到很自在。一个感到自在的人就会坐在整个椅面上，而不会只坐在边缘上，一个高大的人，绝不会缩着头颈。"

第三，努力改变自己的性格，培养自己"外向型"的兴趣爱好。害怕社交的人多半性格比较内向，因此，在平时应多参加一些体育、文艺等集体活动，比如健身、打球、聊天等"外向型"活动，让自己"动"起来，让自己"敞开"。只有在外向型的兴趣交往中，一个人的社交能力才会慢慢提高。同时，尝试主动与同伴和陌生人交往，在交往的过程中，也会逐渐消除羞怯、恐惧感，使自己成为一个开朗、乐观、豁达的人。

第四，寻找机会反复锻炼自己。多争取一些社会工作和与人接触的机会，尽可能多地与人交谈，表达自己的观点。我们发现，那些经常做班级干部工作的同学在公共场合表现得落落大方，谈吐自如，这就是长期社交锻炼的结果。所以，社交恐惧，也只有在与人交往的实践中慢慢消除。卡耐基说过："克服演说恐惧症的最好方法，除了练习，还是练习。"

第五，多学习社交技能。要在交往中使用适当的技能，以赢得别人更多的接纳。比如，学会倾听和倾诉，学会对别人的交往信号做出积极的反应，学会主动交往，等等。要掌握这些，就需要你提前做好一些准备，对你要接触的人、要讨论的问题有充分的了解。美国前总统林肯说过，即使对一个有实力的人来说，若缺乏周全的心理和知识上的准备，不对他即将从事的活动做到胸有成竹、了如指掌，行动中的无条理和内心的慌乱是在所难免的，即所谓"未做准备而对人演说，无异于以裸体示众"（布拉斯达语）。

第六，适当降低要求。容易社交恐惧的人一般都追求完美，希望自己在所有人面前、在任何场合、在各个方面都表现得完美无缺，得到别人的称赞。但是人无完人，这样就不可避免地造成反复的自我挫败。

第七，自我放松，转移情绪。有一个故事，说一个人对上台演讲恐惧得要命，所以他巴望着人们都不去注意他。可他上台后发现大家个个都心不在焉。于是，一种愤怒的情绪取代了上台演讲的恐惧，结果这场演讲反倒十分精彩。由此可见，转移注意力和情绪有助于忘却恐惧。此外，也可以进行一定的自我暗示，把自己想象成一个谈吐大方、镇定自若的人，并努力做出一副轻松的样子，这在一定程度上可以帮我们摆脱困境。

事实上，每个人在公共场合都会有恐惧心理，不是只有我们才有。要克服社交恐惧，其实并不难，只要你打开心门，真诚地和别人交往，你会发现，你也能融入人际交往的海洋。

黄、赌、毒祸，远离别沾染

青春期是一个人对社会认识、性格等方面的成熟期，也是教育的黄金期，要想一个青少年远离犯罪，这个时期就要注意了。尤其要注意不能沾染黄、赌、毒。

首先，我们来看看黄色书刊对一个人的影响。

黄色书刊在我国是禁止出版的。据犯罪学家和社会心理学家分析，黄色书刊对社会的危害起码有以下几点：

（1）使青少年性犯罪的人数迅速增加。进入青春期的学生，因为性意识的觉醒，他们渴望了解性知识，这是正常的生理和心理现象。但是，由于我国目前性教育的缺乏，部分同学由于无知或受人唆使，通过看黄色书刊来满足自己对性知识的好奇。但这种东西就像毒品一样，容易上瘾，因而很快就沦为受害者。一些无知的同学甚至盲目模仿，造成性行为放荡，很快就走上了性犯罪的道路。在随机抽取的调查对象中，犯盗窃罪的只占1.7%，而性犯罪的却占98.3%。在这些少年犯中，有88.3%是看了黄色书籍等乱七八糟的书才走上性犯罪道路的。

（2）黄色书刊使青少年的身心健康遭到严重摧残。青少年由于情绪不稳定，意志力相对比较薄弱，受黄色书籍腐蚀后，整天想入非非，萎靡不振，很快就不能自拔。

（3）黄色书刊对社会产生严重的危害后果。主要表现在非婚生育增多。在美国，每年有近50万20岁以下的女青年生儿育女。这些人自己都还是孩子，可是却当上了未婚妈妈，她们中有不少人还在上学，却要担负起抚养孩子的责任，而且大多数是单身抚养，因而这也成为了美国一个严重的社会问题。

有这样几个实例：

一个男生看了一本黄色书籍以后，产生了强烈的性幻想，满脑子都是淫秽的场景。在课堂上，每当他看到女教师时，脑海里便会浮现出女性生殖器官和淫秽的场面，以至于不敢抬头看黑板。他自己也感到羞愧万分，认为自己思想不健康，罪孽深重，愧对父母，愧对老师，试图以自杀来结束自己年轻的生命，虽然得到了及时的抢救，但是黄色书籍对他心灵的摧残却久久不能消除。

有一个初中班级，初一时是学校的先进集体，40多位天真纯洁的学生，朝气蓬勃地健康成长。但到了初二时，班上的大部分学生偷偷传阅一本黄色手抄本，之后，这个班就成了“乱班”，男女同学上课时眉目传情，传情书，下课时卿卿我我，谈情说爱，不仅学习成绩直线下降，还出现了性罪错的情况。有一些胆大的男生直接勾引女生发生性行为，胆小的男生则以手淫自慰。因为手淫成瘾，不但诱发了生殖系统的疾病，而且产生了头晕、眼花、耳鸣、困倦、失眠等症状，甚至还导致了神经官能症等心理疾病和注意力涣散、不集中、记忆力衰退、思维迟钝等症状。另外，一些女生看了黄书以后，与男生发生两性关系，导致怀孕堕胎。

可以看出，黄色书刊对青少年身心健康的危害，真是“一颗子弹打死一个人，一本坏书毁了一批人”。当然，淫秽视频在我国同样是禁止的，其危害和黄色书刊一样，甚至更为严重。

中学生一定要认识到这些对男女青少年的严重腐蚀和毒害，它是一把杀人于无形的软刀子！因此，我们要自觉地抵制黄色淫秽作品，不阅读、不偷看、不传播；看到别的同学阅读、观看时，也要动之以情、晓之以理，给他们讲其中的危害性。要不断地通过阅读优秀的作品来达到了解社会、探索人生、增长知识的目的，培养自己高尚的阅读情趣，同时提高自己鉴别、抵御黄色淫秽书刊的能力。

其次，我们看看赌博对一个人的影响和危害。

青少年自控能力差，一旦陷入赌博就会欲罢不能。“十赌九输”，是经验也是教训。青少年一旦沾染上赌博就会无心学习，老想着怎么赢钱，或者是输了的怎么捞回来。

有报道说，李明（化名）赌博花掉了学费，没钱上学，又不敢告诉父母，在外面瞎混，欺骗父母，说是去上学了，其实在网吧打游戏。贻误学业荒废青春不说，还一错再错。

还有则消息说，10多岁的强子（化名），父母外出打工，他和奶奶在家。结果本来考班级前几名的他，迷上赌博后，学习成绩越来越不好。赌博输了，找奶奶要钱，奶奶不给，偷偷卖家里的东西，被发现后和奶奶起了冲突，把奶奶打得住院，吓得外出躲藏，最后熬不过舆论压力和心里的忏悔，前去自首。

也有人说，小赌怡情，和朋友玩玩没有关系。但是青少年自控能力差，定力小，一旦沾染就会上瘾。话说回来，大赌是赌，小赌也是赌。古人早就说过“勿以恶小而为之”的道理。大家都知道抢劫是不对的，总不至于有人认为少抢一点就没什么错？据网络报道，有个大学生，因为抢了几元钱，而锒铛入狱。赌博也是一样，这个“大”和“小”又如何来界定呢？再小，不对的事情终究是不对的。何况赌来赌去、输输赢赢，都是不正当的欲望作祟！不信你去看网络新闻，因为赌博家破人亡的有不少呢！而且，有谁真的通过赌博养家糊口而发家致富？参赌的人输了想翻本，赢了想翻番，到头来总是输得更惨。另外，无论是老虎机还是抓娃娃等带有赌博性质的游戏，玩一次两次可以，千万不能陷入其中，别让自己成为游戏的奴隶。

远离赌博的最好办法就是“不参与”，有人邀约就拒绝，多拒绝几次，就没有人再请你一起玩了。

最后，我们看看毒品对一个人的影响危害。

毒品是指能使人产生瘾癖的麻醉药品和精神药品。常被用作吸毒用的麻醉药品有鸦片、吗啡、海洛因、可卡因、大麻等，这些药物都具有与吗啡类似的作用，都能形成吗啡型的药物依赖；精神药物包括各种镇静催眠药、中枢神经兴奋剂和致幻剂等。其中鸦片、海洛因是重要的毒品。

吸毒现在已成为当今中国的一大社会问题，吸毒者的年龄日趋低龄化，青少年在吸毒人群中竟占大多数。毒品的危害如此之大，为什么青少年还会吸食呢？青少年吸毒的原因有很多，既有社会的原因，也有自身的原因：

第一，无知好奇。青少年处于身心发育尚未成熟，世界观、人生观尚未形成的年龄阶段，思想幼稚、好奇是这个年龄段的特有心理，对任何事物都存在着强烈的好奇心和探索欲望。但是，他们往往缺乏必要的科学文化知识和辨别是非的能力，当听说吸毒后“其乐无穷”时便想试一试，从而一发不可收拾，被毒魔死死缠住不能自拔。有的也知道吸毒有害，但在一试无妨的冒险、侥幸心理驱使下误入歧途。据深圳戒毒所统计，1991—1995年收戒的3 006人中，因为好奇、受诱惑而染上毒瘾的占70%。

第二，家庭环境的影响。家庭环境在青少年的成长过程中起着重要的作用。良好的家庭环境可以促进和保障青少年身心的健康成长，不良的家庭环境则往往成为青少年违法犯罪的重要原因。尤其作为人生第一任教师的父母的言行，更是直接影响着青少年的发育成长。事实表明，许多青少年吸毒成瘾即是其父母或其他家庭成员言传身教的结果。除了家庭成员的吸毒行为直接成为青少年吸毒的原因外，一些家庭父母离异或者长期外出，孩子得不到正常的教育；一些经济条件好的家庭，父母过分溺爱孩子，无条件地满足孩子的物质要求，使孩子有充分的物质条件去寻求毒品的刺激等，都可能是导致青少年吸毒成瘾的原因。据某市对100名25岁以下的城市吸毒者的调查，几乎所有的吸毒青少年都存在着缺乏家庭教育和社会教育的问题。另据某市对青少年吸毒与家庭环境关系的调查表明，因父母离异、家庭残缺，得不到家庭温暖而导致吸毒的占30%；受家庭吸毒成员影响而吸毒的占28%；因家庭溺爱、娇生惯养而走向吸毒的占5%。

第三，个人交友不慎。交友在人生的道路上起着非常重要的作用。交上一个好的朋友，可以一生对自己的工作和生活产生良好的影响，交上一个坏朋友，可能会影响自己的前途，使自己的一生暗淡无光。所以对于青少年来说，交友应当非常慎重，以免因交友失误悔恨终生。据某县调查，在吸毒青少年中，因为朋友吸毒觉得好奇而吸毒和受朋友引诱后吸毒的占76.92%。

第四，精神空虚所致。青少年阶段是人生的黄金时期，也是心理“危险期”。这一时期他们的人生观、价值观、世界观尚未定型，在生理上和心理上都不成熟，正在体验着人生最激烈的情绪变化。因而最容易受到外界的影响，一旦遇到生活困难、人际冲突、婚恋失败、升学就业受挫等挫折，就会灰心丧气，精神颓废，心灵空虚。为了弥补空虚的心灵，便去寻找各种刺激，而毒品就是一种可以在短暂时间内给人以强烈刺激的物品，因此，这些精神空虚的青少年往往会染上毒品，试图在毒品中寻找安慰，忘却烦恼。广州戒毒所对116名吸毒青少年的调查表明，其中的40%是由于精神空虚，为了从毒品中获得刺激、寻求安慰而吸毒的。

那么，究竟吸毒有什么危害呢?

（1）吸食毒品或注射毒品会严重危害人的身心健康，吸毒者往往面黄肌瘦，神情淡漠，严重者会日渐衰竭而死亡。毒品最大的危害还在于其容易上瘾，只要尝试一两次，就会使人上瘾，对毒品产生依赖性，而且从此不可自拔，很难戒绝。尤其是吸毒者在毒瘾发作时，往往会涕泪交流、浑身发冷打颤、四肢痉挛、鬼哭狼嚎，陷入求生不能、求死不得的地步。如果没有及时得到毒品，吸毒者往往会丧失理智，做出一些自虐行为，比如说撞墙，有的甚至跳楼自杀。

（2）吸毒又会对社会造成严重危害。偷盗、抢劫、贪污、卖淫等都是伴随着吸毒者的。吸毒能使人道德沦丧、灵魂扭曲，往往在自我毁灭的同时，也毁灭了自己的亲人、家庭和朋友。有多少这样的例子，因为吸毒，走上犯罪的道路；因为吸毒，美好的家庭破裂；因为吸毒，妻离子散。而吸毒者最后也逃不出自杀、因吸毒导致意外事故、疾病、吸毒过量致死等悲惨结局。可以看出，吸毒不仅仅会给人体带来极大的伤害，而且给我们的社会也埋下了隐患。

现在吸毒的危害已为社会广泛关注，1997年国家禁毒委员会和国家教委联合发出通知，要求对大中小学生进行毒品预防教育，使他们深刻认识到毒品的严重危害，远离毒品。这是一项长期而又艰巨的任务，无论是对国家还是对社会，都有着重要的意义。

远离毒品，拒绝毒品，让我们的生命更加精彩，这不仅关系到子孙后代的幸福，也关系到民族的兴旺发达和国家的繁荣昌盛。

人的时间有限，你要远离黄、赌、毒，去做更有意义的事情。

女孩篇

健康成长，成为内秀外美的气质女孩

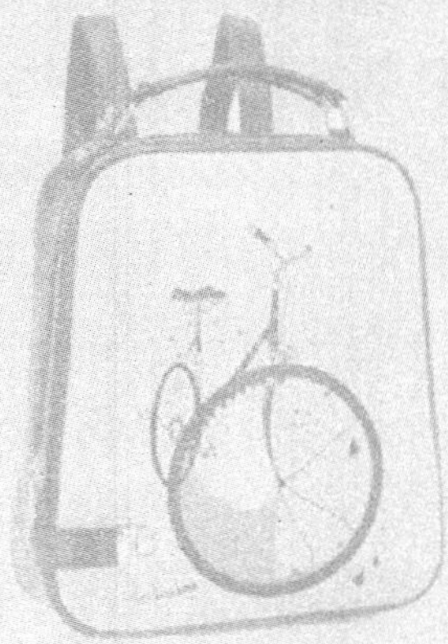

女孩们究竟该如何顺利度过美好又易受伤的青春期，为自己留下宝贵的人生体验？

经过反复论证，我们知道：只有拥有“正确引导”的阳光加上“关怀教育”的雨露，女孩们才能呵护自身，健康成长。

本篇将从“心理”“生理”“交往”“生活”这四个方面来为青春期女孩答疑解惑。

第5章　女孩心理健康发展的基础课

美丽而又哀伤的青春期恋情

谈“早恋”而色变，这早已成了社会上一种默认的处理态度。然而，一位著名学者指出：早恋这个词并不科学，顾名思义，早恋就是过早地恋爱，但是，何谓早？目前一般指中学时期，有的甚至包括大学。西方社会学研究者将十二三岁到十九岁的青少年恋爱行为称为青春期恋爱。相比之下，这一用语既给出了明确的时间定义，又未加道德评价。这样就可以站在一种更为公正、客观的立场来看待早恋。

青春期恋爱屡禁不止，甚至有愈演愈烈之势。探其根源，有主观和客观两方面的原因。

主观上，少女随着性器官的发育成熟，为性意识的产生提供了条件，对异性产生好奇、爱慕和相吸引等心理，但这种朦胧的性心态，往往因年幼无知，鉴别力不强，情感也极不稳定。

客观上，社会家庭的因素也起了一定作用，现代社会中性信息的来源众多，影视剧、报刊、小说中较为暴露的描写，公园里个别恋人毫无顾忌的亲昵，酒吧、舞厅等“未成年人勿入”的场所，对早恋的出现起到了刺激、诱导、影响的作用。或是出于好奇，或是因为模仿，使青少年过早出现对特定对象的相恋行为。从家庭的角度，一些研究发现，父母感情良好的学生很少会涉及早恋，而父母感情恶化，缺少家庭温暖的青少年更有可能涉及早恋，以更多地寻求来自同龄人的关怀。而现在种类越来越多、越来越便捷的联系方式，如微博、QQ、微信等更是在客观上为青春期早恋创造了有利条件。

青春期产生爱情的微妙感觉是很正常的，但是以青春期的年龄和实力，是否有能力来掌控这种犹如脱缰野马的强烈感情呢？回答是：不能。大部分的人不能。而且有些人还在事情过去很长时间后仍沉浸在痛苦中不能自拔。亦舒说："我知道你们的事，你们在夏日相遇，闷热的夏日夜晚，熏风下，你们为恋爱而恋爱，你才十八岁，一朵花能引起无限的喜悦。她离开你的时候，你认为地球都停止了转动……"

一个果农的儿子早恋了。

果农知道后，一声不吭，他将院子里那棵苹果树上所有未熟的苹果摘了下来。

儿子放学回到家，看见桌子上一筐筐未熟的青苹果，很纳闷：这些果子又吃不成，摘了多可惜呀！

父亲看见儿子回来，他走出院子，拿起竹棍，"噼里啪啦"地又敲起了枣树上未熟的枣……

他怀疑父亲是不是疯了？

"爸爸，这些果实还没成熟，现在打光它们，到了秋天吃什么呀？"他终于忍不住问出口来。

"可是，这跟早恋又有什么区别呢？"果农看着儿子静静地说。

儿子恍然大悟。

他果断地走出了那场早恋，全身心地投入到学习中去了。

那年秋天，他家树上没有收获到成熟的苹果和枣子。但他知道：在人生的秋天，他一定会收获很多很多的果实，包括爱情。

一般来说，青春期的恋情往往难以持久、缺少承诺，大多数是没有结果的。

青春期的恋情多数动机不纯，有些少女为了攀比而结交男友并视其为一种“流行风尚”，而有的少女则是为将来留下青葱岁月的美好记忆。不成熟的选择又加进了自己的幻想和情绪冲动，更容易造成过度狂热或痴迷，从而影响学习，这一点在女孩子身上表现更为明显。

遭受波折——感情转移、争吵、分离等情况时，易于产生偏激行为，如：殉情，恶性报复，离家出走，患忧郁症等。

发生于青春性躁动期，被一种朦胧的性爱意识主导，少男少女缺乏必要的性知识和理智，自我约束力较弱，有时可能在一时的性冲动下，稀里糊涂地发生非自愿的性关系，更难于承担这种关系造成的怀孕后堕胎的严重后果。

还有可能使少女患上抑郁症，一些人还会因此自杀，个别人甚至走上了杀人的道路。

青春期的恋情更是不实际的，现在的消费水平越来越高，而很多孩子不知所以然的“爱情”的背后，都是父母在买单。

社会发展得太快了，是社会造就了我们过早地接触这些，知道这些。很多人正是过早地体会到这一点，才明白：当时的确承担不了“爱情”的重大责任。这只有自己体会到了才有作用。老师和父母不希望你走错路，只有在人生道路上经历岁月的洗礼，磨砺出完善的品格、健全的人格，形成独有的人生观和价值观，才会明白自己想要的丈夫是什么样的，不会到年龄很大时还那么盲目。

恋爱，尤其是初恋，是人生中最美好的体验。初恋的美好，总是令人难以忘怀，因为它不仅是人记忆中第一次爱的萌动，还是最美的一次感情，这就是人们难以忘怀它的原因。美好的爱情，应该有健康的动机和适合的契机。在心理和生理都不甚成熟的青春期，为了恋爱而恋爱，你不但不能获得所谓的爱情经验，反而会在这场年少轻狂的游戏中遍体鳞伤。

嫉妒的女孩不快乐

有这样一个故事。

有一对夫妻心胸很狭窄，总爱为一点小事争吵不休。有一天，妻子做了几样好菜，想到如果再来点酒助兴就更好了。于是她就拿瓢到酒缸里去取酒。

妻子探头朝缸里一看，瞧见了酒中倒映着的自己的影子。她以为是丈夫对自己不忠，把女人带回家来藏在缸里，就大声喊起来："喂，你这个死鬼，竟然敢瞒着我偷偷把女人藏在缸里面。如今看你还有什么话说？"

丈夫听了糊里糊涂的，赶紧跑过来往缸里瞧，他一见是个男人，也不由分说地骂起来："你这个坏婆娘，明明是你领了别的男人回家，暗地里把他藏在酒缸里面，反而诬陷我！""好哇，你还有理了！"妻子又探头往缸里看，见还是先前的那个女人，以为是丈夫故意戏弄她，不由勃然大怒，指着丈夫说："你以为我是什么人，任凭你哄骗的吗？你，你太对不起我了……"妻子越骂越气，举起手中的水瓢就向丈夫扔过去。丈夫侧身一闪躲开了，见妻子不仅无理取闹还打自己，也不甘示弱，于是还了妻子一个耳光。这下可不得了，两人打成一团，又扯又咬，简直闹得不可开交。

听了这个故事后，你或许觉得这个妻子很可笑。实际上，一切都是因为嫉妒的心理在作祟。

嫉妒是对他人的优越地位在心中产生的不愉快的情感，俗称"红眼病"。由于看到别人的长处，自己无力或不愿改变现状，于是就会对对方表示不满、愤恨，甚至加以损害。女孩们经常产生这样的嫉妒心理：因竞争受挫而产生的嫉妒心理；因教师对他人的表扬而造成的嫉妒心理；因自己容貌欠美、身材欠佳而对生理条件优越的同学产生的嫉妒心理；因自己家境贫寒而对家庭社会、经济地位高的同学产生的嫉妒心理，等等。例如，某位同学在考试中取得了好成绩，嫉妒的女生会认为她“死读书”“靠死记硬背才得好分数”，或者说他“运气好，题目给他猜中了”。有时候，以明褒暗贬的形式出现，话讲得很好听，而其中的味道却是酸溜溜的。

嫉妒是一种卑下的情感，嫉妒会使人失去理智，甚至造成不可估量的损失。对成绩、进步比自己大的人表现出整体的怨恨嫉妒心发展下去，会突破就事论事的范围，而对嫉妒对象的所有行为都表示怨恨。这时，嫉妒者的理智已经为嫉妒所主宰，造谣中伤、幸灾乐祸、挑拨离间、公开侮辱等极其错误的行为都可能发生，甚至会导致毁容、伤人、杀人等极端行为。

嫉妒心理是一种破坏性因素，对生活、人生、工作、事业都会产生消极的影响。培根说：嫉妒这恶魔总是在暗暗地、悄悄地“毁掉人间的好东西”。对于个人来说，嫉贤妒能，不仅有碍于人际关系的和谐，而且嫉妒心理还有害于自己的身心健康。因为，爱嫉妒的人不仅在生活上是苦涩的，精神上也备受折磨，这样就会加速衰老的出现。嫉妒能造成人体内分泌紊乱，肠胃功能失调，心理上陷入苦海，不能自拔。可见嫉妒心理对人的危害有多大，正如诗人艾青所说：“嫉妒——心灵上的肿瘤。”巴尔扎克也说过：“嫉妒者的痛苦比任何人的痛苦更大，他自己的不幸和别人的幸福都使他痛苦万分。”

分析嫉妒的根本原因，无非有两点：一是缺乏自信，二是心胸狭隘。因此少女消除嫉妒心理，应该在自己身上下功夫。

（1）纠正价值观。嫉妒心强的人只有逐步树立起崇高的生活目的和理想，树立正确的价值观，那种唯我独尊，显示自己，沽名钓誉的嫉妒心理才能从根本上得到清除，才能与别人和平共处，把别人的进步给自己带来的压力变为动力，推动自己发展、进步。英国学者培根说得好："每一个埋头于自己事业的人，是没有工夫去嫉妒别人的。"

（2）发挥自我优势。"金无足赤，人无完人"，各人都有自己的优势和长处。人生本来就是一个大舞台，每个人都有自己适合的角色，人人"自得其所"，各有归宿；要有勇气承认对方有比自己更高明、更优越的地方，从而重新认识、发现和创造自己。这样就能从自卑感中解放出来，从嫉妒的泥潭中自拔出来。

（3）增进理解。许多嫉妒心理来源于误解，因为一方误认为另一方的优势会造成对自己的损害，从而耿耿于怀。所以要打开心扉，主动接近，加强心理沟通，避免发生误会，即使发生了也要及时妥善地消除。

总之，嫉妒是一种消极的、不健康的心理。每个女孩都要以此为戒，抑制、克服嫉妒他人的心理。正确的行为方式是在人际交往中，和周围的人进行比较时，要承认差异并努力进取，缩小差异；当嫉妒心理刚刚出现时，应想到既要尊重自己，也要尊重他人。要承认他人的优点，正视他人的优势；希望他人进步，自己也有收获。这样能使他人快乐，自己也快乐。一个人若嫉妒别人，自己也就失去了向他人学习的机会，还会失去友谊，影响团结。这样令他人不快乐，自己也不会快乐。所以要学会控制情绪，把嫉妒消灭在萌芽状态中。别人超过自己，应该祝福他；别人不如自己，应该帮助他；别人贬低自己，应该原谅他。让我们用一位哲人的格言来共勉——世界上最宽广的是海洋，比海洋更广阔的是天空，比天空更广阔的是人的胸怀。

人生在世，一定要有一颗平静和睦的心，切不可心怀嫉妒。俗话说："己欲立而立人，己欲达而达人。"别人有所成就，我们不要心存嫉妒，应该平静地看待别人所取得的成功，这是拥有幸福人生的秘诀。

青春期女孩的心理健康标准

曾经天真烂漫、无忧无虑的儿童，从某一天起，她的一切都会悄悄地发生巨大的变化：身体长高了，代表着性别特征的某些器官成熟了；思绪多了，情感丰富了，多愁善感，烦恼多多；开始关注异性了；学习、生活等方面的压力大了，感到做人难了……这些变化都表明，昔日的儿童已渐渐长大，开始步入青春期了。青春期的心理健康不仅和女孩们的学习、生活密切相关，更会影响到将来一生的发展。

于是，认识到青春期的心理特点之后，女孩们会迫不及待地想知道：究竟怎样的心理状态才是积极向上，值得不断与之看齐的呢？

所以在这一节当中，我们就来讨论一下青春期女孩的心理健康标准。

1.拥有较为健全的人格

心理健康的青少年，应努力塑造自己的人格。健全的人格包含的范围很广泛：言行一致，表里如一，光明磊落是人格健全的表现；宽容处世、平和待人是人格健全的表现；处乱不惊、冷静分析是健全人格的表现……一贯提倡的实事求是的科学态度，不但适用于科学的探索，而且适用于做人。青春期的女孩，心地善良，天真烂漫。但是有些少女却因为各种原因沾染了使性弄气的“小脾气”，或是小偷小摸，图一时之利，一失足成千古恨。这样的不良心态，如果不能尽快得到矫正，不仅会在家庭、学校的小环境中处处受排挤，在将来的社会中更会失去立足之地。

青春期的女孩应该以美为典、以德为范，努力加强自身修养。

2.心理特点与年龄相符、与同龄人相似

青春期是人生中精力最充沛、思维最敏捷、情感最活跃的时期。与其相适应的心理特征应该是对新事物感兴趣、易接受；朝气蓬勃、积极向上、不甘落后。而老气横秋、惰性十足就不符合年龄特点，一个人的行为严重偏离自己的年龄特点，是心理不健康的表现。人的心理和行为是随着年岁的增长而不断发展变化的。不同年龄者的知觉、思维、记忆、情感、兴趣、行为方式等有不同的特征。青春期是人生中精力最充沛、思维最敏捷、情感最活跃的时期。与此相适应，行为上应表现为朝气蓬勃、活泼好动，如果青年人还像儿童那样，喜怒无常，好吵好闹，则是一种心理不健康的表现。相似的道理，若同龄人喜欢的事物你不喜欢，她们不喜欢的你却喜欢；她们不动情的事情你感情冲动，她们动感情的事情你却无动于衷，就要考虑你的心理是否健康了。当然，与别人相似只是相对而言。

3.尊重自己的同时也要尊重他人

心理健康的女生，要有自尊心，有自尊心才能正确评价自己，才能充分发挥自己的优势，克服自己的劣势。缺乏自尊心，不是表现为狂妄自大，就是表现为自暴自弃。在尊重自己的同时还要尊重他人，在文明、礼貌、热情待人方面要有自己的要求，绝不接受社会上不良风气的影响。

4.拥有良好的人际关系，善于与人相处

青年同少年儿童相比，独立意识迅速增加，社会活动范围明显扩大。因此，善于与人相处，是心理健康的一个重要环节。具体说来，应具备下列特点：一是别人了解你，你也了解别人；二是能够受到他人的悦纳；三是在集体中有自己的朋友。

建立积极的人际关系，也是心理健康的显著标志。人生活在这个世界上，总要与各种各样的人结成不同关系。青春期的学生，主要是和家长、同学、老师结好关系。与同学之间交朋友，建立纯洁的友谊，在集体中成为受尊敬、受欢迎的人，在一种人际关系融洽、和谐的气氛中生活学习，心理是积极的、愉悦的。我们每一个人都要为创造这样气氛的集体而竭尽全力。

5.能适应不同环境

生活有时会同你开一些不大不小的“玩笑”：一个有志于科学事业的中学生却同大学无缘；一个热望在艺术殿堂翩翩起舞的年轻人，生活却偏把他送去站柜台。对此，心理不健康者便会心灰意冷，怨天尤人。一个心理健康的人，任何时候都乐观，不绝望。即使暂时失意，也绝不要熄灭对生活的热情。

但是适应环境并不是无动于衷，心理健康的人对刺激的反应也应当是适度的。例如，高考落榜为之不悦，这是正常的。但长久郁闷，甚至茶饭不进，那就未免过分了。心理健康的女孩懂得：世界上的一切事情（包括自己的思想）都在变动之中，要勇于适应这一变动，不断追求更加美好的人生。

6.智力正常

智力正常是青春期的女生能正常生活、学习等的基本心理条件，是她们与周围环境取得平衡的心理保证。因此，智力是否正常是衡量人的心理是否健康的最重要标准之一。要说明的是，能坐在普通中学教室中学习的女孩智力都是正常的，成绩的高低并不是衡量人的唯一标准，不必为此产生自卑情绪，关键在于如何去开发利用。

7.社会与个人的协调

精神病学者麦灵格认为：“心理健康是指人们对于环境及相互间具有最高效率及最快乐的适应情况。不只是要有效率，也不只是要能有满足之感，或是能愉快地接受生活的规范，而是需要三项具备。心理健康的人应能保持平静的情绪、敏锐的智能、适于社会环境的行为和愉快的气质。”心理学家波孟说：“心理健康就是合乎某种水准的社会行为：一方面为社会所接受，另一方面能为本身带来快乐。”两位学者都强调了社会环境、个人心理的协调平衡是心理健康最基本的标准。

青春期女孩的性心理特点

一个初三女生在日记里偷偷写下："最近一段时间，我的睡眠都不大好。总是在睡梦中梦见自己和异性发生性行为，而且在睡前和早晨醒来的时候，脑子里就会不自觉地开始出现有关男女情爱的点点滴滴，我觉得好奇怪，这究竟是怎么一回事？我的成绩一直都很好，但是自从这些性梦出现以后，我再也无心学习，而且心头总有一种负罪感……"

如果对青春期少女的心理特点有正确认识，就不会出现这样惊慌失措的局面了。

少女性心理的发展，一般经历如下几个阶段：

（1）性意识朦胧觉醒，向往与异性的交往。有的少女为了吸引异性的注意，一日三换衣服，处处表现出与众不同，这是一种过分的行为，应该加以劝导。

而家长和老师应该理解此时少女的正常行为。对少女开始注重穿衣打扮或是想对异性表达好感，不应横加指责，应该从积极的意义上帮助她们度过这段"非常的时期"，让她们明白，靠外貌上的装饰获得的光彩是不可能长久的，只有加强个人修养，增进自己的个性风采，才能获得真正的尊重。

（2）梦幻与自慰，想入非非，白日做梦，进一步就是手淫自慰。过去人们认为手淫只存在于男孩子中，事实上女孩子也有手淫的现象。手淫以自慰，往往是在罪恶与快感的交织中进行的。传统观念认为手淫是不正经的事情，这种观念使她们对自己的行为感到羞耻，但是性的躁动又使她们处在难以抑制的状态。她们需要倾诉而又找不到知音，依赖性较强的少女此时更需要学校和家庭的关怀和帮助，而矜持的心理又让她们难于启齿，抑郁不已。

女性手淫多发生于青春期，这个时期女子在性器官和第二性征发育的同时，心理上也发生着显著的变化。从医学的角度讲，手淫本身并没有什么危害，少女偶尔发生的手淫行为对身体不会有什么影响。但是，少女在手淫时，由于手和异物的不清洁，很容易将病原体带入体内引起感染。

因此，青春少女要妥善安排自己的工作和生活，业余时间多参加一些有益的文体活动和社会活动。不要看黄色下流、低级庸俗的书画影视，养成有规律的作息时间，按时睡觉，按时起床，睡觉时被褥不宜过暖过重。内裤最好用软质布料，不要太紧太小，要勤洗换。睡觉前清洗外阴，月经期最好每日清洗两次。睡眠不要俯卧位，以右侧为宜。此外，乐观开朗的情绪、丰富多彩的生活都会使青春少女强身健体，身心健康。

（3）模仿与尝试，性生活的大胆实践。受性本能、性心理的驱使，部分少女出于无知和好奇，过早地进行性体验和性尝试。

在青春期性萌发的初期发生性关系，会出现两种情况，一是受封建贞操观的影响，认为自己已是不贞不洁的人，从此背上沉重的悔恨的包袱，抬不起头来，或者破罐破摔，糟践自己；二是性欲过早启动，形成性欲的猛烈递增，出现性亢奋，陷入追求性享乐的状态。这是一些女孩子从性体验发展到性罪错所走过的路。性罪错容易形成动力定型，成为顽固的性癖恶习，要改变非常困难。青春期性生活也会给婚后夫妇生活带来阴影，抹上不愉快的色彩。倘若性生活造成怀孕，则更使双方陷入窘迫之中，特别是女方将要承担更多的不幸。她们首先感到自己做了不体面、见不得人的事，为了避免被周围的人或同学、同事发觉，精神上承受了相当大的负担。同时，为了人工流产便暗中服药自行堕胎，或者偷偷摸摸进行人工引产手术，弄不好会造成感染，损害身体健康，可能造成子宫内膜炎、急性输卵管炎、盆腔炎、腹膜炎等一系列的妇女病。如果大出血，还有生命危险。

总之，少女过早的性行为，是一件非常有害的事，切勿为了一时的“自由”，葬送了一生的幸福和健康！

一些少女视青春期出现的性心理为丑恶，产生强烈的羞耻感和罪恶感，把自己看作下流的人，她们形成闭锁心理，孤僻、自卑、内向。她们的性心理受到严重的压抑，以致日后无法与异性进行正常的社会交往，进入婚姻生活。这是因为她们没有形成对性心理的正确认识，这种情况是应该避免的，否则就会给正常生活蒙上阴影。而对性抱无所谓的态度则是很危险的，这种女孩极易在缺乏督导的情况下偷食禁果，严重者将留下终身的悔恨！

青春期的少女只有形成健康的性心理，才能避免在今后的生活中出现问题。奉劝少女们，一定要自尊自爱，珍惜自己的青春年华，以学习为重，抛弃一切邪念，抵制他人的引诱，理智从事，关好情欲的闸门。

青春期女孩的手淫

一名即将升入高二的女生匆匆忙忙来找医生就诊，她倾诉道：“我从小就是个好孩子，父母、老师都很疼爱我。我的学习成绩也不错，顺顺利利考上了高中。可是最近半年来，我每天头脑里乱七八糟的，上课也不能很好地集中注意力，说话、做事也心不在焉，因为……因为……”她鼓起勇气接着说：“因为我发现自己最近变坏了，我是个坏孩子！可是我控制不了自己。那是半年前的一次……‘手淫’使我变成这样的。我当时也是无意的，后来觉得很好玩，而且能产生快慰感，于是就经常手淫。我觉得这种行为是不道德的表现，我这个年龄不应该想这些乱七八糟的事情的，我害怕自己会因此走上犯罪的道路。我不敢和父母说，也不敢和老师说，怕他们认为我变坏了。我总是没法控制自己，每天睡前或早晨起来前，我都会不自觉地手淫。我很想改变，每天都焦虑、担心、害怕，不断地自责，好像自己做了亏心事……我是不是走上歧途了啊？医生，你能救救我吗？再这样下去，我会崩溃的！”

在一次生理学会议上，学者们在讨论手淫问题时，会议主席说：“谁能说自己从无手淫，我年轻时就曾有过，在座的各位呢？”与会的学者几乎都举起手来了。由此也可见具有手淫史的人的数量之多，尤其处于青春期的少男少女，出于对性的好奇和神秘感，发生手淫行为更是不足为怪。所以青春期的女生大可不必心怀愧疚！

少女对手淫要有个正确的认识。应该看到，少女随着性器官发育的成熟而有性的需求，是正常的、健康的现象。对大多数少女来说，偶尔发生手淫等自慰行为是不足为奇的，大可不必为此忧心忡忡。当有强烈的性冲动时，采用自慰的方式，使自己心情稳定，这比为解决性要求而不择对象导致性错误的做法高明得多，也文明得多。

有些少女经常关心：手淫究竟会对身体产生怎样的影响？

这个问题，众说纷纭，我们应该来客观理性地分析它。

有的女孩认为：每次手淫后大脑都十分疲劳，思维迟缓，反应迟钝，神经衰弱。实际上，手淫本身不会引起神经衰弱，而是因为这些人对手淫抱有不正确的认识，认为手淫是一种不道德、见不得人的下流行为，所有的手淫都对身体都害，浮想联翩，背上沉重的包袱。长时间的精神压力，会使大脑皮层处于持续兴奋状态，易出现疲劳，表现为注意力不集中，思维迟缓，反应迟钝等现象，若不能及时得到调整，最终出现神经衰弱。

同样，有的女孩认为手淫会引起月经不调也是缺乏客观依据的。月经周期与手淫之间没有直接的联系。体内性激素代谢，有条不紊地操纵着卵巢的功能和子宫内膜的变化。这种规律不会随手淫本身的机械性刺激而有所改变，正如婚后的性生活不会直接干预月经周期规律一样的道理。少女时代出现月经不调，多半是由于性激素代谢还不十分成熟与完善，容易受到精神紧张、环境变化、气候改变以及营养不良等因素的干扰，妨碍卵巢功能，于是经血增多或经期延长。倘若少女精神与心理状态比较稳定，即使手淫也未引起过多的恐惧与紧张，就不会由此诱发月经不调；反之，少女既有手淫，又恐惧、自责、紧张、焦虑、害怕手淫的“心理作用”十分显著，干扰了大脑皮层“司令部”，有时难免也会诱发月经不调。

还有的人反映：手淫后遇着月经来，常感到下腹部疼痛，有时竟会达到难以忍受的地步。少女月经来潮时发生腹痛，这种情况叫痛经。发生原因现在不太清楚。但是，大量资料表明，无论手淫与否，少女发生痛经司空见惯。因此不能认为手淫是诱发痛经的一个因素。不过值得注意的是，手淫一旦促发性兴奋及性高潮时，也会造成子宫一定程度的收缩。所以在月经来潮时手淫，有加重痛经程度的可能。

无论如何，频繁而又不洁的手淫是对身体有害的，不应提倡。这是因为：少女在手淫时，由于手和异物的不清洁，很容易将病原体带入体内以致引起感染。

（1）女性尿道约4厘米长，不及男性的1/3，而且又接近阴道，手淫会引起尿道口充血及轻微的损伤，病原体能够通过短而直的尿道，很快上行感染到膀胱，甚至肾脏，造成感染。轻的可有尿频、尿痛等不适，严重时会腰痛、发冷、发烧。如果治疗不及时，会成为慢性炎症，并经常发作。

（2）女性阴道也只有7～8厘米长，正常情况下阴道口是闭合的，起到一定的保护作用。手淫可使阴道口张开，将病原体直接送入阴道，也极易上行感染，引起子宫、输卵管炎症。

（3）性冲动时白带增多，同时阴道口的前庭大腺也会增加分泌液体，这些物质是供给细菌生长发育的良好条件。手淫可把细菌带到生殖器官内，更容易引起发炎。

（4）正常情况下，女性阴道内是酸性环境，对防止细菌繁殖起到一定作用。但是，当月经期和月经来潮前后，这种环境有所改变，又为病原体的生长创造了条件，如果在这阶段手淫更容易造成感染。另外，即使没有直接造成炎症，临床证实，在性兴奋的情况下，生殖器官是处于充血状态的，经常处于充血状态时，会使月经过多，造成生殖器官发炎。至于有些人在手淫时还向阴道内放置一些异物，这不仅增加感染机会，有时还能造成损伤。

少女不应沉溺于手淫的感官刺激中，而要正确对待生理上的强烈需求，适时转移对性欲的注意力，刻苦训练自我控制能力和疏导性欲的能力，强化自我心理调适，努力培养自己的业余爱好，不断追求高层次的生活情趣，以淡化性冲动。平时也要注意纠正有性感刺激的习惯，如俯卧、夹腿，或两腿夹手、夹物、夹被子，抱着枕头、被子睡觉，等等；不要用过热的水洗澡；不要使用会引起性兴奋的药品或香料。此外，内裤、胸罩不宜过紧；洗浴时不宜过分搓擦；有外阴瘙痒者应及时治疗；还应注意不看黄色淫秽的书籍和影视录像，回避色情场景，随时警惕并抑制自己不健康的思想意识以及由此引起淫念的幻想。

青春期女孩易患的心理困扰

青春期是人的心理变化的巨大转折时期。

在青春的旅途上，少女们将面临许多新问题，经受许多新考验。她们将会为自己身体的急剧变化而困扰、忧虑；她们将承受来自各方面的压力，寻找自己的价值所在，承担起社会赋予的责任；她们将要逐渐摆脱受人保护这一角色，面对形形色色的社会现象，做出自我选择，并随时经受挫折及失败的考验；她们要开始重新审视自己，审视周围的环境和周围的人，处理好人与人之间的矛盾和冲突，建立新的人际关系；她们要接受感情的困扰，为亲人而操心，为异性而苦恼，为朋友而担忧……这些都给青少年的适应和发展带来了一定的困难，使她们感到焦虑、迷乱，容易诱发各种心理困惑和心理障碍。

常见的心理问题有如下几种：

1.自卑心理

青春期的少女往往会出现自我认识、自我评价的偏差，导致自卑心理。如因“恐貌不美症”引发的自卑。青春期的少女暗地里热衷于对自己的容貌评头论足，担心自己达不到标准体重和身高，担心容颜美丑。一旦发现自己身材不够匀称、气质不够好、生理发育有缺陷，她们就会内心郁闷，性情孤僻，沉默寡言，不愿与人交往，也不喜欢表露，更不爱抛头露面，遇事退避三舍，陷入深深的自卑而无法自拔。再如青春期的少女好胜心强，自我期望值过高，幻想自我完美化，要求自己一切都要比别人好，不能容忍和接受自己落后于人，否则就自责不已。不可避免地，她们往往容易受挫。一旦遭遇失败和挫折，一些女孩就无法正视现实，认为自己笨、能力差、什么都不行，并对此耿耿于怀，片面夸大自己的缺点与不足，或以己之短度他人之长，先从某一方面对自己做出否定评价，然后经过泛化把自己看得一无是处。于是，悲观绝望，自我否定、自我贬低，进行消极自我暗示，形成消极观念。

2.逆反心理和自闭心理

青春期的女孩喜欢以“我已是大人”的姿态自居，极力想摆脱家长和其他成人的保护，摆脱由这些成年人规定的各种形式的束缚，喜欢我行我素，对事物的批判性增强，产生心理断奶的强烈愿望，而作为监护一方的师长却总认为她们还小，不放心。两者起冲突，导致少女产生逆反心理和闭锁心理。表现为她们对父母老师的教导不理不睬，讨厌师长管头管脚和过多盘问，不愿向师长敞开心扉，有时候大人关心地问问她们，她们总是很简单地回答“没什么”，甚至还表现得很不耐烦，可是，遇到同伴，却有着讲不完的话；她们不主动与家长、老师沟通，却会一味地指责大人对她们不理解、不信任、不支持、不关心，对师长持戒备心理；她们强烈要求有自己独立的生活天地和精神天地，对师长偷看她们的日记、信件等行为甚为反感，抵触情绪激烈。

3.过激心理

青春期的女孩情感丰富、情绪波动大，且具有隐蔽性；脾气暴躁或莫名地冲动，激情胜于理智，思考问题过于简单、缺乏冷静，生活中如果遇到矛盾、感到委屈或不满时，在强烈情绪的支配下，易爆发过激心理，做出即时的不理智的行为。这种明显缺乏自制力，不能或未能判断后果，是青春萌动期爆发的激烈情绪导致的，其后果的严重程度无法预测，危害性、破坏性极大，极有可能酿成终生憾事。有的女孩与父母、老师、同伴发生冲突后，激愤之下离家出走，因缺乏生存能力和自我保护能力而误入歧途；更有甚者，自残身体寻短见，给自己和亲人留下一生的痛苦。青春期出现的自杀行为及受伤害案例，无不与女孩们的过激心理相关。难怪，心理学家把这一时期也称之为暴风骤雨式的“心理动荡期”。

4.性成熟所诱发的困扰

由于营养的增加，居住环境、社会信息化等原因，青春期少女性成熟的一个显著特点就是早熟，即身心发展不同步，生理的成熟并不等于心理的成熟。早熟的结果是她们一方面性意识萌发，好奇心强，模仿能力强；另一方面却是识别能力、自控能力较差；再加上父母、老师受世俗偏见、陈旧观念的影响极少告诉少女有关的性知识，极少有意识地引导她们，于是她们间接偶然地从社会上寻求答案，获得有关信息。而这些信息鱼龙混杂，不系统、不科学，甚至是错误的，这使得她们对性总是产生烦恼。少女的性心理困扰大致有以下三种：一、异性交往困难，想接近异性，又不知道如何与异性沟通，于是对异性产生恐惧，导致性心理的压抑，并由此引起自卑、焦虑等不良情绪体验。二、单相思，青春期的少女对异性交往很敏感，易将“爱情”泛化，在她们眼里，自己倾慕的异性的一般举动也带上了“爱”的色彩，错把这些举动当成喜欢自己的“证据”而产生单相思苦恼。三、陷入早恋的误区难以自拔。分不清“爱”与“性”的范畴。少女对两性关系极为好奇，向往与异性接近。由于她们情感控制能力较差，道德判断水平较低，道德伦理观念和道德意志相对薄弱，往往产生“爱你就要把所有都给你”的幼稚想法。再加上外界不良因素的诱导，一部分青少年会陷入早恋误区：她们一方面有着与异性单独接触带来的兴奋，一方面又要承受家长、学校、社会的指责和学业滑坡带来的沮丧，甚至要遭受意外怀孕的巨大打击。

青春期是最容易出现心理和行为异常问题的高峰期，但是由于社会上对于心理疾病患者所持的偏见，致使许多人不敢坦然面对自己的心理问题，何况是天生羞涩的女孩，她们怕被人贴上“心理变态”或“神经病”的标签，从而不敢透露心声。事实上，少女的心理健康问题，是青少年在成长过程中必然会经历的，我们应该研究的是它们的来源和对策，而不是讳疾忌医。

影响青少年心理发展的因素是多方面的。

1. 遗传与生理成熟因素

遗传素质的差异导致青春期女孩心理发展的个别差异，生理成熟的早晚也会影响少女心理的发展。

2. 家庭因素

主要是指父母的个性、家庭教育方式与家庭心理气氛对子女的影响。

亲子关系、家庭结构、兄弟姐妹等的影响，心理学研究表明，58%的品德不良少年来自缺损家庭，25%来自经济残破的家庭，而且双亲不和比双亲不全影响更坏。我国家庭中的“老母鸡”式的教育方法也使得部分学生无法与人和谐相处。

3. 学校因素

学校对学生的影响主要是指教师的影响。教师的个性（心理健康状况）、教师的管理方式、教师的期望、教师的能力、教学与课程设置、学校环境等的影响。学校缺少必要而有效的心理健康干预手段，也是今天我国学生群体心理健康水平不尽如人意的重要原因。

4. 同伴因素

同伴的关系在青春期对心理发展的影响很大。一方面，少女对家庭与父母的摆脱，需要到同伴中去寻求归属和依托，同时，同伴的关系也是少女寻求自我成长参照、获取各种新信息和习得交往技巧的最重要的途径。同龄人之间的地位、心理需求相似，可以自由、毫无顾虑地相互倾心交谈，相互了解，平等相待。

5. 社会因素

人从诞生之日起，就无时不在受社会环境的影响。

消除青春期女孩心理困扰的对策：引导青春期女孩认识自我、悦纳自我、完善自我，树立正确的世界观和人生观，确立合理的理想和抱负；引导少女妥善解决各种冲突，恢复并保持良好心态；引导她们学会积极心理防御，正视挫折，培养耐挫能力；引导她们明辨是非，学会自我保护；加强青春期性教育，引导女孩正确看待性成熟，恰当进行异性交往。教育的方式要灵活多样，不要拘泥于空洞说教。

生命之舟在人的一生中要经历一系列航程，青春期是人生的一个“港口”，这个“港口”孕育着远航的希冀，也面临着触礁的危险。家长、教育者、社会必须为青春期女孩导航，帮助她们用知识去代替盲目，用理性去战胜任性，不断完善人格，达到生理和心理的同步成熟，顺利地度过充满希望和危险的青春期，迈好青春的第一步，走向更加缤纷灿烂的人生！

青春期偶像崇拜心理

在青少年的日常生活中，我们可以看到许多的偶像崇拜现象，诸如明星崇拜等，有的甚至还具有相当的负面特征，如暴力崇拜等。

偶像崇拜是青少年发展过程中可能经历的阶段，其内容和方式可能随文化背景和个体差异而有所变化。在一些青少年身上表现得强烈一点，而在另一些青少年身上则表现得不是那么明显。青春期偶像崇拜与青少年心理成熟过程密切相关，是特指伴随现代青少年发展过程，并反映其文化心理和行为方式的一种特殊文化心理现象。如暴力崇拜在一定程度上是这一年龄特有的冲动性和攻击性情绪特征的表现。偶像崇拜不同于宗教文化意义上的那种反映人类对超自然力的恐惧、敬畏、忍耐与服从的精神文化心态，应当把它看作一种年龄性的或阶段性的发展现象。偶像崇拜尽管存在个体差异和多样化特征，但就整体而言具有一定的选择倾向，其共性的文化特征是流行性、青春性和情感性。它以强烈的情感色彩感染和支配着青少年的内心世界，使他们被所崇拜的偶像深深地吸引，并产生情感的依赖和共鸣，常常是将整个身心融入青春偶像的精神世界之中。

对于这一教育与文化现象，尽管我们不能过于夸大它的破坏性，但这一新萌发的青少年文化生活，又的确以某种特有的方式越来越强烈地影响着青少年的精神生活和个性发展。青少年偶像行为在心理学和教育学上都具有极其重要又极其复杂的意义，既有积极功能，又有消极影响。

青春偶像崇拜的好处之一是为青少年的成长提供了奋斗的目标。“治天下者，必先利其志”，志向、目标是到达成功的前提。这就好比在黑夜中航行的船只，需要灯塔指引航向一样。而那些头顶光环的青春偶像们，不就像那黑夜中的灯塔吗？有了他们，我们才能最大限度地减少触礁、翻船的危险。仅有雄心壮志是不能成功的，还要有坚持奋斗的动力。而青春偶像崇拜的好处之二，正是为青少年成长提供了奋斗的动力。青春偶像具有巨大的感召力，因此同样一句话从偶像嘴里说出来所产生的震动千百倍地超过你父母朋友的话。你也会因此以极大的热情和动力，去努力奋斗，提高自己，挑战自己。偶像崇拜还有利于青少年在巨大的升学压力下找到一个放松自己的渠道。

如果崇拜的是“正面偶像”，比如雷锋、张海迪、比尔·盖茨、霍金，我们获得的就会是正面的影响；但如果崇拜的是反面偶像，或者崇拜方式过于偏激，则可能造成可怕的后果。

青少年偶像崇拜倘若对生活现实和道德原则造成了破坏，使他们的精神世界被偶像迷恋所占有，此时现实世界变得虚无缥缈，道德因离开人的意志而失去对人的行为的支配力。在这种情况下，偶像冲动可能代替道德自律，从而导致不良的行为结果。

所以，青春期少女在偶像崇拜中一定要注意两个尺度：一是给自己一个充分的理由。仅靠外貌和身材选择偶像是肤浅的，也不会有太大意义。迷恋流行文化、追求感官体验、从外部形象上追求偶像价值，无疑会对她们的道德理解力产生消极影响。比如，一些少女崇拜偶像的行为习惯，甚至生理缺陷等。二是适度，如果到了走火入魔、过分狂热的地步，就危险了。

青春期少女如何克服性冲动

中考完毕，她终于可以坐在客厅堂而皇之地看电视了。打开电视，正在播放一部外国片，她放下遥控器，靠在沙发里津津有味地看着。中途男女主角互相拥抱，有点放肆地亲热起来，接着是脱衣服……

她感到空气有了异样的凝固，她心跳加速，环视客厅，父母都不在，赶紧关掉电视机，回到自己的房间。摸摸脸颊，早已经火烫火烫的。她整晚都处于性亢奋状态，脑袋浮现出片中让人心旌摇荡的情节。

此后她的精神整天处于高度紧张状态，唯恐被别人知道了这个难堪的秘密。

其实，性冲动本身并不是一件多么不正常、多么可怕的、多么下流、多么无耻的事情。处于青春期的少男少女，在与异性交往中，谁也不可能完全从性本能的冲动中解脱出来。它的发生很大程度上是身体里性激素加速分泌的结果，从生物学角度来说，性冲动是一种生理心理现象。它往往是通过两种途径诱发的。

一是由视觉、听觉、嗅觉、触觉、味觉刺激大脑的思维所引起。每当听到会激发性兴奋的语言信号，或是看到、触到异性的性感部位，或闻到、尝到异性身体上的刺激气息，或者脑子里想到有关性的问题，都会通过大脑支配脊髓中的性中枢，而引起性器官的勃起或湿润。

二是性器官直接受到刺激而引起的。性器官受到刺激后，交感神经会将信号传到大脑的性中枢，引起性器官充血，从而产生反射性性冲动。比如女孩子被自己所钟情的男孩无意中碰撞了一下腰部，即会感到一种软酥酥的麻醉似的感觉流遍全身而产生一阵无以名状的快感。

青春期的男女交往，因为害怕对方或自身的性冲动而从健康的异性交际场中逃离出来，采取独来独往的封闭方式显然是不可取的。但是，如果在青春期，性冲动发生过于频繁，如有的女孩一看见异性的身形，一嗅到异性的体味就会有躁动甚至性兴奋现象发生，那必然会影响正常的学习、生活和工作，以及与异性的正常相处。如果能从以下几个方面努力，是可以在男孩女孩之间保持一种纯真的感情或友谊的。

（1）转移注意力。你是否经常独处一隅，想着有关性方面的问题，或者偷偷看有关性的书籍或电视电影，或者特别留意身边男孩性敏感的部位，或者经常与密友一起谈论性的话题，等等，或者在上网的时候经常会情不自禁地被这方面的内容吸引、流连忘返？如果回答是肯定的，你最好立即“刹车”，积极投身于大集体生活，比如多参加一些积极向上的体育、文娱活动、知识竞赛活动，多观看一些健康的影视节目，特别是与性距离较远或不沾边的节目，如演讲比赛等，以淡化你的注意力，转移你的大脑中枢神经的兴奋中心。

（2）净化刺激源。黄色的书籍刊物、淫秽的音像、不堪的网上垃圾是精神鸦片，是诱发少男少女冲动，教唆青少年不正当行为的罪恶之源，处于青春期的少男少女，若不警惕，最容易被俘虏。所以青春期的男孩女孩自觉抵制诱惑，避免看或听有性刺激内容的书刊、音像，不上未成年人禁止入内的网站，净化身边刺激源，显得尤为重要。业余时间不妨多读一些自然科学、社会科学或与学习有关的书籍，自然心思就不会走岔。

（3）弱化冲动欲。恋爱是无比神奇美妙的，它美在神秘色彩与几丝朦胧，具有强大的吸引力和诱惑力，使人渴望与梦想。一对青春期男孩女孩朝夕相处久了，难免日久生情，当一方冲动起来，不能驾驭自己的感情时，另一方最好耐心劝导，婉言回绝。用你的智慧弱化他（她）的冲动欲望，不可以态度暧昧，抑或姑息迁就，委屈迎合。让他（她）在你的缓冲减震作用下，恢复理智，冷静面对现实，避免不幸的事情发生。为了你真正地能够拥有爱情，真正地拥有家庭和幸福，女孩还是别早早地品尝性的禁果。

（4）强化自制力。人不是超凡脱俗的神仙，也不是在桃花源中生活，不可能毫无欲念。但人的冲动是受道德约束的，人的意志完全可以战胜人体本能的欲望。加强自制力锻炼就能克己制欲。一般来说，一个矜持理智，自制力强的人往往性格开朗，兴趣广泛，积极向上，具有良好的道德素养和比较好的生活节律、习惯，所以即使这些男孩女孩产生性冲动，他们也会用自制力加以抑制。

童贞的少女是美丽的，这时的少女是天使，这时的女孩才是澄明和纯情的。如果少女带有太多的性感的色彩，少女的美丽其实早已崩溃。

女孩，当你对异性的爱慕心存好感时，你还是多一些理智吧，这样你才能真正拥有一生的爱情和幸福。

青春期女孩如何防治经期综合征

一位少女有个小烦恼：来例假的时候，我特别害怕，哭了整整一个晚上。我肚子疼、头也疼，我想这回可是开始了。我只要肚子疼和头疼，它就会出现。一般人都想象不出，我痛的程度，连腰都直不起来呢，经常痛得无法上学。而且我在经期前后，常常情绪烦躁，自己也无法控制，无缘无故就发脾气，很不理智。我问过同学，很少会有人这样的，那我是不是有问题呢？听有的同学说吃止痛片会好一点，这是真的吗？就算是真的好了，也不能总让我吃药嘛……这样下去很影响我的生活和学习，现在的我非常痛苦，我该怎么办呢？

每个青春期女孩，围绕月经周期都有情绪高低的变化。有的时候，情绪好极了，就像心中有唱不完的歌，一切都那么美好，而又有些时候，情绪极低，手指会感到发麻，只想把自己关起来好好哭一场。有些女孩自己也不知道是怎么回事，有那么几天或一两个星期，情绪非常好，感到很幸福，然而也许有一天早上醒来，发现自己很沮丧——烦躁、神经紧张、浑身疼痛，看什么都不顺眼。这两种情况都是生理周期引起的。

这些少女在月经来潮前或经期中出现反常现象，如在情绪上烦躁、愁闷、抑郁、多疑，为鸡毛蒜皮的小事与人争吵；身体上感到疲乏及头痛、乳房及胸胁胀痛、不思饮食，有的人则出现低热等现象；在工作和生活上也出现了反常，不能很好工作、学习和料理家务，夜间辗转反侧，难以入眠。这种病医学上称为“经前紧张综合征”，多发生于青少年女性，一般没有器质性病变，月经过后，症状缓解或消失。但常常给学习和生活带来不愉快。

经前紧张综合征（PMS）通常包括一些轻度的躯体症状如疲劳、头痛、失眠，伴随小幅度的情绪改变。经前期紧张综合征的发病原因还不十分清楚，可能是月经周期变化中，内分泌平衡失调，引起自主神经系统功能紊乱所致。在美国，20%～40%的育龄期妇女受月经前期紧张综合征影响。

在女性月经前期综合征期间，在季节变化而使人意志消沉的时候，或在感情破裂的关口，人们更喜欢吃巧克力，日消费量甚至达到500克。而研究表明，如果你患有月经期综合征的话，建议你还是少吃巧克力。人们已经注意到，尽管巧克力会让人产生短暂的欣快感，但女性在经期食用过多的巧克力会加重经期烦躁和乳房疼痛。

而将近5%的女性经历一种严重的经前紧张综合征形式，经前期烦躁不安（PMDD）。很多研究发现，这些改变同月经周期的黄体期相关联，呈周期性，在月经周期的黄体晚期出现，为经前10～14天，在月经来潮后消失，并有至少1个星期的间歇期，这通常在卵泡期中期。月经前期紧张综合征和经前期烦躁不安的病理生理学密切地同下丘脑—垂体—性腺轴相关。目前观点认为经前期烦躁不安是由卵巢激素的周期性改变同中枢神经递质相互作用而产生，因此，经前期烦躁不安是正常的卵巢功能引发，而不是先前认为的激素失衡。

有多种治疗方法，首先是生活方式的改变。药物治疗包括抗抑郁药、抗焦虑药、激素治疗，心理治疗包括认知行为治疗等都有效，但不是每个治疗方法对所有的女性有效，因人而异。

青春期女孩要克服经期综合征，主要应加强体育锻炼、保持乐观情绪，克制自己的烦躁心情。在日常生活中注意劳逸结合，不要过分紧张，饮食清淡，多吃蔬菜水果。

女孩青春期焦虑怎么办

她今年十六岁，是一所重点高中的三年级学生。身处花季年华的她原本应该是“天之娇女”，在学校里快乐地学习生活。可是，学校开学一周后，她却下定决心走进了心理门诊。这是为什么呢？

原来，从高二年级第二学期开始，她就出现了心理问题，主要表现为每到期末复习考试临近，就紧张焦虑，还伴有较严重的睡眠障碍。这又是为什么呢？

她原在某市的普通中学读书。上高中时父亲因病去世，为了让她有更好的学习条件，母亲让她坚持在省会城市里的重点中学学习。她自幼有良好的学习习惯，记忆力也很强，遵守纪律，尊敬师长，因而深受老师的器重。但她对数理化无兴趣，通过自己努力才勉强使数理化考试保持在80分上下。可是因为老师器重她，只要市里区里或学校里有竞赛活动，老师都要选派她去参加。为此，她的学习负担十分沉重。参加竞赛前老师要给她“开小灶”进行个别辅导，布置很多模拟试题叫她做，虽然这对她的学习有所促进，但她感到精神压力很大，简直不堪重负。老师当然是一片好心，她也认为应当对得起老师，因而深恐竞赛失利，对各科的学习都抓得很紧很紧。但在心底深处她对这种竞赛性的考试很反感，对数理化的竞赛更是头疼至极。而老师却总是对她说，这是莫大的荣誉，是学校和老师对她的重视。所以，她也只好硬着头皮强记强学强练。每逢竞考，“战前”的几天她都要死背硬背、苦练苦算到深夜。

有天晚上，她正在宿舍背书，强记第二天竞赛科目的内容，恰逢邻居在请客喝酒，猜拳行令的声音很大，吵得她无法看书。她又急又气，心中烦躁至极。就是从那个时刻，她心头产生了强烈的怨恨：一恨老师总让她参加各种竞考，使她疲惫不堪：二恨隔壁的人整夜吵闹，扰乱了自己的复习；三恨家长不该让她留在市里读这个使人疲于应付的重点中学。在这种焦虑怨恨的情绪状态下，她一夜也没睡着，第二天在考场上打了败仗。而且从此就经常失眠、多梦，梦中总是在做数理的竞赛题，要不就是梦见在竞赛时交了白卷。

那一学期的期末考试，她全科失利，平均分数仅70分。以后，只要临近考试，她就总是焦虑、心慌和彻夜失眠。她很担心参加高考也会以失败告终。

这位女生表现的是典型的青春期焦虑症。

当存在某种威胁时，焦虑是正常的，它是机体面对危险采取准备的方式，导致心率增快、呼吸变得浅而急、肌肉紧张，同时精神出现高度警觉。如不存在某种特定的威胁而出现焦虑，或焦虑过度、持续时间过长的现象，则是一种病态心理的反应，称之为“焦虑症”。

焦虑症即焦虑性神经症，是一种常见的神经症，患者以焦虑情绪反应为主症状，同时伴有明显的植物性神经系统功能的紊乱。青春期是焦虑症的易发期，由于少女在生理和心理上都较男性变化急剧，因而焦虑症患者多于男性。有的女孩由于乳房发育而不敢挺胸、月经初潮而紧张不安；有的女孩由于学习基础较差而焦虑不已。患者除了精神紧张、忧虑不安，还有害怕困难、记忆不良、对声音敏感和易激动等心理症状，血压增高、心跳加快、胸闷、呼吸困难、头痛、口干等躯体症状，还会有恐惧、羞涩、孤独、自卑和烦恼，甚至头晕头痛、失眠多梦、眩晕乏力、口干厌食、心慌气促、神经过敏、情绪不稳、体重下降等症状。患者常可能经反复检查却不能发现任何器质性方面的病变，这类病症在精神科常被诊断为青春期焦虑症。

产生焦虑的原因是多方面的：

（1）有的女孩自我期望过高，学习压力过大，往往在一次挫折后便一蹶不振，造成心理阴影。

（2）有些少女有产生焦虑的心理因素，如胆小怕事、自卑、自信不足等。

（3）家庭因素，如父母感情危机带来的家庭破裂、教育方法不当，也容易使青春期女孩产生焦虑。另外有些疾病，如肥胖症、神经衰弱等也常伴有焦虑。

青春期焦虑症会严重危害青少年的身心健康，长期处于焦虑状态，还会诱发神经衰弱，因此必须及时予以治疗。

青春期焦虑症一般是以心理治疗为主，配合药物治疗。此处介绍几种自我疗法：

（1）暗示疗法。自信是治疗青春期焦虑症的必要前提。焦虑症患者应暗示自己树立自信，正确认识自己，相信自己有处理突发事件和完成各种工作的能力，坚信通过治疗可以完全消除焦虑疾患。通过暗示，患者每多一点自信，焦虑程度就会降低一些，同时又反过来使自己变得更自信，这个良性循环将帮助你摆脱焦虑症的困扰。

（2）深度松弛疗法。如果患者能够学会自我深度松弛，就会出现与焦虑中所见相反的反应，这时其身体是放松的而不是为某些朦胧意识所控制。自我深度松弛对焦虑症有显著疗效，例如，患者在深度松弛的情况下去想象紧张情境。首先出现最弱的情境，重复进行，患者慢慢便会在想象出的任何紧张情境或整个事件过程中，都不再体验到焦虑。

（3）分析疗法。有些焦虑是由于患者将经历过的情绪体验和欲望压抑到潜意识中去的结果。因为这些被压抑的情绪体验并未在头脑中消失，仍潜伏在无意识中导致病症。患者成天忧心忡忡、惶惶犹如大难将至，痛苦焦虑，不知其所以然。此时，患者应分析产生焦虑的原因，或通过心理医生的协助，把深藏于潜意识中的“病根”挖掘出来，必要时可进行发泄，这样，症状一般可消失。

（4）刺激疗法。焦虑症患者发病时脑中总是胡思乱想，坐立不安，痛苦不堪，此时患者可采用自我刺激，转移注意力。如在胡思乱想时，找一本有趣的能吸引人的书读，或从事自己喜爱的娱乐活动，或进行紧张的体力劳动和体育运动，以忘却其苦。

（5）催眠疗法。大多数患者有睡眠障碍，难以入睡或梦中惊醒，此时病人可进行自我催眠，例如闭上双眼，进行催眠：“我现在躺在床上，非常舒服……我似乎很难入睡……不过没有问题……我现在开始做腹式呼吸……呼吸很轻松……我的杂念开始消失了……我的心情平静了……眼皮已不能睁开了……手臂也很重，不想抬了，也抬不起来了……我的心情十分平静……我困了……我该睡了，我能愉快地睡着……明早醒来，我心中会非常舒畅。”

另外，患有焦虑症的女孩可以用多种方式改善其睡眠状况。如加强体育锻炼放松紧张情绪等。父母和老师应该帮助她分析其个性中的优缺点。使之正确认识自己，充分发挥长处，弥补不足之处，从而培养出健康乐观的心理。

走出抑郁，重展青春欢颜

小丽从小聪明伶俐，也很听话。学习成绩在班里名列前茅，还是班干部。父母对她期望很高，只要她学习好，生活方面有求必应。初中毕业后，小丽考取了重点高中，父母更是以她为骄傲。但入学不久，小丽就感到不太适应，班上同学都是来自各地的优秀生，自己学习上的优势已不复存在。一次考试由于准备不充分，她的成绩名次一下子落到班上第30名。小丽当时就哭了，觉得无法面对这样的现实。此后渐渐出现头昏、失眠、心情闷闷不乐，上课注意力不集中，觉得同学都看不起她，自己也对不起父母。她变得不爱学习，后来竟害怕上学，对前途失去信心。

在求医就诊的时候，小丽这样说："我知道我考上大学的希望会破灭的，那时的我一无所有，怎么办？我在这个世界上简直就是多余的，我给家里带来了这么多麻烦，我活着还有什么意思？但我也不想这样，只是自己想了很多办法也没有改善。我天天什么都不想干，妈妈骂我懒也没有用。"

小丽的情况经专家确诊为青春期抑郁症。抑郁症是一种常见的心理疾病，表现有：心情抑郁、失去兴趣和快乐感、容易疲乏、注意力不集中、总想不高兴的事、思维和反应迟钝、自责自罪、工作学习和创造能力明显减退，严重时可以有自杀的想法和行为；另外也可以有"衰弱"性的躯体症状：如失眠早醒、食欲不振、体重减轻、困倦乏力、头痛头晕等。诊断标准：如果病人具有上述大部分的症状，并且每天都有，持续2周以上，已经明显影响正常的工作和生活，就应该高度怀疑抑郁症的可能性。抑郁症有几种，如果抑郁与极度情绪高涨或易激惹交替出现，就称之为双相情感障碍（一相为抑郁；另一相为情感高涨或躁狂）。抑郁症多起病于青春期，起病都很缓慢。由于青春期抑郁症症状轻，对社会的危害也小，常常被父母、教师怀疑为是懒惰，诊断常有延误，故病程冗长。如症状能得到充分治疗，大都能够恢复。那么究竟是什么原因使青少年患上青春期抑郁症的呢？

青春期由于性的成熟，学习的紧张，神经系统承受的压力更大，尤其是在遇到挫折和烦恼的情况下，神经系统的功能很容易失调，以致发生抑郁症。另外，从儿童期到青春期，身体发生了质的飞跃，而心理意识上还处于幼稚的儿童阶段，对失败、挫折、缺点不能正确的认识，也可导致抑郁症的发生。具体情况有以下几种：

（1）家庭变故。对子女心理打击最大的莫过于父母婚变所造成的影响。家庭破裂、父母分离、会使子女缺乏安全感和被爱感。这是引发抑郁的重要根源之一。

（2）迁居和转学。有些孩子遇到经常搬家或转学，易由于“怀旧”而带来抑郁，特别是亲密好友的别离以及对陌生的环境适应不良、与新同学相处不好时，很容易造成抑郁情绪。

（3）亲友亡故。亲人和挚爱的好友的突然亡故，的确是沉重的打击，有的孩子很容易由于过度悲哀和恐惧而产生抑郁，且须很长一段时间才能逐渐好转，甚至其失去亲友的症结一生都很难解开。

（4）对异性的思慕。青春期的男女青年正在迈向生理成熟的过程中，性心理的种种变化也是极自然的。故少男少女易由于暗恋异性或唯恐失去思恋的人而出现抑郁。

（5）遗传因素对孩子患上青春期抑郁症也有一定的影响。研究表明，患者的一级亲属中中型抑郁症的患病率高于一般居民。父母双方或其中一方曾患过抑郁症，则孩子患病概率提高。

如何才能防止抑郁症呢？

对孩子而言，首先应以冷静、镇定的态度对待自己的性成熟，同时努力把主要精力投入到学习中去，对待生活的态度要乐观、求实；其次，多参加文体活动，多和同伴、朋友交往，避免偏激言行的发生。遇到挫折时不要将失败看成是由于自己运气不好，而应该坚信失败是一时的，不是无法更改的，重整旗鼓、重头再来。要善于及时做自我调整，善于倾诉，善于排遣心中的郁闷，这样就可防止抑郁症的发生，以良好的心境度过青春期。

站在家长的角度，应该力图为孩子创建一个民主的家庭氛围。父母对孩子应该有适度的宽容和放纵，中学阶段个体身心逐渐成熟，父母若过分保护，会使孩子失去经受风雨的机会。民主的家庭氛围能避免处在青春期的孩子们陷入忧郁的泥潭。

对于患严重的抑郁症的孩子来说，可住院治疗，并在医生的指导下服用适当的抗抑郁药。

女孩，在生活的画卷中，偶尔抹上一道灰色，并不预示着你的沉沦，重要的是，能在灰色中提取绿色的希望，重展青春的欢颜。

另外，失眠也能导致抑郁。若干研究表明，失眠不只是精神健康受到损害的结果，也是诱发抑郁的重要危险因素。而且，那些睡眠时间被打乱了的人，更容易出现心血管方面的问题。同时，失眠能在许多方面损害人们的正常生活，包括：失眠的人常出现注意力不集中、生产力低下、工作质量差，影响工作；睡觉损失能妨碍记忆、逻辑推理和注意力，影响学习；由于失眠引起的疲劳、易怒或健忘等，从而引起压力和人际关系紧张。除了及时就医外，这里介绍几个防治失眠，帮你入睡的小窍门：

（1）每天在同一时间入睡和起床。遵守一个规律的睡眠时间表，即使是在周末。这将有助于形成“睡眠—觉醒”节律，会促进更好的睡眠。如果不睡，就起床，只有想睡时，才上床。睡前锻炼可以帮助睡眠，但锻炼应至少在睡前3个小时进行，这样睡眠时就不会处于过度兴奋状态。睡前读书、听听放松的音乐也会有助于睡眠。

（2）创造舒适的睡眠环境。温度在18℃～20℃为宜，对大多数人来说，凉爽总比热好；卧室光线尽可能暗一些，甚至可以戴眼罩；用地毯、窗帘、耳塞等减少噪声；合适的床垫很必要；不在卧室工作。

（3）避免酒精和咖啡因。酒精可能促使睡觉，但是它会使睡眠处于得不到休息和不安逸状态。咖啡因包含在茶、可乐、巧克力和咖啡中，是一种能引起睡眠问题的刺激物。还有，睡前吃得很饱或吃辛辣的食物会使人在夜间感到不适。

（4）减少或停止吸烟。烟碱像咖啡因一样是刺激物，能引起入睡困难、觉醒和做噩梦。

（5）避免频繁看钟。设置闹钟并把它放在看不到的地方，持续看钟能引起失眠。

总之，由于女孩发育较早，也较敏感，其心理上，异性认识、道德意识和社会意识也成熟较早，所以比男青年更容易因挫折和创伤而造成心理障碍。因而，防止青春期抑郁症的发生，首先需要家庭、学校、社会各方随时关心青春期女孩的言行，以期尽早发现抑郁症的苗头并及时给予直接和间接的帮助，尽快使其从抑郁状态中解脱出来。

女孩请正确对待虚荣心

每次读莫泊桑的短篇小说《项链》，都让人不禁不感慨万分：玛蒂尔德为了能在舞会上引起注意而向女友借来项链，最后在舞会取得了成功，但却乐极生悲，丢失了借来的项链，由此引起负债破产，做了十年苦役才还清这一项链带来的债务。值得吗？

造成这一悲剧的主观原因却是她自己——因为爱慕虚荣。

莫泊桑用了大量笔墨描写玛蒂尔德因羡慕虚荣而产生的痛苦：“她觉得她生来就是为着过高雅和奢华的生活，因此她不断地感到痛苦。住宅的寒碜，墙壁的黯淡，家具的破旧，衣料的粗陋，都使她苦恼……她因此痛苦，因此伤心……心里就引起悲哀的感慨和狂乱的梦想。她梦想那些幽静的厅堂……她梦想那些宽敞的客厅……她梦想那些华美的香气扑鼻的小客室。”“她没有漂亮服装，没有珠宝，什么也没有。然而她偏偏只喜爱这些，她觉得自己生在世上就是为了这些。”

提起女孩的虚荣心，大家自然就会想到女孩爱美。

通常两个女孩一碰面，彼此就会从头顶打量到足尖，然后打听对方的服装、饰品、身边物价钱多少、哪里买的，恨不得自己马上去买。要是自己经济能力有限买不起的话，心里就会好一阵失落和难受。

考试前，不甘落后的女孩“夜里挑灯看书，梦回继续做题”，使出了吸奶的劲，第二天还要故作轻松地埋怨自己没好好复习。考试结束后，忙着打探他人的成绩，倘若自己得分低，就觉得大丢面子。

女孩的虚荣心还表现在攀比上，往往几个女孩聚在一起，就会谈自己的过年压岁钱多少，然后逐一攀比。

你知道虚荣心产生的原因吗？

（1）面子观念的驱动。爱面子是中国社会普遍存在的一种民族心理，面子行为反映了中国人尊重与自尊的情感和需要，丢面子就意味着否定自己的才能，这是万万不能接受的，于是有些人为了不丢面子，通过“打肿脸充胖子”的方式来显示自我。

（2）与戏剧化人格倾向有关。爱虚荣的女孩多半为外向型、冲动型，反复善变、做作，具有浓厚、强烈的情感反应，装腔作势、缺乏真实的情感，待人处事突出自我，浮躁不安。虚荣心的背后掩盖着的是自卑和心虚等深层心理缺陷。

虚荣心并不可怕，只要是一个有着正常思维的女孩，都会有虚荣心。小小的虚荣心是可以催人奋进的。

你知道高敏吗？这位70多次参加国际比赛从来没有丢掉金牌的名

将，她究竟是怎么走上跳水道路的呢？高敏说，她会选择跳水，完全是因为虚荣心作祟。“当我选进跳水队的时候，我各方面都显示出天分，很多动作都比一般的孩子好。大家都用羡慕的眼光看着我，那时候我小，我并不明白这就是虚荣心，我就是喜欢被别人羡慕的感觉，我告诉自己要拿第一。”就这样，高敏造就了一个时代。著名影后张曼玉在接受一个电视访问时曾被问及为何当年参选香港小姐，当时她率直地回答是：因为贪慕虚荣！

但凡事都有两面性，如果过于注重外在的东西，为了满足虚荣心而超出了自己的能力范围，就会走向极端。

一个家境贫寒的女孩刚刚考入向往已久的大学，为了追求时髦，不惜借钱购买高档衣服，还借钱买了项链、戒指来炫耀自己。周围人羡慕地夸奖她有钱，她只说是爸爸妈妈帮她买的。有一天门口堵满了要债的人，周围的人才明白过来是怎么回事。

过强的虚荣心就是扭曲了的自尊心，是自尊心的过分表现，是一种追求虚荣的性格缺陷，是人们为了取得荣誉和引起普遍的注意而表现出来的一种不正常的社会情感。虚荣心男女都有，但总的说来，女孩的虚荣心比男孩强。因此，虚荣心带给女性的痛苦比男性大得多。虚荣心过强的人，其深层心理就是心虚。表面上追求面子，打肿脸充胖子，内心却很空虚。表面的虚荣与内心深处的心虚总是不断地在斗争着：一方面在没有达到目的之前，为自己不尽如人意的现状所折磨；另一方面即使达到目的之后，也唯恐自己真相败露而恐惧。女孩如果被这来自这两方面的矛盾心理所折磨，她们的心灵总会是痛苦的，完全不会有幸福可言。

虚荣心强的女孩往往都不愿脚踏实地地做事，而是经常利用撒谎、投机等不正常的手段去渔猎名誉。她们在物质上讲排场、搞攀比；在社交上好出风头；在人格上又很自负、嫉妒心重；在学习上不刻苦。

怎么判断自己是否有严重的虚荣心呢？

（1）你是否常常孤芳自赏。

（2）你是否经常把时间与钱财浪费在化妆与美容上。

（3）你是否喜欢别人称呼你的什么头衔。

（4）你是否喜欢向人炫耀自己家庭成员或亲戚中较有地位的人物。

（5）你是否嫌弃家庭经济困难的同学。

（6）你是否稍有成绩便自吹自擂，唯恐他人不知道。

（7）你是否常为考试成绩不佳找借口。

（8）你是否在与同学谈论中，常强词夺理、文过饰非。

（9）你是否不顾家庭实际情况，硬撑阔气，摆出一时的“豪爽大方”。

（10）你是否常常掩盖自己的短处。

（11）你是否对批评耿耿于怀，过分爱面子。

倘若以上几点你都满足，那么你的虚荣心就属于“超标”类型了。

如何走出过分虚荣的泥潭呢？

（1）有正确的人生追求。一个人有崇高的理想、正确的动机，就不会通过不正当的手段来炫耀自己，就不会徒有虚名。

（2）克服盲目攀比心理。俗话说：“人比人，气死人。”横向地去跟他人比较，心理永远都无法平衡，会促使虚荣心越发强烈，一定要比，就跟自己的过去比，看看各方面有没有进步。

（3）珍惜自己的人格。高尚的人格可以使虚荣心没有机会抬头。

一个人追求一种表面上的荣耀、光彩的心理是再正常不过的，但是过分的虚荣心是一种不良的心理反应，对人的危害是极大的。青春期的女孩，请正确对待虚荣心，让虚荣心成为一种前进的动力，不要让虚荣心盲目膨胀，导致付出惨重代价！

正确认识性梦与性欲

性梦，通常指在睡梦中与异性亲昵的梦。心理学家认为，性梦是一种正常的性生理和性心理行为。这是一种正常宣泄，这种梦实际上反映了一个人对性的态度。

女孩随着性生理与性心理发育成熟，尤其是在排卵期和月经前期，性欲比较旺盛，并通过大脑皮质的兴奋灶而活跃，在清醒状态下这种性冲动被理智所控制，但在梦中却不受任何束缚，便出现与“梦中情人”约会和梦交。可以说，性梦是少女青春期萌发的一种正常的性生理和性心理现象。

心理学家弗洛伊德认为，梦的功能是保护睡眠，当人们睡着时，自我警惕放松了，被压抑的愿望（经常是性的）冲进意识，来打断睡眠；这些愿望被允许以梦这样的伪装形式来得到部分表达，这种将无意识的愿望转变成梦的想象过程被称为梦的工作。

由于寻求和揭示性的奥秘是青春期少女所向往的事情，她们想了解两性的秘密，因而身边的一切与性相关的事物，如电影、黄色书刊、色情故事、两性画片以及父母间的亲昵动作，都会对她们产生种种不同的影响。清醒状态，有自我控制的能力，因此在平时埋藏在心底没有表达，到了熟睡之后大脑的控制暂时消失，于是性的本能和欲望就会在梦中得到反映。所以，性梦大多数是性刺激留下的痕迹所引起的一种自然的表露。

其实，做一两次性梦，在某种程度上可消除体内积累的性紧张，使性压抑得到暂时的缓解，有利于维护性心理平衡。但如果陷入其中，便会产生一定的危害。有的少女缺乏性知识，出现性梦后，常会紧张恐惧、茫然困惑，这样易造成心理和生理失衡。若是沉溺于天花乱坠的性梦，以此为乐，容易使身体变得虚弱，导致脏腑功能代谢紊乱。假如性梦过于频繁，则要找找原因。例如过度劳累，手淫过频、过强烈，内裤穿得过紧，刺激摩擦阴部，外生殖器不正常，充血刺痒，或泌尿系统炎症等。如果属外界因素影响，可及时找医生对症治疗。倘若是心理上存在较大的压力和负担，则可找心理医生进行心理咨询，消除性梦者的精神压抑和负罪感，也可少量服用药物进行对症治疗，以改善睡眠。

性梦、手淫等都是正常的性欲表现，性欲，也叫性动机或性冲动，是一种促使通过性行为解除性紧张的驱动力。性欲通常表现为性饥饿或性张力，性欲既是人类的一种本能，也是一种高级的神经心理活动，因此它可以受我们自主控制。压抑，是人们缓释性欲最常见的方式之一。运用意志的力量适当控制自己的性欲，是社会中的每个人都必须经常做，而且做得到的。但我们不提倡禁欲主义，极端的压抑会伤害人的身心。可通过自然缓释、转移和升华等方式使性欲得到缓解。自然缓释是减弱性欲的常见途径，关键是避开性刺激环境，转移注意力。如果性欲很强，可以采取诸如冲冷水使身体血管收缩等方法来降低性兴奋。转移，是通过一些剧烈的身体活动，把性欲积聚的能量释放出来，以达到缓解性欲的方法。比如参加跑步、拳击等活动。青春期少女不能通过性行为来满足性欲，缓解性紧张，但可以参加各种体育运动使性欲能量转移发泄。升华，是转移的一种特殊形式。把性欲的强烈能量转化到文化学习、科学研究和艺术创作等活动中，满腔热情，专心致志，往往会获得意想不到的成功。

如果一个处于发育时期的少女，把自己正常的性冲动看成是淫秽、罪恶的表现，并影响了自己的正常思维、情绪、行为，便是心理障碍。因此，青春期少女要重视自己的性心理保健。女孩对两性关系方面的理解、体验以及行为表现等心理变化发展过程是客观存在的，是正常的。但是它必须和社会的、个体的生存条件相协调，应当把主要精力放在对知识的追求、对社会的了解上，要增强理智，减少对性的关心。

禁色之爱——认识同性恋情

小宏是一位高三女生，她娇小可爱，身段玲珑，而且多愁善感，惹人怜爱，同学们还给她起了个外号“林妹妹”。然而时近毕业，她却有一肚子的烦恼无人倾诉。

“我们俩在初中时就是同学，家又离得近，我们总是一起上下学，三年都形影不离。她长着一头利落的短发，有明亮的眼睛，身材高瘦挺拔，和她在一起有一种说不出的舒服的感觉，我哪天见不到她就什么事都做不了。伤心的时候，我总是喜欢靠在她的肩上，向她哭诉烦恼；而她会轻轻搂着我，安慰我。我们在一起的时候，总是非常的开心。当时我也没觉得我有什么不对劲。但是自从一次回家路上，她为了保护我不受流氓的欺负而大打出手，我对她的依赖就更重了。更可怕的是，我发现自己对男生一点都不感兴趣。相反的是，没人的时候，我和她会紧紧拥抱，甚至接吻，她还会抚摸我的身体……我们都感觉很享受。我知道这样是不道德的，但是我们每次见面都控制不了自己。我很害怕，不知道该怎么办。”

这位女孩怀疑自己是同性恋，所以忧心忡忡。同性恋究竟有多可怕？

同性恋可见于各个年龄段，但以未婚青少年多见。西方国家比东方国家多见。据统计，同性恋在男性中约占5%，女性中占3%。有些属于双性恋，即对同性和异性都产生性爱。同性恋现象是跨地区跨文化而普遍存在的现象，存在于各个种族、各个阶级、各个民族和各种宗教信仰的人们当中。所谓同性恋现象，是指以同性为满足性欲的对象的现象。同性恋者经常受到与自己同性别的人吸引。这种吸引既有精神上的，又有肉体上的。他们之间会发生恋爱，过性生活。同性恋是一种生活方式，同性恋是否为病态，目前的意见尚不一致，但多数人认为在有异性存在的情况下发生排他性的同性恋往往属于病态。但随着文明的发展，越来越多的人认为：同性恋然违背了人类生息的自然法则，但只要不对别人造成伤害，自己又不认为应该接受治疗，那也不必视之为洪水猛兽。

对同性恋的正确认识还离不开对原因的了解。

同性恋产生的原因至今尚无肯定的学说，一般认为与以下因素有关：

（1）遗传因素，有人发现同性恋者在单卵双生子中远比双卵双生子中多见，而且男同性恋可能是母系遗传的。

（2）内分泌因素，持这种观点的人认为性腺分泌不平衡是导致同性恋的原因。男同性恋者血液和尿中睾酮较异性恋对照组少，而女同性恋者尿中睾酮较异性恋对照组多。同时男同性恋者精子计数较少，畸形精子较多。但有关学者认为这也可能是同性恋的心理和行为引起激素水平的变化。实验结果证明，给男同性恋者补用睾丸激素的结果并不能激起他的异性恋行为，而只是增加了同性恋行为中的性欲强度。

（3）心理因素。如果正常的性心理发展得到不良的家庭或环境影响，成熟的异性恋驱力将被阻滞或者歪曲。家庭的影响在同性恋的发生上是非常明显的，这也是民间公认的同性恋倾向的主要来源。

（4）经济因素在同性恋的发生上可能有一定作用，特别是在于男性，由于经济贫困无力娶妻或者出于一种逃避男性责任的潜在倾向，易导致同性恋。

很多人认为：同性恋作为性取向的一种，与异性恋、双性恋并列，它本身并没有错。英国法律也明文规定：同性恋是配偶提出离婚的正当理由。一些国家甚至已经通过了允许同性恋结婚的法律，如荷兰、比利时、西班牙、加拿大等国。但是很多同性恋者自身一些不健康的生活方式，已成为传播性病的主要途径之一，实在不容轻忽。

但是值得注意的是，如果这种对同性的追求和爱恋仅仅存在于自己的幻想之中，而并没有付诸实际的性接触，这属于精神性同性恋或同性爱慕，它不应归属于真正的同性恋，而只是正常性心理范围内的一种变异。还有些具有同性恋行为的人并非喜欢和热衷于此道，而只是在特殊环境条件下出现的一时性所为，如远洋生活、军营生活、神职生活、寄宿学校等，称为境遇性或代偿性，或假性同性恋。由于这些人并未顽固成癖，故也不把他们归属于真正的同性恋。

第6章　女孩，从0到1学会青春期健康知识

初潮少女保健要点

正常情况下，豆蔻年华的少女，在生理上最突出的变化就是月经来潮。青春少女首次来月经，医学上称“初潮”。初潮，是女孩从童年进入青春期最明显的标志，它标志着女性开始进入性生理发育过程的第一关。但是，由于这时的少女心理并不成熟，有的根本没有这方面的常识，这些初潮少女，面临月经初次来临，心理上往往紧张、羞涩、好奇，甚至恐惧，思想复杂、精神紧张，身体方面也可能出现腹胀、腹痛、腰酸、乏力、嗜睡、疲劳、颜面水肿等不适，再加上学习紧张的压力，她们的抵抗力和适应力都会有不同程度的减退。此时，如果不及时进行心理调整，往往会影响学习，影响心理健康。做好初潮期保健，对少女来说十分重要。

1.掌握生理知识

大多数少女在月经初潮时，都羞于向家长和学校卫生老师询问相关知识。这时，家长和老师，应该向她们传授正确的生理知识，纠正错误认识。尤其是少女的母亲，应主动关心女儿月经情况，提前准备经期用品，适时介绍经期卫生知识，让女儿愉快而顺利地渡过“初潮”这一关。

少女也可以通过阅读一些青春期生理的书籍，来了解性心理常识。月经初潮是女性身体发育的必然现象，是青春期的标志，是女性走向成熟的里程碑，完全没有因月经来潮而忧心忡忡的必要。

很多少女可能了解到，正常妇女的月经一般为28～30天来一次，月经持续3～7天；但是很多人不清楚，在少女中有相当一部分初次来月经后的一段时间，月经周期不太规律，有时提前或推迟，或时来时停，有的甚至要间隔几个月才再来月经。其主要原因是，卵巢发育不成熟，功能还不稳定，未必每月准时排卵。随着少女年龄的增长，月经周期自然会逐渐变得正常起来。

了解了这些知识，少女们就会正确对待月经初潮引起的腰酸、嗜睡、疲劳、乏力等不适症状，就会增加心理上的承受能力，不至于惊慌失措、心事重重、影响学习。

2.搞好经期保护

在月经期间进行轻度适量运动，可以促进机体新陈代谢，对改善血液循环、减轻盆腔充血及小腹坠痛有益。锻炼时间宜短，运动量宜小，运动速度宜慢。

初潮之时应避免参与剧烈的体育运动，避免长距离骑车和跑步。月经来了就应该大方地告诉老师，该请假的时候就请假，没有什么不好意思的。月经期间剧烈活动，会因为体位的变化引起并发症，最常见的是子宫内膜异位症、痛经、月经过多等。月经期间还要注意保暖、防止感冒，禁止食用生冷、刺激的食物。以免过度疲劳导致抵抗力下降，诱发感冒等疾病。

3.注意生殖卫生

月经初潮时，要特别注意生殖卫生，加强自我防护。经期应经常清洗外阴，避免手淫，因为在此阶段机体抵抗力下降，如果不注意清洁卫生，则极易引起细菌感染和发烧。据统计，初潮少女外阴瘙痒症的发病率为6.9%左右，其主要诱发因素就与经期外阴不清洁和手淫有关。应该坚持每天用清水清洗外阴1～2次，以淋浴为佳，若采用盆浴，应该专盆专用。在平时没有感染性疾病时，一般可以使用净水洗外阴即可，不必使用肥皂，更没有必要使用药物。使用优质卫生巾，千万不可为了贪便宜而使用劣质产品，更不能用消毒不严格的普通卫生纸和草纸来代替。初潮的时候应立即使用卫生巾，防止经血弥散造成其他部位的污染。

4.注意起居饮食

月经初潮之际，适当注意休息，保证充足的睡眠时间，防止过于劳累；饮食注意营养丰富，进食易于消化吸收的饭菜，增强体质与自身抗病能力，这对恢复精力与体力大有裨益；月经期间避免生冷、刺激的食物，避免喝酒；月经期间避免使用冷水，不要洗盆浴，更不宜参加游泳等活动；在初潮期间，注意适当休息即可，也不要因初潮而停止一切必要的活动。

5.保持良好情绪

部分少女月经初潮往往精神紧张，情绪不够稳定，容易发脾气、闹别扭。这时应该注意保持冷静与克制，学会宽容他人，防止因紧张与冲动导致月经疾病。在日常生活中要保持良好的精神状态，保持良好的情绪。学习紧张时要尽可能放松，减轻精神压力，科学运用时间和精力，在学习中要以身体健康的大局为重，以搞好经期卫生的保健为重，避免出现因精神紧张引发的疾病。

青春期少女节食减肥惹的祸

盲目节食会对身体造成诸多不利的影响。有些本身就不胖的少女为了使身体更加苗条，控制对各种食物的摄取。长此下去，体形虽然变得非常苗条，但由于身体生长所需要的各种营养物质的缺乏，使身体发育出现了以下一些不正常的现象：

1.智力发育受限

脑细胞的生长发育需要大量的蛋白质，节食会造成体内蛋白质缺乏，使大脑细胞的发育受到抑制，出现记忆力减退、注意力不能集中等现象。严重时还可能出现疲劳、乏力和各项生理功能减退，甚至出现皮肤松弛、肌肉无力等症状。

另外，节食中的女孩普遍缺铁，而铁水平下降，会使智商水平下降。英国伦敦国王学院的研究人员对595名11～18岁的女孩进行了调查，发现1/4被调查的少女因为节食和缺铁而影响了她们的智商。

2.月经来潮紊乱

一位女中学生从半年前开始节食减肥，之后就几乎和荤食“绝了缘”。一段时间后，她的体重大大减轻。可是正当她为自己身材恢复苗条而庆幸时，月经却不来了。医生经过详尽的问诊和检查后，发现她的状况盲目节食和过分减肥造成的。少女过于节食，以致营养不良，使雌激素分泌受到影响，造成月经初潮年龄较正常女性晚，甚至引发闭经；月经已经来潮者，会发生月经紊乱，经期长短不定，经量多少不一。另外还会出现第二性征发育不良，如胸部扁平，阴毛和腋毛稀少等现象。这类现象在运动员和舞蹈演员中十分常见。

3.产生精神性厌食

小燕今年17岁，红红的脸蛋衬着一双明亮的大眼睛，使她看上去显得朝气蓬勃。可是，她却总说自己太胖，希望能拥有像明星一样的苗条身材。于是，她便开始了自己的减肥计划——甜的不吃，咸的不吃，油腻的不吃；每天只吃两餐，每餐主食不超过二两；星期天去郊游，长途跋涉却不进食，不进一滴水。父母多次劝告她，她却说：“想要有一副好身材，就要经得起考验。”依然我行我素。可是，“人是铁饭是钢”，眼见着小燕一天比一天消瘦下去，一个身高1.68米的女孩却不到75斤重，父母心疼得不得了。父母和她进行了一次长谈，告诉她不能再这样下去，应该给自己补些营养，小燕也明显感觉到自己一天不如一天，似乎美丽还未来临，死亡却在向她招手，但现在的她毫无食欲，什么都难以下咽。

长期过度节食，可使食欲减退，最后导致精神性厌食，不愿进食，看见食物就恶心。如果不及时进行强制性进食和精神治疗，可能导致全身营养状况恶化，严重危害身体健康。

4.引发各种疾病

摄食量少、各种营养物质不足、机体营养缺乏，可导致一系列疾病。比如铁缺乏，可引起缺铁性贫血，出现皮肤苍白、头昏眼花、神疲乏力、活动后心悸气短等现象；蛋白质缺乏，可造成负氮平衡，使生长发育迟缓，消瘦，抵抗力下降，智力发育亦会受到影响，严重者会发生营养不良性水肿。女孩的青春期发育较男孩早，同时伴有明显的内分泌变化，蛋白质摄入不足所引起的不良后果将更为严重；糖类缺乏，可引起低血糖症；维生素B_2缺乏可导致脚气病；维生素C缺乏可导致坏血病；维生素D缺乏可引起骨代谢异常，身材长不高或骨骼变形；维生素A缺乏可引起夜盲症；钙、磷摄入不足或比例不当会直接影响骨骼发育，缺铁可导致贫血；缺锌可影响人体生长发育和性腺发育等。

青春期是长身体、长知识的重要时期。这一时期体质将影响一生的健康，必须为强健的体魄打下牢固的基础。单纯为追求外表美而不科学的节食，是不可取的，且后患无穷。青春期女孩必须慎之又慎。

吃出美丽，吃出健康

豆蔻年华的到来，是人体生理发展的一个转折点，此时人体各个器官迅速发育成长，因此，对营养的要求也越来越高。为了使少女青春期得到健康成长，注意合理饮食至为重要。

我们的目标是：吃出美丽，吃出健康！

1.吃出健美身材

少女一进入青春期，都希望自己有一个健美的身体。因此，有的为了身材苗条，便节制饮食，造成热量不足、蛋白质缺乏，发育代谢减弱、面黄肌瘦，反而失去了少女青春的光彩，也严重损害了身体健康。有的过多地吃高热量的食品，甚至乱吃补品、补药，结果造成代谢紊乱，臃肿虚胖，毫无健美可言。所以养成健康科学的饮食习惯十分重要。

少女时期正是生长发育的重要时期，身体急需各种营养物质，首先是对蛋白质需求较多，饮食上要粗细粮均食。因此，每天应摄入一定量的奶或奶制品、瘦肉、鱼、蛋等食品。

在少女生长发育期，钙磷需要量也多，如摄入不足，就会影响骨骼的生长发育，以致影响身体的均匀发展，从而破坏体形的优美。因此，日常必须多食用含磷钙多的食品，如牛奶、鸡蛋、虾及黄豆、芝麻、菠菜等。维生素D不足可发生轻度的佝偻病或骨质疏松症。

少女在青春期为了保证身高，可注意摄食含锌量丰富的食物。一般来说，动物性食物比植物性食物含锌量高，如瘦肉、牛肉，黄鱼和其他海味食品含锌量都很高，粗面粉、黄豆、苹果含锌也较多。对于精米、富强粉宜少食用，更不应该为使身体苗条而限食动物性食物。

为了怕长胖，青春期少女请远离以下这六种食物：

（1）令人上瘾的食物。最常见的有香脆可口的花生米、腰果、开心果、杏仁、瓜子等坚果类，或含咖啡因的饮料，如可乐、奶茶，巧克力甚至糖果，一般果汁饮料。

（2）口味重的食物。又酸、又甜、又辣、又咸的食物，会诱使你胃口大开，在不知不觉中多吃。例如，诱人的咕咾肉、宫保鸡丁。它们也是诱发青春痘的主要因素，对于青春痘的预防亦有负面影响。

（3）高热量、密度的食物。一般经过油炸烹调的食物，会提高60%～100%的热量。尤其是大量食用炸、爆、煎、炒、油酥等方法制作的食品，会促进皮脂腺旺盛地分泌皮脂，促使青春痘生长及恶化。另外，香、辣、刺激的调味品及酒也有促进微血管扩张的效果，因而刺激皮脂分泌过剩，使皮肤长出青春痘。

（4）过分精致的加工食品或速食。加入大量奶油、糖、香料的蛋糕及西式点心；加了火腿、奶油、面粉、马铃薯、玉米的西式浓汤；汉堡、鸡块、奶昔、薯条及可乐……这类食品的热量相当高！

（5）热量及含量标志不清的食物。除了生鲜食品，经过加工的食品、蜜饯、速食包、奶油饼干或各式罐头食品，通常添加牛油、猪油或白糖等成分，如果标示不清楚，很容易造成食用过多热量而不自知，所以要尽量少买。

（6）酒类。酒及酒精饮料是高热量的饮品，所以应酬时喝的绍兴酒、红酒等都含有很高的热量，饮用时请适量，以免破坏原先美的曲线或让曲线不堪入目。

2.吃出明亮的眼睛

眼睛是人体的重要器官，经常吃些有益于眼睛的食品， 对保护眼睛， 能起到很大的作用。

瘦肉、禽肉、动物的内脏、鱼虾、奶类、蛋类、豆类等， 里面含有丰富的蛋白质，而蛋白质又是组成细胞的主要成分， 组织的修补更新需要不断地补充蛋白质。摄入足量的蛋白质，是爱眼护眼的基础。

含有维生素A的食物对眼睛也有益，缺乏维生素A时，眼睛对黑暗环境的适应能力减退，严重的时候容易患夜游症。维生素A还可以预防和治疗干眼病。消除眼睛的疲劳， 每天应该摄入足够的维生素A。维生素A的最好来源是各种动物的肝脏、鱼肝油、奶类和蛋类、植物性的食物， 比如胡萝卜、苋菜、菠菜、韭菜、青椒、红心白薯以及水果中的橘子、杏子、柿子等。

含有维生素C的食物对眼睛也有益。因为维生素C是组成眼球水晶体的成分之一，如果缺乏维生素C就容易患水晶体混浊的白内障病。因此，应该在每天的饮食中，注意摄取含维生素C丰富的食物。比如各种新鲜蔬菜和水果，其中尤其以青椒、黄瓜、菜花、小白菜、鲜枣、生梨、橘子等含量最高。

丰富的钙粉对眼睛也是有好处的， 钙具有消除眼睛紧张的作用。如豆类、绿叶蔬菜、虾皮等的含钙量都比较丰富。排骨汤、松鱼、糖醋排骨等可以补钙。

3. 让头发乌黑发亮的食品

乌黑发亮的头发是健康的象征，经常吃蛋白质、维生素、矿物质含量多的食物如水果、胡萝卜、葵花子、黄豆、花生、芝麻、豆芽、鱼肝油等，均可使人保持头发乌黑、皮肤柔润、身材匀称。

4. 傲人“胸襟”说有就有的食品

乳房大小，一方面由遗传和体质因素决定，如种族、母亲、个体等；另一方面受营养、锻炼、激素分泌、疾病等后天因素影响。食物营养与影响乳房发育的诸多因素都有关系，有的是横向联系，有的是纵向作用。所以乳房发育不够丰满的女性青少年，应多吃一些发热量高的食物，如蛋类、肉类 、花生、芝麻、核桃、豆类等富含植物油类的食品。通过热量在体内的积蓄，使瘦弱的身体丰满，同时乳房也由于脂肪的积蓄而变得挺耸、富有弹性。

为促进青春期乳房的发育，还可以吃一些促使激素分泌的食物。维生素E有调节激素正常分泌的功能，不妨吃些富含维生素E的食物，如卷心菜、花菜、葵花子油、菜籽油、芝麻油等。除此之外，蛋白质、亚麻油酸、维生素B族也是身体合成雌激素不可缺少的成分。含蛋白质丰富的食物有奶及奶制品、瘦肉、蛋类、豆及豆制品等；含维生素B族多的食物有动物脏器、鱼、蛋、绿豆芽、新鲜水果；含亚麻油酸多的食物有芝麻油、菜籽油、花生油等。

雌激素的分泌可促进乳房和乳头的发育，使乳房逐渐隆起，变得丰满，但人到成年后乳房已基本定型，如果乳房小，即使吃雌激素药物也无济于事。所以，要使乳房丰满，应在青春期调治。

5.让嗓音甜美的营养食品

人人都希望自己有副好嗓子，因为它能给人增添几分亮色。试想一位身材窈窕、容貌姣美的少女语音粗哑，那该是多么不愉快的事。为了有一副好嗓音，少女在变声期应特别注意饮食营养。

（1）注意胶原蛋白和弹性蛋白的摄入。因为发音器官主要是由喉头、喉结、甲状软骨组成，这些器官是由胶原蛋白质和弹性蛋白质构成。声带也是由弹性蛋白质薄膜构成，为此，变声期的青少年应吃些富含胶原蛋白质和弹性蛋白质的食物，如猪蹄、猪皮、蹄筋等。

（2）应摄入维生素B和钙质。维生素B_2、B_6有利于声带的发育。钙质可以促进甲状软骨的发育。

（3）少吃或不吃辛辣刺激性食物。如辣椒、大蒜、胡椒粉、烟酒，以免刺激声带黏膜，以免引起急慢性喉炎、咽炎。

（4）适量饮水，可减少或清除喉腔的分泌物，以防止咽炎的发生。此外，在变声期切勿大声呼喊，不要疲劳过度或睡眠不足，更不能引起情绪波动，以免因咽喉充血引起声带损伤。

6.祝你战“痘”成功的一种菜

痤疮，俗称粉刺、青春痘，是一种最令青年男女烦恼的皮肤病。据医学科研人员研究发现，吃海带较多的青少年人群中，患有痤疮的人很少，究其原因，乃与海带中含有较高的锌元素有关。锌是人体必不可少的微量元素，它不仅能增强机体的免疫功能，而且可参与皮肤的正常代谢，使上皮细胞正常分化，减轻毛囊皮脂腺导管口的角化，有利于皮脂腺分泌物排出。所以，青少年经常适量地食用海带，有助于预防痤疮的发生。

7.女孩特殊时期，吃的禁忌

经期是女性的一个特殊时期，由于在这段时期女性的生理情况比较特殊，所以有些食品不吃或是少吃对身体有好处。

（1）生冷类食物，即中医中所说的寒性食物。例如，梨、香蕉、荸荠、石耳、石花、地耳。这些食物大多有清热解毒、滋阴降火的功效，在平时食用，都是有益于人体的，但在月经期却应少吃或尽量不吃这些食品，否则容易造成痛经、月经不调等症状。

（2）辛辣类食物，如肉桂、花椒、丁香、胡椒等。这类食品都是佐料，在平常做菜时，菜中放一些辣椒等可使菜的味道变得更好。可是，在月经期的妇女却不宜食用这些辛辣刺激性食品，否则容易导致痛经、经血过多等症状。

（3）影响生殖功能类的食物，如茭白、冬瓜、芥蓝、蕨菜、兔肉、黑木耳、大麻仁等。

（4）饮料、蛋糕、红糖、糖果等甜食，使血糖升高，容易加重经期的各种不适，应该减少食用。

（5）咖啡因类饮料，如咖啡、茶等会刺激神经和心血管，使人兴奋，基础代谢加快，容易产生痛经、经期延长和经血过多。同时，浓茶中的茶酸在肠道中与食物中的铁结合，会产生沉淀，阻碍铁的吸收，产生缺铁性贫血，应该避免饮用。

青春期的女孩从事紧张的学习，活动量大，尤其处于生长高峰期，每日营养素和能量消耗比开始发育前要增加2倍多，故对营养的需求也增多。所以，合理营养对青春期女孩健康成长及学习有着很重要的意义。此外，少女青春期切不可饮酒、吸烟。

如何克服青春期厌食症

小如今年上高三。据小如的妈妈说："小如最近一吃东西就突然喷吐，吐了以后，就不想再吃，勉强吃了又吐，而且连三餐的食欲都没有了，什么都难以下咽。这种情况已经两个多月了。我们非常担心：这孩子是胃不好，还是想减肥呢？但小如说她并没有想减肥。我们带小如到各家医院做全面检查，也没有发现什么疾病，医生建议我带她去心理诊所。"

经专家确诊，原来小如患上了精神性厌食症。

精神性厌食症，也称为青春期消瘦症或青春期厌食症。这种病多发生于青春期女性身上。病人开始的时候可能仅仅是为了单纯的节食，以后逐渐发展成强烈的、因个性色彩所形成的自我强迫性饥饿，对脂肪有一种恐惧感，不仅食欲大大减退，甚至对食物产生厌恶。病人拒绝进食，即使很长时间没吃东西也不觉得饿，精神萎靡不振，整天昏昏欲睡，身体渐渐消瘦下去，最后可能导致月经完全中断，身体虚弱，引发其他各种疾病。如不纠正，可引起严重后果。

青春期厌食症的发病过程可分为两个阶段：前期对食物不感兴趣，后期则会对食物产生精神性的呕吐反应——食物一沾喉咙就呕吐，严重的一见到食物就呕吐。

青春期厌食症经常被误认为是"食欲不振"，实际上，这两者是截然不同的。青春期厌食症是由于精神因素所致，属神经性厌食范畴。本来进入青春期的少女应开始储存体脂，乳房隆起，臀部日益变圆，骨盆变宽，这些天赋的形体特点恰恰是女性美最富魅力的显露，是再正常不过的。可是有的女孩却总认为自己太胖，必须限制饮食；或认为越瘦越美，欣赏并追求苗条的身材，因而对食物产生了厌烦情绪，于是拼命节食，不吃肉和蛋，饿了就喝水，练五花八门的气功，简直有点儿自我虐待了。由于长期节食，使身体内化学成分改变，对身体形象产生扭曲的幻觉，从而使厌食症状进一步加剧。为了防止别人的劝阻，她们总是有意保持一种精神健康、生机勃勃、有说有笑、轻松自然的面貌；但总不可能不露出营养不良的马脚，比如闭经、贫血，甚至在课堂或体育课上晕倒。从限制饮食到厌食或拒食，就可称为青春期厌食症。

节制饮食，人体得不到充足的营养素，不仅影响到人体内部各组织、器官的发育，还影响到各器官的功能。这必然会引起营养缺乏病的各种症状，如机体免疫力降低，体力下降，智力发育障碍等。过分节食还会引起体内新陈代谢失调，引起严重疾病甚至造成死亡。节食还可引起恶性循环，如节食后可引起食欲减退，胃液等消化液的分泌减少；消化液减少后更增加节食的欲望，使进食越来越少，甚至对食物产生厌恶感，直至食欲消退。

这样，少女将因营养不良而迅速地过度消瘦，弱不禁风，乳房萎瘪，脱发，面色青灰，甚至精神恍惚。到了这时想自己恢复也不可能了，必须由医生予以治疗才能纠正过来，否则会有生命危险。只有经过正规的治疗少女才能恢复以往风华正茂、体态丰盈、线条姣美的形象，心境也才能再度开朗、欢愉和自信。

克服青春期厌食症，其实并不困难：

首先，了解青春期的发育特点，明确发胖的原因是至关重要的。进入青春期以后，女生由于皮下脂肪堆积，胸部隆起，腰部、臀部变粗而显得臃肿，这是正常的生理现象。随着进一步的发育与适当的体育锻炼，这些多余的脂肪将会被消耗掉，人也会逐渐苗条起来。

其次，养成一个良好的饮食习惯是十分必要的，苗条未必就是唯一的美，过犹不及。如果瘦得弱不禁风就适得其反，骨瘦如柴的人哪还谈得上什么女性美的魅力呢？自然的曲线，适度的体脂才能给少女增添几分魅力和光彩。苗条未必美，瘦弱就肯定不美了，像林黛玉那样弱不禁风的女子怎能适应现代快节奏的社会呢？健壮才是美的，所以树立正确的审美观对少女的身体健康至关重要。

另外，全身心地投入到学习中去，或培养广泛的兴趣，参加有益活动，也可以转移注意力，减少对自己身材的关注，从而达到预防与治疗青春期厌食症的目的。

小心高跟鞋的诱惑

著名女作家张爱玲幼年的宏愿是这样的："8岁我要梳爱司头，10岁要穿高跟鞋，16岁要吃粽子、汤圆、吃一切难以消化的东西。"

才女尚且如此，难怪很多女孩都认为，穿上高跟鞋，重心前移，挺胸收腹，显得健美、轻盈，风姿绰约，走起路来，增色不少。还有的女孩甚至认为穿高跟鞋能减肥塑形，锻炼腰肢。适应少女的需要，各种各样的高跟鞋层出不穷，有坡跟鞋、隐形增高鞋……而且鞋跟"一高再高"，不求最高，只要更高。

但是，并非每一个女青年都适合穿高跟鞋，青春期少女更不宜穿高跟鞋。

这是因为：

（1）穿上高跟鞋后，身体重心会向前移动，这样就会使腰部肌肉持续处于紧张收缩状态，久而久之，必然导致腰肌劳损而腰酸背痛。

（2）穿上高跟鞋后，步伐变小，脚步就得相应地加快，小腿的肌肉得不到应有的休息和放松，就会感到酸痛难忍。

（3）穿上高跟鞋后，由于脚趾被挤在狭窄的鞋尖部分，脚趾受压缺血，时间久了脚趾就会疼痛变形，甚至局部坏死。这种脚病，医学上称为高跟鞋跖痛症。常年穿高跟鞋，足弓抬高、加大，走路时足尖被迫挤压向前方，致使与跖神经伴行的血管管壁增厚，形成局部血栓，引起足跖神经缺血、变性，或形成嵌甲，疼痛难忍，年老后脚病更多、更重。

鉴于如上几点，即使是成年人穿高跟鞋也对身体有不利影响，更不用说青春期少女了。处于青春发育阶段的少女，骨结构中软骨成分较多，骨组织内含水分和有机物多，无机盐少。骨质柔软，极易变形。女孩子过早地穿高跟鞋会引起骨盆和足部形态发生变化。骨盆结合过程一般从7岁开始，到25岁基本定形，是人体传递重力的重要结构。穿平底鞋时，全身重量由全足负担；穿高跟鞋时，全身重量主要落在脚掌上，这样就破坏了正常的重力传递负荷线，使骨盆负荷加重，容易引起骨盆口狭窄，给成人后的分娩带来困难。

另外，穿高跟鞋还有可能使骨盆发生不易觉察的转位，导致骨盆畸形。足骨的发育成熟在15～16岁。鞋的大小直接影响足骨的生长。过早地穿高跟鞋容易发生跖趾关节变形、跖骨骨折及其他足病，这些病都会引起足部疼痛，严重时可影响行走、活动。而且，青春期少女大多活泼好动，穿上高跟鞋，活动时容易扭伤腰、膝关节和踝关节，对身体十分不利。

因此青春期的少女不宜穿高跟鞋，特别是那种跟高7～8厘米的超高高跟鞋。从生物力学的角度看，平时以穿坡跟鞋或跟高不超过3厘米的鞋为宜。人体足弓发育成熟大约在16岁，在这以前足骨发育的可塑性很大，为使足弓发育正常、弹性好，女孩子应做适度的跑跳运动，以减少韧带的劳损。

青春期化妆应注意的事项

爱美之心人皆有之，青春期的女孩更希望有一个美丽的外表。用化妆品来掩盖自己的不足，力求达到容貌完美，这是无可厚非的，无关道德品质。但是青春期女孩往往因为缺乏经验而进入误区，结果达不到美化的效果。

“巧妇难为无米之炊”，化妆之前的准备步骤当然是选择合适的化妆品。有不少女孩对化妆品的成分不了解，往往在选择化妆品时，首先注重的是它的香味。虽然香味很重要，但更重要的还是化妆品的质量，因为质量不良的化妆品，最容易损伤皮肤。正确地选用化妆品要注意以下内容：

选择化妆品应首先注意有无检验合格证和卫生许可证。注意化妆品出厂日期和保质期。

选择化妆品时要看化妆品的颜色是否鲜艳，如发现变色，或有红、黑、绿等颜色的霉斑或颜色黯淡，说明是过期产品或制造时添加色素导致，不能使用。如外观出现混浊、油水分离或出现絮状物，膏体干缩、裂纹，则更不能使用。 化妆品的气味优雅，沁人心脾，如果有变味或异味则不能使用。

化妆品要求质地细致，因为质地越细腻，其与皮肤的附着性也越大，擦在皮肤上才显得自然贴切。下面介绍几类常用的化妆品的鉴别方法：

乳液：在选择乳液状的化妆品时，最重要的是留意乳化作用是否良好，良好品质的都具有明亮的光泽；反之，光泽暗的就不好，应小心分辨。

收敛性化妆水：它是完全呈透明状的，所以在选择的时候要特别注意由瓶外看进去是否透明度正常和没有沉淀物，如果不透明，那就不合格。

霜状化妆品：良好的霜状护肤品，看起来雪白而且鲜艳，气味清新。反之，如果品质不好的其表面看来黯淡无光泽，气味混浊，试用时感觉并不舒服，而是有粗糙的感觉。因此在选择时仔细地试用一下，就能感受到是优质还是劣质。

夏季的化妆品：通常是为常常抹汗而设计的，为防止脱妆，加入了不少乳化剂及其附加物。从这一点可以看出，夏季用的化妆品危险性较大，必须在使用前以“接触试验法”检测，结果为阴性才可使用，阳性就不宜使用。

有了合适的化妆品，就“万事俱备，只欠东风”了。少女们如果想化出满意的妆，就要花时间去试，看着镜子，不断尝试。下面总结的一些小细节你平时注意到了吗?

（1）化妆时的手势一定要轻。

（2）很多女孩为了掩盖脸部的小瑕疵而打上厚重的粉底。实际上，这是一种错误的做法。好的化妆，应该显露出皮肤自身的生命力，因此不能遮盖太多，不然就会像雕塑一样，极不自然。好的粉底都很透明，只需在脸上打上薄薄一层即可。

（3）要掌握好粉底与遮瑕膏的平衡度问题，既要遮盖瑕疵，又要显得透明自然。肤色就像画画的画布一样，没有好的底，也不会有好的画作诞生。

（4）刚开始化妆的话，建议从十分浅的颜色着手，并着重在几个自己觉得最安全的颜色上。

（5）不要拿深色的化妆品画着玩，对于一般的年轻女孩来说，很难把深色画好。

（6）选择脸部的任何一个部位开始练习化妆，或唇，或颊，或睫毛，或眼睑……集中精力练习一个部位，等到自己驾轻就熟后就可开始下一个目标。

（7）刷子上不能蘸太多的用品，不然会弄脏整个妆。

（8）画眼影时宜将偏深的眼影画在靠近睫毛根处的眼睑，越往上越浅，最浅的放在眉毛下面。如果对新颜色不熟悉，可从接近肤色的色彩开始练习。

（9）不要在眼睑处放太多粉底。

“清水出芙蓉，天然去雕饰”。少女的美，是一种天然的美、健康的美。浓妆粉黛、盛装艳服只会湮没少女的青春光彩。为防止天生的皮肤质感与精致的五官上被妆面覆盖，越来越多的少女爱上了“透明妆”。

化好透明妆，秘诀只有两个字，那就是：简洁。

如何理解这两个字呢?

（1）底妆要打薄，无论是粉底液还是粉底霜，都要用手指细细推匀，尽量做到又薄又干净。尽量不用蜜粉，蜜粉会有一种浮粉的感觉。如果想使妆效持久而必须用蜜粉的话，一定要在完妆后趁着妆彩还湿润时薄薄地刷上一层。如果用的是霜状质地的产品，要把握推抹的角度和范围，可以在额头、双颊、鼻头和下巴点上五点，再迅速均匀涂抹。最适合选用液状粉底和干湿两用粉底，但上妆速度一定要快，避免粉底发干而使颜色不均匀。

再告诉你一个小秘诀：在粉底霜中加些保湿爽肤水，这样可令肌肤更加润滑哦!

（2）好气色当然要靠腮红帮忙，最好是带有自然血色感的腮红。一不可大面积涂抹，二要谨记轻轻涂抹，让好气色不显山不露水地到来，这才是“无妆”的效果啊!

（3）眼部的朦胧是否能与整个面部的妆容贴切，取决于眼影的选择，要选有些微珠光、色泽柔和的，可以营造洗练明亮的眼妆效果。带有烟熏色调的眼彩产品能营造洗练明亮的眼妆效果。

（4）要达到最自然的妆效，首先就需舍弃浓密感的睫毛膏，让极细的睫毛膏帮你描画更完美的自然美感（当然，如果本身的睫毛就已细细长长，又何必非要多手再勾勒一番呢？）。

（5）如今，唇部妆效不再强调过分的光泽，而着重营造好似奶油般鲜嫩欲滴的质感。一抹之间，丰润立现。

（6）一款米色指甲油。指甲端处是最要紧的细节，不当心的浓墨重彩一定会坏了整体效果，一款高雅的米色指甲油会给你所精心制造的自然美感画上一个完美的句号。

对于青春期女孩来说，“高雅”才是至上的赞美之辞。薄施粉黛的自然感觉当是最佳的。化妆只能烘托一个人的外表，真正的美来源于自信。只有在美化容貌的同时不断提高个人素养，才能内外兼修，气质天成。

青春期女孩如何护肤

“晶莹剔透、吹弹可破”的肌肤是每个人的梦想，丽质天生虽令人称羡，但后天的保养与护肤才是胜负关键。这需要从了解自己肤质及选择适合自己的保养或护肤产品做起，将持续不间断的执行当成生活的一部分，才能达到最大的效果。青春期少女在选择美容护肤品之前，一定要先搞清楚自己的肤质类型，然后再根据自己的肤质，为自己选择最适合的护肤产品和保养方式，这样才能事半功倍。

一般来说，在14岁之前，每个人的肤质都是不干不油的中性皮肤，直到14岁之后才开始分化成各种类型。人们常看到的皮肤肤质主要分为：油性肤质、干性肤质、混合性肤质。如皮肤中分泌的皮脂过多使皮肤呈现油性，容易产生毛孔粗大、痤疮等；皮脂缺乏使皮肤呈现干性，容易导致皮肤干燥，加快细纹、皱纹产生等；又如混合性肤质，局部皮脂分泌旺盛，多见于T字区，两颊皮脂分泌偏少。不过肤质并非一直都是固定不变的，有时可能是混合偏干性，有时可能是混合偏油性的。而且，这也会随着皮肤状况、环境与季节的变化而改变。皮肤养护的方法也随肤质而异。

如果你还不清楚自己属于那种肤质，下面这个小测验能帮助你发现。

肤质类型测试表：

（1）您的脸上会泛油光吗？ 是___ 否___

（2）泛油光的部位是：鼻翼____前额____下巴____脸颊____

（3）您是不是老觉得脸上油腻腻的？是___ 否___

（4）油腻的地方是：鼻翼____前额____下巴____脸颊____

（5）您的皮肤看起来干燥吗？是___ 否___

（6）干燥的部位是：鼻翼____前额____下巴____脸颊____

（7）脸上有脱皮的现象吗？是___ 否___

（8）脱皮的地方是：鼻翼____前额____下巴____脸颊____

（9）脸部常有紧绷感与脱屑现象吗？是___ 否___

（10）脸部虽有紧绷感，但还算光滑，不至于太干燥？是___ 否___

（11）使用保养品时，皮肤常会有红肿等过敏现象？ 是___ 否___

答案：

做完测试表，现在看看您属于哪类的肤质，了解自己的肤质后，您就可以轻易地掌握美容的大方向了。

油性肤质：第（1）、（2）题皆答“是”，而且泛油光的部位几乎是全脸。第（3）~（7）题皆答“否”。干性肤质：第（3）~（5）题皆答“是”，而且全脸皆有干燥感。第（1）、（2）、（6）、（7）题皆答“否”。中性肤质：第（1）、（2）题皆答“是”，而且脸上只有（2）~（3）个地方有油光。第（3）~（7）题皆答“否”。混合性偏干肤质：第（1）、（4）题答“是”，而且脸上有干燥感，至少有两个地方可看到干燥表皮，第（5）题则有时答“是”，有时答“否”。

混合性偏油肤质：第（1）、（2）题回答“是”，但症状出现的部位可能会有不同。第（3）、（4）、（6）、（7）题答“是”，第（5）题答“否”。

过敏性肤质：第（3）、（4）、（5）、（7）题答“是”，其余问题皆答“否”。

不同的肤质有不同的问题。就像每扇门有专属的钥匙，只有找到专属的护理方法，才能解决不同的肌肤问题，造就完美肌肤。

油性皮肤毛孔粗大明显，皮肤纹理粗糙，油光满面，易长粉刺，但不易起皱。保养重点：

（1）洗脸不要用油质的洗面奶，最好选用水质的、不含油脂的柔和洁面品，夏季每天可多洗几次。

（2）使用面霜不宜用油性的，最好是露类、乳液类产品，夏季最好使用无油护肤品，T型区域则不必再抹。

（3）别以为泛着油光的肌肤秋天就不缺水。油性肌肤应选用清爽的水质保湿产品，如保湿凝露、喷雾、润肤露等。

干性肌肤保养重点：

（1）要用柔和的带滋润成分的洁面用品清洁脸部，一般的香皂或洗面乳会使皮肤更干。

（2）平时的保养要注重保湿滋润，洁面以后要抹润肤露，并轻轻按摩至完全吸收；冬季要用偏油的护肤品。

（3）一定要避免晒太阳，全年都要用防晒产品。

（4）干性皮肤缺水现象最为明显，肌肤容易在干燥的秋季形成细小皱纹。使用偏油质的保湿产品（保湿霜、保湿乳液）会有很好的锁水保湿效果。除了注意保湿外，也要多涂一些滋润成分较高的润肤品及精华素。每隔2～3天使用保湿性较高的面膜敷脸一次。

中性皮肤是比较理想的一种皮肤，肌肤状况稳定，油分和水分比例均衡。毛孔细小，纹理细腻，皮肤光滑滋润有弹性，表面不粗不黏。保养重点：

（1）用柔和的洁面品洗脸。

（2）中性皮肤最主要的特点是皮肤可能会随季节的变化而变化，有时夏季偏油性，到冬季却偏干性，故要根据肌肤的状况选择使用护肤品；一般情况下，各种类型的护肤品均可使用。

（3）一定要避免晒太阳，夏季一定要用防晒品。

（4）这类皮肤的补水同样重要，否则再好的皮肤都会老化。化妆水可选择润肤型的，能保湿、滋润。面膜适合用各类果蔬面膜。

混合性皮肤T字部位呈油性，眼周和两颊呈干性。混合性皮肤大多是从油性皮肤演变而成，多是因为护理不当及滥用化妆品造成。

（1）控油补水。

（2）清洁以T字区为主，补水滋润以两颊为主。面膜对皮肤的好处很多，比如滋润肌肤、清除皮肤的污垢，促进血液循环，混合性皮肤要重视面膜。

敏感性皮肤表层的角质层相对要薄，真皮血管网浅，因此皮肤受到刺激时容易发生红肿、皮温较高、脱水等皮肤症状。

由于白天外在环境的影响较大，敏感皮肤可以选择侧重晚间保养，使用适合敏感皮肤用的护肤品，如蔬菜面膜就比较适合敏感皮肤。

聪明的女孩还应该学会根据季节变化来调整护肤策略。

1. 春天的皮肤保养

春天皮脂和汗水的分泌日益增加，女性皮肤容易出青春痘，且因气温变化较大以致皮肤容易起皱。因此保养时应注意，为防止青春痘，要保持皮肤表面的清洁。沐浴后要按摩，每隔7～10天敷用面膜一次，以保持毛孔的通畅。临睡前，在面部擦些化妆水，以降低皮肤碱性。

2. 夏天的皮肤保养

夏天护肤的重点是防晒和清洁，所以每天至少洗脸4次，洗后即用酸性化妆水拍打面部。且每天要在裸露部位擦上护肤霜。否则皮肤容易松弛起皱。外出时要做好遮阳和擦上防晒霜。

3. 秋天的皮肤保养

秋天保养皮肤主要以防为主，给予皮肤充足水分，使之处于润湿状态即可。

4. 冬天的皮肤保养

冬天皮肤容易干燥粗糙，表皮角质层容易脱水，因此在保养时应使用保湿性、营养性护肤品，以保持皮肤水分均衡。同时血液循环的加强也能调节水分均衡，所以每天进行皮肤按摩也很重要。

另外，美丽的皮肤还可以“吃”出来哦！

食物和皮肤之间有着密切的联系，皮肤科专家们为我们总结出了以下9种对皮肤有益的食物：西兰花、胡萝卜、牛奶、大豆、猕猴桃、西红柿、蜂蜜、三文鱼、海带。常吃这些食物，可以让你拥有美丽的肌肤。

最后，我们来谈谈化妆与护肤的关系。

对于青春期女孩来说，保持皮肤健康远较化妆更为重要。在某些必要的场合必须化妆时，应注意以下几点：

（1）要淡妆，以减轻化妆品对皮脂腺的堵塞。

（2）根据皮肤性质选用刺激性较小的化妆品，以保护皮肤不受侵害。

（3）化妆品在皮肤久留，会影响表皮细胞的气体交换。如果卸妆不彻底，化妆品残留脸上，会堵塞毛孔，后果之严重可想而知。彻底清洁皮肤、彻底卸妆，绝对是美容的根本。护肤品的选择要依据自己的皮肤状况，如果选择不当，不仅会因为卸妆不当而让肌肤受到伤害，更会让你的脸被痘痘骚扰。

（4）当用化妆品后出现不适感觉时，应立即洗净，不可再用。在日常生活中，要时刻注意防止外界环境对皮肤的刺激，少食辛辣食物，多食红枣、桂圆等含有丰富维生素的水果，多食蔬菜，多饮水，以保证皮肤营养，并要注意保持皮肤清洁。根据自己的皮肤性质，选用适当的护肤用品。此外，还要加强皮肤锻炼，增强皮肤的抗病能力，如冷水浴、日光浴，对于保护皮肤及皮肤的健美都十分有利。有痤疮感染或其他皮肤疾病时，要及时就医，不得自己挤脓或随便用药，以免造成不良后果。

如何呵护“秘密花园”

你知道吗，健康的女性阴道分泌物可分离出20多种微生物。阴道中主要的常住菌有乳酸杆菌、表皮葡萄球菌、大肠杆菌、B群链球菌、类杆菌、白色念珠菌、支原体等。

你也许很惊讶，这么多的细菌存在于体内，难道不会生病吗?

原来，女性的外阴上皮细胞中存在糖原，正常生理情况下，寄生有乳酸杆菌。糖原在乳酸杆菌作用下，可产生乳酸，乳酸使阴部呈现弱酸性环境（酸碱度一般为5.5）。乳酸杆菌可以起到防御病原微生物入侵的作用，成为一道抵御细菌的天然屏障。

虽然阴道有自净作用，但清洁工作也是不可忽视的。清洗私密处，要遵循正确的方法。

清洗次数：频繁清洗不仅没有必要，还容易降低阴道的自净能力，使细菌乘虚而入。如果没有炎症，每晚用清水洗一遍就行了。月经来临时注意勤换卫生巾，每天用温热水清洗两次外阴。如果有点小炎症，用盐水洗效果就比较好。

清洗方式：最好用温水，自来水里面有细菌，如果处于抵抗力弱的时候可能会导致生病，建议不要用自来水洗。最好采用淋浴，如果无淋浴条件，可以用盆代替，但要专盆专用。由于子宫内膜在月经期有无数个小伤口，宫颈口也张开着，月经期间更要注意卫生。

清洗顺序：手是病菌传播的主要媒介之一，应先洗净双手，然后从前向后清洗外阴，再洗大、小阴唇，最后洗肛门周围及肛门。

清洁液：可使用能够去污灭菌的保健性洁阴用品，如“妇炎洁”、“洁尔阴”等。但也不要天天用，两三天用一次就好，长期用洗液会把体内正常排出的具有杀菌作用的分泌物洗净，细菌反而容易侵入，不利于身体健康，正常情况下用清水即可。切忌用肥皂清洗，因为肥皂及某些清洗剂均属碱性，会与女性阴部的弱酸性环境发生中和反应，而破坏乳酸杆菌的防病效应。用各种皂类清洗阴部均易诱发尿道炎、膀胱炎、肾盂肾炎等泌尿系统的上行性感染。

凡事过犹不及。有些女性，生殖系统原本健康，却频繁使用中药外洗剂、高锰酸钾溶液等消毒剂来冲洗阴道及外阴，想以此来预防妇科疾病的发生。实际上，这种做法反而可能产生不良后果。这是因为，阴道有“自洁”作用，可在一定程度上保护妇女的生殖系统。如随意自行用消毒剂冲洗阴道，就有可能破坏阴道的防御功能。另外，频繁使用中药洗剂和高锰酸钾洗外阴，还可使外阴皮肤的抗病能力下降。经常使用高锰酸钾还可使皮肤油脂减少，皮肤过干，引起外阴瘙痒症。

值得注意的是，不少女孩因为外阴瘙痒而采取了一些不科学的清洗方法，这样做无疑是不利于健康的。例如，一些青春期女孩采用牙膏涂抹洁阴，这虽然便捷、省时，但牙膏是摩擦剂及发泡洁净剂的结合，而摩擦剂可磨损阴部黏膜，使之干涩、灼痛、瘙痒；发泡洁净剂同肥皂成分基本相同，属碱性物质，自然也会破坏阴部弱酸性环境的灭菌“护阴”作用。

在日常生活中，加强自我保护意识，养成良好卫生习惯和注意一些细节，往往对预防阴道疾病能起到事半功倍的作用。例如，在公共浴室不乱放衣物；清洗外阴、洗涤内裤后再洗脚；不与其他人换穿衣服，尤其是内衣；清洗阴部的盆子、毛巾一定要专用，毛巾要定期煮沸消毒，患有手足癣的妇女一定要早治疗，否则易引起霉菌性阴道炎；夏季衣着过单时尽量避免在公共汽车上久坐；不长期滥用抗生素和化学药物冲洗阴道，以防菌群失调引起霉菌性阴道炎，等等。

少女如何应对性攻击

晚上7点左右，刚放学的于敏和往常一样从护城河边上漫步回家。她一边走一边快乐地哼着小曲。这时，于敏迎面走来了一名男子。该男子戴着一顶黑色的鸭舌帽，把帽檐压得低低的，遮住了大半个脸。于敏好奇地瞟了男子一眼，就从他身边走过去了。突然，于敏被人从身后紧紧地抱住，一只大手摸上了她的胸部。她回头一看，就是刚才迎面走过来的那名怪异男子。然后，于敏一边用劲扳开那只大手，一边大声呼叫：“救命啊，有人要流氓啊。”然而，那名男子仍然死死地抱住她站在原地，任凭她大声地呼救，却没有一点要逃跑的意思。于敏的呼救引来了过往的3名群众，他们一起冲上去抓住了那名男子。

这是一个真实的案例。在性犯罪中，凡女性，无论老幼都有被攻击的可能，而以16～29岁的女性为主要攻击目标。在年龄上，青春期女孩成了犯罪分子性攻击的重点对象。所以，少女应该提高警惕，保护自身安全。

从高校女生受到性伤害的实际情况来看，少女最好避免独自前往下面这些地点，以免遭受侵害：高层建筑物中的电梯及阳台；传统楼梯的转角处；密闭大厦长廊，易于阻隔视线的死角；无人管理的盥洗室；无照明设备的狭巷路段；停车场；公园、灌木丛或荒远的道路河堤；阴暗的地下道；废弃的空屋、旧宅。

在日常生活中，青春期女孩应该注意以下几点：

（1）夜间出行，保持警惕。如果你在校园行走，要走灯光明亮、往来行人较多的大道。对于路边黑暗处要有戒备，最好结伴而行，不要单独行走。如果走校外陌生道路，要选择有路灯和行人较多的路线。

（2）防“贼”之心不可无。陌生男人问路，不要带路；向陌生男人问路，不要让他带路。

（3）洁身自好，正言直行。不要穿过分暴露的衣衫和裙子，防止产生性诱惑；不要穿行动不便的高跟鞋，不要出没酒吧、歌舞厅等鱼龙混杂的场所。

（4）作风端正，正视诱惑。不要搭乘陌生人的机动车、人力车或自行车，不吃陌生人提供的食物，防止落入坏人圈套。

（5）有勇有谋，正义在胸。遇到不怀好意的男人挑逗，要及时斥责，表现出自己应有的自信与刚强；如果碰上坏人，首先要高声呼救，假使四周无人，切莫慌张，要保持冷静，利用随身携带的物品或就地取材进行自卫反抗，还可采取周旋、拖延时间的办法等待救援。

（6）知法守法，依法维权。一旦不幸遭遇侵害，不要丧失信心，要振作精神，鼓起勇气同犯罪分子作斗争。要尽量记住犯罪分子的外貌特征，如面貌、体形、语言、服饰以及特殊标记等。要及时向公安机关报告，并提供证据和线索，协助公安保卫部门侦查破案。

万一不幸遇上色狼的性攻击，少女可以利用正当防卫保护自己尽可能不受伤害。斗智斗勇，教你十招：

（1）喊：有道是“做贼心虚”。色狼在实施犯罪行为时，心虚的多。别小看喊声带来的风吹草动，它就有可能阻止犯罪嫌疑人的主观恶性继续加深。假如色狼正处于犯罪初始（刚着手）阶段，女性应当大声呼救，以求得旁人闻警救助。如一名女性在夜晚活动时，被一个心生歹意者突然截住。她不顾一切大声呼喊，色狼受惊吓，在逃跑中被闻声赶来的众人抓获。此刻若该女子心有所忌，不敢呼喊，则必将遭害。

（2）撒：若只身行路遭遇色狼，呼喊无人，跑躲不开，色狼仍然紧追不舍。女性可以干脆就地取材，抓一把泥沙撒向色狼面部（城市女性为防侵害，可以在衣袋、书包内常备些防狼喷雾），这样做可以抢出时间，逃脱后再去调兵擒魔。

（3）撕：如果撒的办法不起作用，仍被色狼死死缠住，打斗不过。女性可以在反抗中撕烂色狼的衣裤，令其丑态百出。而后将他的烂衣裤（碎片、衣扣、断带）作为证据带到公安机关报案。

（4）抓：使劲撕仍不能制止加害行为的，可以向犯罪嫌疑人的面部、要害处抓去。抓时只有抓得狠、抓得死，将其抓破，才能达到制服色狼、收集证据的目的。将留在指甲里的血肉送公安机关，即可作为遭到不法侵害的证据。

（5）踢：面对一时难以制服的色狼，可以拼命踢向他的致命器官，这样可以削弱他继续加害的能力。这一招不少女性在自卫中使用过，极其见效。还应大声正告色狼，再猖狂将受法律制裁。

（6）变：若发现色狼跟踪不要害怕，见机变换行走路线，一般都可将其甩掉。有一女工夜间回家路上，发现被盯上了。原路线前方不远即是偏僻路段。女工当机立断，迅速改变了回家路线，并在不远处果断叩开路边一户人家的大门。

（7）咬：色狼施暴时常常先将女性的双臂缚住，此时在不得已中应抓住时机咬住其肉体不松口，迫使其就范。有位女性在被害过程中遭色狼强行接吻，情急中“稳、准、狠”地咬住了色狼的舌头，致使其疼痛休克，被捉送公安机关。

（8）刺：如果遇到色狼手中有凶器，女性仍要沉着，胆大心细，不要慌乱。色狼要行奸，必会自脱衣裤，此时可见机行事。有一妇女被持刀色狼相逼，她临危不慌，让色狼先行脱衣，当其动手脱衣时，妇女快速夺刀朝色狼身体要害处刺去。

（9）套：如果几经反抗不利，色狼强奸既遂，此时也不可轻易放过（有些受害女性到此时就彻底放弃反抗了），可以采取“套”的办法将其制服。如一位姑娘被害后哭着说：“这么一来……我连对象都没法找了……你要是没有对象咱就……”次日晚，当色狼再去找姑娘“谈情说爱”时，被早已等在那里的公安人员抓获。

（10）认：受到色狼不法侵害时，女性应当瞪大眼睛，牢记色狼的面部和体态特征，多记线索，以便在报案（一定要争取在24小时之内）时提供给公安人员。某地区有一名女中学生，遇害时牢牢记住了犯罪嫌疑人的脸面。她在随公安民警侦破此案的路上遇到这名色狼，当场指认出来。

强奸妇女案屡有发生，在此类犯罪现象中，犯罪嫌疑人的主观恶性深度不一样，而女性被侵害时的情况也不尽相同，这就需要女性在遭遇色狼时胆大不慌，依法自卫。如能灵活使用上述方法，既可能制服色狼，保全自己，又可为民除害。

未成年人不得有的不良行为

近年来，未成年人犯罪案件不断出现，居高不下，而且有逐渐上升的趋势。未成年人犯罪案件表现出成人化、突发性、低龄化和手段更趋残忍的特点，这不能不引起人们的思考和反省。

未成年人作为祖国的未来，民族的希望，本应上学求知的年龄，却在看守所、监狱度日。未成年人犯罪现象应引起社会足够的重视，是什么原因造成未成年人犯罪的案件不断发生？

1.人生观、价值观的错位是导致未成年人实施犯罪的主要原因

人生观是人们在生活中对人生意义和价值的看法，只有形成了高尚的人生观，才会对社会有所贡献。有些未成年人以“享乐主义”作为自己生活的宗旨，把享乐当成人生的最终目的。由于错误的人生观埋下了罪恶的根源，在一定的外部条件作用下，便会实施故意伤害、抢劫等暴力型犯罪。

价值观是对人生价值的看法，有些人以自我为标准，凡是能满足自我的需要的，都是有价值的。于是，为了满足自己的需求，不惜铤而走险，违反法律，威胁到他人的安全与利益。

道德是一种社会行为的准则，不同的道德观，导致不同的行为。实践中很多未成年人就是在错误的道德观的支配下，美丑不分，荣辱颠倒，为了一时的快乐和自身的利益而实施了恶性犯罪。

2.社会文化的影响

近年来，我国未成年人遭受了网络暴力视频、武打影视片、宣传暴力的书刊等多重冲击，各种被大众传播媒介渲染的暴力手法对他们行为模式的建立产生了巨大的影响。

一方面，他们没有能力用正常的社会标准去判明是非，而是单纯地模仿或认同；另一方面，许多暴力浓烈的宣传品或文艺作品向未成年人展示“正义”或“侠气”的行为，为犯罪的暴力行为涂上了一层保护色，未成年人在将主要人物视为偶像或学习榜样的同时，实际也就接受了不良的社会暗示。在许多国外的动作片中，被推崇的主人公解决问题的方法似乎具有了唯一性，就是杀人，使人感到只有杀人才能战胜一切，只有暴力才能获得和平，在一些实施暴力犯罪行为的未成年人看来，采用暴力手法去“行侠仗义”完全是可以接受的。

3.家庭因素是一个不可忽视的因素

家庭作为社会的组成细胞，是未成年人获得知识和感知外部世界的第一途径。父母，是孩子的第一任教师。家庭环境和教育水平的优劣直接影响到未成年人能否健康成长。

从犯罪案例看，家庭教育的失误是未成年人犯罪的直接原因，无一例外。一方面，随着独生子女家庭的增多，父母视子女如掌上明珠，望子成龙的欲望强烈，而不少家庭只注重给子女更多的物质生活方面的关怀，往往忽视对子女思想品质的培养。一些家庭中的子女从小在父母宠爱下生活，养成了任性、懒散、贪婪等不良个性。当子女出现不良行为时，家长转而以打骂等粗暴的方法来予以惩戒，或在劝说无效的情况下，失去教育信心而放任不管，极易使子女滑向违法犯罪的深渊。另一方面，父母在教育子女的过程中经常采用暴力的方法，家长之间、家长与邻里之间经常发生暴力冲突，这些无疑会在未成年人的认知体系中刻上深深的烙印， 影响他们的个性，特别是性格的发展。这类未成年人在步入青春期后，出现暴力犯罪就不足为奇了。

4.学校教育上的失误也是一个重要原因

现有学校教育体制存在较大的弊端。特别是近些年来，有关教育行政部门往往只把学生智力教育特别是升学率的高低作为评价学校和老师工作成绩的标志。一些学校形成了重文化知识传授、轻思想和品德教育的倾向，甚至很少组织学生参加那些关系到培养学生思想和社会责任感的活动，使学生缺乏应有的社会责任感。中小学生中普遍存在着讲吃、讲穿、不愿劳动的现象，道德水准下降，组织纪律观念淡薄，缺乏远大理想和信念，从而导致他们对各种不良思想、习惯影响侵蚀的抵御能力十分脆弱，致使部分学生在校期间和走上社会后，很容易成为社会消极因素的俘虏，最终走向违法犯罪。

预防是减少犯罪的最有效的办法，预防未成年犯罪是对未来的珍惜，是对社会的将来负责。预防未成年人犯罪，是学校的任务，也是司法机关和社会各方面的共同任务。

集中力量，固本培元。集中全社会的力量，为青少年的健康成长创设有利环境：充分发挥正确的舆论导向作用，切实加强对未成年人的思想教育；加大综合治理力度，净化社会环境；改善家庭环境，提高家教水平；加强学校对未成年人的法制、道德教育。

只有帮助青少年树立正确的人生观、价值观、道德观，防患于未然，才能从根本上杜绝未成年人犯罪的苗头。

知法重法，增强约束。根据《中华人民共和国预防未成年人犯罪法》第14条规定，未成年人不得有下列不良行为：旷课、夜不归宿；携带管制刀具；打架斗殴、辱骂他人；强行向他人索要财物；偷窃、故意毁坏财物；参与赌博或者变相赌博；观看、收听色情、淫秽的音像制品、读物等；进入法律、法规规定未成年人不适宜进入的营业性歌舞厅等场所；其他严重违背社会公德的不良行为。

同时，根据《中华人民共和国预防未成年人犯罪法》第34条的规定，未成年人还不得有下列严重不良行为：纠集他人结伙滋事，扰乱治安；携带管制刀具，屡教不改；多次拦截殴打或者强行索要他人财物；传播淫秽的读物或者音像制品等；进行淫乱或者色情、卖淫活动；多次偷窃；参与赌博，屡教不改；吸食、注射毒品；其他严重危害社会的行为。

“千里之堤，溃于蚁穴”，如不加强对未成年人的教育，不加严格管教，那小毛病就可能铸成大错误。尤其是未成年人不得有的严重不良行为，离犯罪只隔一步之遥，如不及时进行矫治，则一失足将成“千古恨”。

因此，遏制未成年人低龄化犯罪率上升，家长、学校乃至全社会都必须切实贯彻执行好“预防未成年人犯罪法”，从源头抓起，从未成年人不得有的不良行为抓起。而未成年人自身也应该以“勿以善小而不为。勿以恶小而为之”自律，把好言行关，走好青春路。

吸烟不是时尚，千万不能沾

有关研究报告指出：中国3亿烟民中，竟有10%是青春期少年，而其中女孩的比例越来越高。抽烟有害，这道理人人皆知。很多成人嗜烟者正在想方设法戒烟。

只有从心理上对烟草的危害形成正确认识，才能彻底抵制吸烟的恶习。

烟草中含有1 200多种化合物，其中大部分对人体有害，特别是尼古丁，危害尤大。一支香烟里的尼古丁，可以毒死一只老鼠，20支香烟里的尼古丁能够毒死一头牛。一个人如果每天抽20～25支香烟，就将吸入50～70毫克尼古丁，这些尼古丁足可以置人于死地，只是由于它们是逐步吸入的，再加上人体有一定的解毒能力，才幸免于难。

另外，烟草中还含有许多致癌物，另外还有许多促致癌物，以及能够降低机体排出异物能力的纤毛毒物质。这些毒物附在香烟烟雾的微小颗粒上，到达肺泡，并在那里沉积，彼此强化，结果又大大加强了致癌作用。每天吸烟10支以上的人，肺癌死亡率要比不吸烟者高2倍半。此外，吸烟还能引起喉癌、口腔癌、鼻咽癌、食道癌、胰腺癌、膀胱癌等。

吸烟会使心血管病加剧，加速动脉粥样硬化和生成血栓，导致心律不齐，甚至突然死亡。有学者研究发现，吸烟者由冠心病引起的猝死，要比不吸烟者高4倍以上。 吸烟还会损害神经系统，使人记忆力衰退，过早衰老。经常吸烟的人，长年咳嗽、咳痰，易患支气管炎、肺气肿、支气管扩张等呼吸道疾病。吸烟者还容易得胃溃疡，因为香烟烟雾中的烟碱，能破坏消化道中的酸碱平衡。

某中学有个叫玲子的女生，别看她年龄不大，烟龄却不短。

玲子父母忙于生意，无暇顾及她的学习、生活，只知道给孩子足够的钱，却不关心钱的用处。玲子不好好学习，却结交了社会上一些不三不四的青年，染上了烟瘾。她的烟瘾很大，每天一有空就烟不离口，老师总能在她的书包里发现烟。可是她对学校的警告不管不顾，甚至鼓励同学一起抽烟，结果同学们开始远离她，老师也渐渐对她放弃希望了。

其实，吸烟不仅仅影响学习、影响孩子在学校中的表现，还会让身体受到伤害。对于青春期少女来说，她们正处于成长发育时期，对有害有毒物质比成年人更容易吸收，受到的伤害更大。其伤害主要有以下几个方面：

（1）香烟中所含的尼古丁煤焦油、一氧化碳等也会引起皮肤粗糙、老化。因尼古丁进入人体以后，促使毛细血管收缩，阻碍新陈代谢进行，使输送到皮肤的营养成分减少，结果使皮肤变得粗糙，助长青春痘、肿包的出现，并易产生褐斑和皱纹。皮肤的损坏，是一个很难逆转的过程。所以，青春期的女孩，为了你娇嫩的皮肤着想，请远离烟草。

（2）抽烟女性的腰更易变粗。研究人员发现，和不吸烟者或已经戒烟者相比，吸烟者的腰围较大且臀围较小，即腰臀比（腰围除以臀围）较高；吸烟时间越长、吸烟量越大的人，其腰臀比越高。如果戒烟，腰臀比会随戒烟时间的延长而逐渐降低。这种情况在女性被调查者中尤为明显。身材的破坏很容易，修复却很难。所以，青春期的女孩，为了不让自己留下终身的悔恨，请远离烟草。

（3）抽烟所引起的损害使牙周更容易发生细菌感染，烟草能够抑制身体的免疫系统，降低人体抵抗感染的能力，烟草还减少牙周的血液流通量，从而剥夺使牙周保持健康所需要的氧气和营养成分。所以，青春期女孩，为了拥有健康美白的牙齿，请远离烟草。

（4）在烟气中含有750多种化学成分，其中包括许多有毒物质。这些有毒物质能直接影响眼部组织新陈代谢功能，而发生双眼无痛性、进行性视力减退和色觉障碍等。此外，吸烟还可导致弱视。吸烟导致的弱视称之为烟草中毒性弱视，主要表现为视力下降，视野缩小，辨不清红、绿颜色。所以，青春期女孩，为了一双秋水般的明眸，请远离烟草。

（5）青春期的孩子本来容易冲动，在烟草的作用下，这种冲动会加剧，就会做出很多的糊涂事，包括一些女孩的失身，酒后打架。所以，青春期女孩，为了幸福的人生，请远离烟草。

（6）吸烟对生殖系统有不可逆转的损害，尼古丁易在体内堆积，造成无生育能力，或者产下畸形儿。所以，青春期女孩，为了你的后代着想，请远离烟草。

天下无难事，只怕有心人。吸烟的少女们，请马上丢掉所有的香烟、打火机、火柴和烟灰缸，避免参与习惯吸烟的活动。餐后喝水、吃水果或散步，摆脱饭后一支烟的想法，烟瘾来时，立即做深呼吸活动，或咀嚼无糖分的口香糖。坚决拒绝香烟的引诱，经常提醒自己，再吸一支烟足以令戒烟的计划前功尽弃。

别成为毒品侵害的对象

吸毒本来就容易引发心肌炎、肺结核、肝炎、心内膜炎等，青春期少女处在生长发育期，身体更容易受伤害。我国的艾滋病主要由吸毒传播，吸毒已成为艾滋病的主要传播途径，而且严重危害到少女。

为什么青春期少女容易成为毒品侵害的对象？

（1）对毒品的性质缺乏认识。不少吸毒女孩在吸毒前对毒品本身知之甚少，甚至无知，对毒品的害处只是道听途说，口耳相传，略有所知，非常肤浅。她们并不完全清楚吸毒会给自身带来严重疾病，甚至不相信会引起死亡。有的没有意识到吸毒会耗费巨大钱财，给家庭带来灾难。这些都是对毒品及其危害性的认知程度不够而造成的结果。而且，现在出现的不少新型毒品，不仅“披上漂亮的外衣”，而且有着动听的名字。对于这些新型毒品，有的少女以为不是毒品，甚至把吸食摇头丸等新型毒品看成时尚。一些女孩子居然听信吸毒有助减肥、·美容而毅然下水，最终懊悔不已。

（2）有的年轻女孩自以为不会上瘾，或者认为自己有坚强的意志力，即使成瘾了也是能戒的。毒品能够使人在生理上产生强烈的依赖性，一旦沾染是很难真正戒断的，确实戒断了的也只是极少数。而且戒毒也是一个十分痛苦的过程，还要花费大量的资金，对家庭和社会都是一笔很大的经济负担。即使一时戒断，也很容易反复。

一个叫露露的女大学生，在校期间交了一个吸毒的男同学为友，为了找到一种戒毒的方法来拯救她的男朋友，她竟以身试毒，结果不能自拔，以自杀结束了年轻的生命。她在留给母亲的遗书中写道：“面对有生的日子，我一天天胆怯，如进入一个恐惧的魔场，我被魔鬼附着，越陷越深，我已经无法自拔了。这个将人往死里拖的魔鬼就是毒品海洛因。”

还有一位医学院毕业的女大学生，到医院工作后很快成为一名出色的外科大夫。她为了探索出一条戒毒的捷径而不惜以身试毒，并把每一次吸毒的时间、方式、身体反应都一一记录下来，但是等到她想要从毒品中解脱出来的时候，却再也无能为力。她的丈夫因此离她而去，她本人也在吸毒一年零七个月以后凄惨地结束了自己年轻的生命。

（3）由于青春期少女涉世不深，缺乏必要的社会生活磨炼和考验，社会经验不足，加之特定的年龄、生理、情感和性格等方面的特征，往往存在着判断能力、自我防范能力、自控能力、抗拒诱惑的能力不强，以及易于偏执自信、好冲动、爱冒险等方面的特点，因此许多女孩被骗吸毒，被犯罪团伙利用，作为违法犯罪、贩毒的工具。直到受到法律的惩治，才明白自己究竟做错了什么。

（4）一些青春少女，她们因学习后进、家庭变故而产生孤独、苦闷和失落感，自暴自弃，一蹶不振，走近毒品，试图在毒雾中去寻求一时的解脱，最终陷入吸毒的悲惨境地。

有效预防和抵御毒品的侵袭，既需要社会、学校和家庭的关爱与保护，青春期女孩自身也要提高防范意识，学会自我保护。古人告诫我们："一失足成千古恨，再回首已是百年身。"何况，毒品这个无情的杀手一旦沾染，又是很难容你再有回首之机的。因此对毒品，我们一定要保持高度警觉，在这个关系一生前途命运的问题上，绝不能有任何侥幸心理，绝不可越雷池一步，否则就有可能断送自己美好的人生。

"一朝吸毒，终生难戒""一时不慎，痛悔一生"，明知有害而为之，是愚者之行为。但愿天下少女慎之慎之！

形体锻炼，有所为有所不为

美丽是女人一生的事业。拥有"天使面孔、魔鬼身材"几乎是所有青春期女孩的梦想。爱美的女孩更是以此为目标前赴后继、乐此不疲。"健美""塑型"，成了一种时尚，成了青年人最时髦的话题。对于现代女性来讲，"追求美丽"已不再只为悦己者容，更多的是为了取悦自己，为了增加自信，为了更好地实现自身价值，装扮出绚丽多姿的生活。那么，少女怎样才能拥有健美的好身材，如何才能打造一个完美的骄人身段？

青春期的少女，身体基本定型，体重明显增加。骨盆发育日渐成熟，心血管和运动器官发育却较缓慢。表现为肩带窄、胸廓小、肺活量小、肌肉收缩力和耐久力差，出现躯干四肢与内脏器官发育不平衡现象。由于性激素的反馈影响，自我意识提高，自尊心增强；对形体变化非常敏感，迫切希望获得优美的体形。但是要获得优美的形体，还是得认真进行形体的锻炼

科学进行形体锻炼要注意以下几点：

（1）锻炼时间最好固定。每次锻炼尽可能安排在同一时间，这样可以使你养成良好的锻炼习惯，有助于身体内脏器官形成条件反射。饭后一小时和睡前一小时不能锻炼，否则会影响消化和睡眠。体力最佳时间一般在15：00～20：00之间，可以考虑作为主要锻炼时间。

（2）锻炼时间要适宜。初学者和平时劳动量较大者以每周3次为宜，每次1～1.5小时，但每次锻炼应包括身体的各个部分。每天坚持锻炼者，可将身体划分为若干个部分，隔天练习，保证肌肉能有效恢复。例如：今天练习肩、腹、胸，明天就练习背、臂、腿等部分。

（3）锻炼量要根据自己的体力而定。每个人的身体状况都是不同的，因此每个人能承受的运动量也是不同的。应该在反复试验中，根据自己锻炼后的恢复情况确定最佳的锻炼时间，这样才能收到事半功倍的效果。

（4）谨防过度锻炼。过度训练也称过度疲劳，是训练不当造成的一种机体综合征状。过度训练主要有交感型和副交感型两种。健美训练中所发生的过度训练多属于交感型过度训练。表现是安静时心率增快、血压增高、体重下降、睡眠障碍、抵抗力降低、食欲下降、训练后感到疲劳、疲劳恢复慢，无训练欲望，运动中最高血乳酸水平降低，肌肉停止增长，甚至萎缩。

（5）休息时间不要过长。每组练习之间休息时间不宜过长，一般为40～50秒，大负荷、大强度练习休息时间不要超过15分钟。休息时间过

长会影响锻炼效果。

（6）掌握正确的呼吸方法。正确的呼吸方法能帮助你集中意念，使动作协调而有节奏，承受更强负荷的锻炼。一般是用力、肌肉收缩时吸气，放松还原时呼气。锻炼时要用嘴呼吸，锻炼前做伸展运动，以预防肌肉韧带拉伤，训练后要做放松运动，帮助消除肌肉紧张，减轻疲劳，否则易造成局部肌肉堆积。

（7）坚持到底才有胜利。健身是项“苦差事”，是要两三个月后才见效的“体力活”。大多数初学者在经过艰苦的训练后，气喘吁吁来到镜子前，却发现身材与身体的围度没有什么大的变化，顿时感觉被泼了一盆冷水。而且浑身酸痛，异常疲劳，经过几轮的自我折磨，很多少女就此放弃了。功败垂成，这是很可惜的。

（8）敢于挑战以往的锻炼强度。在实际训练中健美迷们不断总结富有成效的补充性法则，其中“不舒服法则”尤其值得重视和称道。所谓“不舒服法则”，就是在训练某一部位肌肉时应优先采用那些令你感到不舒服、费力且有逃避心理的动作，而不是那些相对省力、熟悉而感到舒适的动作，这样才能让肌肉生长。只有不断尝试，寻找符合自身特点的训练方法，才能提高训练质量。

但是如果积极与同伴交流，并接受挑战的话，你可以很快获得另外一样东西：别人的尊重与自信，这种感觉就像运动员在场上受到观众的瞩目一样会激励着你将形体锻炼进行到底。

少女形体锻炼主要是胸部、腰背部、大腿和臀部的锻炼。下面给大家介绍一些实用形体锻炼技巧。

1.锻炼胸部肌肉的技巧

（1）双膝跪地，手臂伸直撑地。向下做屈臂动作，直到下颏和胸触地。屈臂时注意臀部不要后引，身体重心在手上，手臂支撑体重，静止片刻，重复8～10次。

（2）仰卧地下，向上做挺胸动作。到极限时静止片刻。注意，挺胸时头和臀部不得离地。重复做6～8次。

（3）双膝跪地，上体直立，双手合掌置于胸前。两手用力互推，做对抗动作。注意，肘关节不得下垂，前臂成“一”字形，挺胸抬头，配合深呼吸，做8～10次。

2.锻炼手臂的技巧

（1）手放于肩膀上，以肩为中心，手肘由前向后在空中划一个圆圈。

（2）上半圆时吸气，下半圆时呼气。连续3～6次。

（3）再反方向画圆圈，连续3～6次

3.锻炼腰背部肌肉的技巧

（1）以坐姿开始，右腿回蜷，与左腿交叠，放在右膝之外，右手握住右踝，左手在身体旁侧伸展，头部向左侧扭转。深呼吸，保持5个呼吸，然后换方向做。

（2）双腿微分，手臂向上伸展，贴在耳侧，吸气时脚尖踮起，呼气脚后跟慢慢放下。保持 3～5个呼吸。

（3）盘坐，上半身挺直，左臂向上伸直贴于耳畔，右手轻轻点地，由腰椎带动上半身向右侧弯曲，动作要缓，停在极限处，自然呼吸，保持15秒，然后换方向做同样的动作。

4.锻炼臀部肌肉的技巧

（1）半蹲。两脚分开站立，距离约一脚宽。双手放在大腿上，臀部慢慢下降，好像是要坐在椅子上。保持这种姿势约10秒钟，然后慢慢恢复原状，重复5次。

（2）跪腿抬起。前臂和膝盖着地。小腿沿地面向后伸直，与大腿成90度，收腿，收臀。抬起双腿，伸直与地面平行，然后屈膝，向上抬脚举小腿，将腿伸直放下，恢复原状，15次。再换腿做。

（3）弓背跃起。两脚分开，双手撑地分开呈现V字形（双腿绷直）。抬起一条腿，收臀，将抬起的腿弯曲，再伸直，连着10次。然后换腿做。

5.锻炼腿部肌肉的技巧

很多女孩都抱怨自己的腿过粗或过细，可用下述方法锻炼：以立正的姿势站着，两手放在身体两侧。弯曲膝盖，两手碰触脚趾（此时，不要太用力）。诀窍在于，不弯曲背部肌肉，只弯曲膝盖。再轻轻回到原来的姿势。这个动作大约为3秒，刚开始做的时候，以10秒钟做3次为目标，习惯后再加速吧。

在坚持上述锻炼的同时，还应做些走、跑、跳、身体波浪运动和柔韧性练习，以全面锻炼身体，塑造健美的体形。

另外，营养对于每个人都是必不可少的，从事形体训练的人更需要充足的营养。初学者往往将全部精力投入训练而忽视了营养。其实，没有适宜的营养任何训练都是无效的。

工夫不负有心人，只要循序渐进，坚持锻炼，一定可以收到预期的效果，完成一个美丽的蜕变。

青春期少女塑造形体时，注意切勿束胸紧腰。

进入青春期的少女，不但在生理上发生了巨大变化，心理上也会出现许多变化，尤其对逐渐发育的乳房非常敏感。有些少女觉得乳房高高隆起与自己的学生身份不相宜。她们常穿紧身小内衣，或将胸部箍得紧紧的。力图用束胸的方法，阻碍乳房的正常发育。

这样做危害极大。首先，乳房是哺乳的器官，主要由脂肪和乳腺叶组成，一个乳房内有10～20个乳腺叶，每个乳腺叶有一根排乳管与乳头的排乳孔相通。女孩10～13岁乳腺开始发育，这时不宜戴乳罩。当乳房直径超过16厘米，走路发生颤动时，再选择合适乳罩将其托住，以免下坠，避免擦伤。此时，如果束胸就会影响乳房发育，导致乳头凹陷及乳腺管不通。这样，生产后一方面因婴儿吸不住奶头或吸不出奶液而得不到足够的营养；另一方面，乳汁排不出，储存在乳房内很容易发生乳腺炎。此外，这样做会限制胸部、腹部肌肉及胸、腹腔内脏器官的发育；影响肺活量的提高，影响运动能力，也影响发声器官。

稍大的女孩大多对苗条的身姿非常欣赏，对自己日益发育的腰部感到不安，怕自己腰粗，束腰就是她们采取的主要措施之一。

有的女孩怕自己腰粗，把腰勒得紧紧的，对身体也有害。腰捆得太紧，会使腹腔内之肝、肠、胃等重要器官血流不畅，同时也限制了胃肠的活动，从而使消化功能减退。

青春期的发育是这个特定时期的正常现象，只要养成合理的饮食习惯，注意锻炼身体，自然可以拥有健康美好的身形。束胸紧腰不仅达不到目的，而且伤害身体，图了一时的“美观”，后果得不偿失。

第7章　青春期，女孩生理卫生知识全知道

女孩是这样悄悄成熟的

变了，完全变了，筱敏站在穿衣镜前，反复地打量自己：修长的双腿、浑圆而微翘的臀部、纤细的腰肢、微微隆起的胸部……她惊喜不已，惊喜中又掺杂着一丝恐慌。她不明白，那个在世上整整晃荡了15个年头的“丑小鸭”，怎么不动声色间就被“美天鹅”取代了，并且整合得如此天衣无缝……

其实，穿衣镜下展现的只是外观的改变，体内深层次的变化，更令筱敏震动不已：月经的来潮，隐秘部位的体毛萌发……

筱敏的困惑并非偶然，也绝非个别，花季少女大多有这样一段“心路历程”。究其实质，是性系统的启动导演了从女孩到姑娘的嬗变。现在我们就一起来看看这个嬗变过程吧。

女性在青春期由于雌激素的分泌，促使第二性征发育。

首先是乳房的发育，女孩当青春发育迅速到来的时候，卵巢分泌大量的雌激素，雌激素通过全身的血液循环被输送到乳房，直接影响着乳房的发育。女孩的乳房发育大约始于月经初潮前3～4年；这个时间正好相当于小学五六年级或初中一年级。此时乳头周围颜色较深的乳晕肿

大，乳头及乳晕下的乳腺管及脂肪组织增大，使乳房向外突出，乳房会比以前更圆，更突出。乳晕的范围更宽广。在这个时候，乳头周围出现一个胀疼的硬结，如果不小心碰了一下，乳头部位就会疼痛，这个时期称为乳房发育的乳晕期。乳房部位疼痛常常引起女孩子的不安和恐惧。其实，这个变化是乳房发育的必经之路，等到乳房发育成熟，就不会再疼了。在玩耍时一定要保护好乳房，以免碰撞到正在发育的部位，在读书写字时使自己的胸部与桌沿保持一拳宽的距离，不要让前胸紧贴桌沿，压迫乳房的发育。进入初中后，女孩乳晕周围的肌肉开始发达起来，胸部隆起已依稀可见，乳房逐渐形成半球状。到初中毕业时，有的女孩乳房已完全发育成熟，乳腺十分发达，以便日后做母亲进而分泌乳汁，乳头顶端出现了小孔，用于以后排乳汁。这个时期称为乳房发育的乳房期。乳房从开始发育到接近成熟，大约需要三四年的时间。乳房生长的快慢和将来乳房的大小没有关系，也和以后分泌的乳汁多少没有关系。乳房是女性哺乳器官，也是女性最鲜明的标志之一。当少女们一旦度过了乳房开始发育时带来的羞涩感后，会惊喜地发现，拥有一对发育成熟的乳房，是女孩生命力多么骄傲自豪的事情啊！

其次是臀部突出。骨盆变得宽大。脂肪也开始分布到臀、胸、肩等部位，骨盆开始变宽。逐渐向着成年女子的体态发育。另外皮肤变得细腻光滑柔软，体态丰满显示了女性的阴柔之美和婀娜多姿。

女性的阴毛发育一般迟于乳房的发育。14岁后，有细茸毛分布，但无真正的阴毛存在；第二阶段有浅色的阴毛稀疏地生长，可见于阴阜和阴唇两侧；第三阶段为阴毛逐渐变深、变粗和卷曲，但仍是少量分布；第四阶段为阴毛具有成年特征，但还未达到大多数成年人那种程度；第五阶段则阴毛分布呈典型的成年女性，形成一个倒三角形。如果女孩阴毛生长过多，分布范围超过上述倒置三角形之外，甚至与男性阴毛形状相似，则称多毛症。这是由肾上腺性皮质瘤、皮质醇增多、多囊卵巢综合征等疾病所引起，应该及时求医诊治。长期服用肾上腺皮质激素、雄性激素等药物也会造成多毛，但停药后此种现象可逐渐消失。无阴毛的女性可占2%～5%。无毛症大多是生理性的，无须治疗。但是也有少数是病态，如有一种脱纳氏综合征，患者外生殖器发育幼稚，会出现少毛或无毛；还有一种情况，就是发育期间曾长过阴毛，以后逐渐消退或脱落，这可能是体内发生了某些病变（如脑垂体、甲状腺功能减退、麻风病等），对此不能掉以轻心，要及时治疗。

腋毛发育晚于阴毛发育。腋毛位于腋下，为女性第二性征之一。与阴毛相同，是肾上腺开始分泌雄激素的结果。腋毛出现的时间较阴毛晚1～2年，国外报道平均年龄为14～15岁。我国女性也大致在14～15岁后出现腋毛。多数女性腋毛稀少。有些人认为夏季穿短袖衬衣时，腋毛露在外面不雅观，就用剪刀剪去，有的甚至用刀片去刮腋毛。其实，这样做是错误的，也是有损健康的。不论你是剪还是刮腋毛，都不能阻止腋毛正常萌出这一生理现象，而且极易造成腋窝的细菌感染。应正视腋毛这一正常的生理现象，千万不要因为某些错误的观点而损害自己的健康。腋窝一旦长出腋毛，腋窝里常常是汗汲汲的。与幼年时相比，现在的汗水有一种特殊的气味。如果不及时清洗，不久就会散发一种令人不愉快的气味，俗称狐臭。如果勤洗澡、勤换衣服还不能使这种状况得到改善，最好去看皮肤科医生。

与此同时，双侧大阴唇、小阴唇皮肤的色素逐渐加深，并逐渐增大，开始出现白色分泌物。个人阴部的差异就像每个人的脸孔一样，以嘴唇来说，就有厚唇、薄唇和松软的唇，以色泽来说，有人的阴唇色是明亮的粉红色，有人则呈现暗棕色，或是粉红色中带棕色斑点等，所以当然会不一样。

内生殖器亦同时发育，如阴道增长变宽，黏膜增厚而富有皱襞，输卵管增粗，子宫增大等。平均在13岁左右（10～16岁）月经首次来潮，被称为初潮。再隔2～5年便先后出现排卵现象，此时才具备了生育能力。

青春期少女只有正确地认识自己、对待自己，才能使自己健康地度过青春期，顺利地走过人生花季。

青春期女孩生理发育特点

唐代诗人杜牧的《赠别》诗中有云：“娉娉袅袅十三余，豆蔻梢头二月初。”他用早春二月枝头含苞待放的豆蔻花来比拟体态轻盈、芳龄十三的少女，这一千古妙喻一直流传至今。十二三岁是大多数少女一生中重要的转折点，她们将要从懵懵懂懂的童年走进“像雾像雨又像风”的青春期。

从儿童过渡到青年的青春期，是“人生的第二次诞生”，心理学家称这一时期为“第二次危机”。如果说人生的第一次危机——“断乳危机”是在温暖的襁褓中度过的，幼儿的反抗充其量也不过是无力的挣扎、无望的哭闹。那么，人生的第二次危机——从精神上脱离父母的心理“断乳”，却来势迅猛，锐不可当。此时身体将发生一系列引人注目的生理变化。

对于女性而言，青春期是指从月经来潮到生殖器官逐渐发育成熟的时期，这个时期的生理特点是身体及生殖器官发育很快，第二性征形成，开始出现月经。

女孩的青春期发育体现在以下几个方面：

（1）体格上。约从9岁半起，女孩的身高增长突然加速，高峰时每年长6～8厘米，然后再逐渐减慢，直至骨骺闭合不再长，至18岁左右，身高可增加25厘米左右。同时，体内皮下脂肪沉积增多，髋、臀部尤其明显，骨盆、髋部亦增宽，形成女性曲线柔和的体态。这一系列体格形态的变化，标志一个女孩逐渐长成为一个美丽的少女。

（2）生殖器官上。随着卵巢发育与性激素分泌的逐步增加，生殖器各部也有明显的变化，称为第一性征。外生殖器从幼稚型变为成人型，阴阜隆起，大阴唇变肥厚，小阴唇变大且有色素沉着，阴道的长度及宽度增加，阴道黏膜变厚， 出现皱襞；子宫增大，尤其子宫体明显增大，使子宫体占子宫全长的2/3；输卵管变粗，弯曲度减少；卵巢增大，皮质内有不同发育阶段的卵泡，使表面稍有不平。

（3）第二性征上。是指除生殖器官以外，女性所特有的征象。此时女孩的音调变高，乳房丰满而隆起，乳头逐渐增大，色素逐渐加深，出现腋毛及阴毛，骨盆横径的发育大于前后径的发育，臀部增厚长圆，胸、肩部的皮下脂肪更多，皮肤变得光滑、富有弹性，显现了女性特有的体态。

（4）月经来潮。月经初潮是青春期开始的一个重要标志。女性第一次来月经为月经初潮。年龄多在13～15岁之间，也可早在10岁，晚至18岁。初潮年龄与气候、遗传、营养、卫生、生活条件有关。月经初潮是进入青春期的重要标志。由于卵巢功能尚不健全，最初的月经属无排卵月经，周期往往不规律。初潮半年至一年半左右，方有排卵性月经，但黄体期常较短，说明黄体功能不足。

一般说，从青春期开始到完全性成熟期需4～5年。卵巢排卵功能调节正常后，月经可每月来一次。

青春期少女生理变化很大，思想情绪也常不稳定，家庭和学校应注意其身心健康。对于青春期少女自身而言，不但要注意营养、休息、个人卫生，还要努力学习，锻炼身体，为一生的健康和工作打下良好的基础。

大煞风景的“青春美丽疙瘩痘”

到了青春期，很多少女都面临着青春痘的烦恼。真所谓：“灭不尽，挤又长。”很多过去最喜欢的一些食品，也都得敬而远之，让很多爱美的女孩烦不胜烦。

那么，就让我们一起来解开青春痘的真实面目吧！

青春痘在现代医学上称为痤疮，又叫肺风粉刺、壮疙瘩。主要是由于患者的皮肤代谢活力下降，皮肤不能进行正常的新陈代谢，导致皮肤细胞得不到充足的营养，没有办法进行正常的物质交换，造成皮肤的皮脂腺分泌失调，大量的皮脂在皮肤表面堆积不能清除，导致有害菌大量滋生，给皮肤造成了炎性损害，形成了青春痘（痤疮）。

痤疮由于好发于青春期的男女所以我们习惯地称之为“青春痘”。80%的青少年都有过痤疮的经历，这和这个时期青少年生理发育的特点有很大的关系。因为痤疮的病因主要是内分泌失调，这个内分泌指的是性激素，而性腺的发育一般到了青春期的时候才开始成熟，比如女孩开始来月经，男孩子开始长喉结，性征出现，这时候开始分泌性激素。这就好比一个刚学会走路的孩子，刚开始摇摇晃晃，慢慢在找平衡的感觉。内分泌系统也是这样的，刚开始的时候可能不稳定，这样就会造成内分泌平衡失调，导致人体不能进行正常新陈代谢，血液的携氧供养能力下降，不能正常地濡养皮肤细胞，于是皮肤的代谢活力下降，就造成了青春痘的生长。

痤疮还和遗传有关，一个人是否长痤疮、什么年龄长痤疮、长在什么部位等，很大程度上是受遗传的因素决定的。父母亲年轻的时候有，生下来的孩子肯定会有。

另外，辛辣油腻的食物会加重皮脂腺的分泌，这是因为这类食物使皮脂腺功能亢进，油脂分泌越来越多，这样就容易导致堵塞，接着痤疮就容易发生了。

如果消化系统有病，如胃炎或者是便秘、血管性出血、溃疡病都可以导致生长青春痘。因为这些毒素排不出体外都可以引起青春痘。

精神紧张也会引起青春痘。学生们经常精神紧张，一些少女一紧张，脸上就容易冒小痘痘。

青春痘一般出现在额头、鼻子、下巴、脸颊等位置，有的人前胸、后背、肩膀也长青春痘，那是因为这些部位也分布着许多皮脂腺。

战胜青春痘，要做到以下几点：

加强清洗。目的是去除分泌出的油脂和清除皮脂腺的堵塞，使排泄通畅。可使用一些专业的洗面奶，油性皮肤可选用泡沫洁面乳。最好选择品牌产品，千万不要贪图便宜去使用一些劣质产品，这样很容易对皮肤造成伤害。正确的洗脸方式是以23摄氏度左右的温水将脸拍湿，将洗面乳在手掌中搓揉，尽快以冷水冲掉。这是最简单、最经济的去油保养方式。另外，洗面乳最好只在早晚使用。不要用热水洗脸，因为热本身就是刺激，会使皮脂腺增加分泌量，蒸脸的原理也是相同的。

不要挤压。因为“粉刺”发生部位易发生炎症，血液循环受阻，抵抗力降低。如果用手去挤压，造成破口，很容易被细菌感染。感染后，“粉刺”就要变成小脓疱，小脓疱好后会留下永久性色素沉积或疤痕，影响美容。

在饮食方面，要注意多吃清淡食物，如新鲜蔬菜、水果等，使胃肠道通畅，防止便秘；少吃油腻食物减少油脂分泌量；少吃或不吃干燥和带刺激性的食物，如煎、炒、油炸、辣椒等食物；最好不吸烟，不喝酒，这样可使粉刺大大减少，甚至不出现症状。

药物治疗。过氧化苯酰制成的液体或霜剂外用，具有较强的抗菌作用，还可以降低游离脂肪酸以及溶解黑头粉刺的黑头栓子作用；硫磺搽剂有消炎溶脂作用，每日1～2次外用；肤炎宁搽剂主要含克林霉素，消炎杀菌作用好，每日1～2次外涂；其他0.05%维甲酸霜、雪锁锌、维生素B_6霜、5%氧化氨基汞软膏、百多邦软膏等均可试用。如果皮损较重就要去医院就诊。但是无论何种药物，一定要在医生的指导下使用。

只有在日常生活中养成良好的习惯，才能“有则治疗，无则预防”。

（1）保持枕套和床单的清洁。如果每天晚上都要和你亲密接触的枕套和床单不干净的话，就容易滋生细菌，这些细菌和油脂结合就会形成青春痘。

（2）从晚上10点到第二天凌晨两点是皮肤细胞新陈代谢最旺盛的阶段，应当严格遵守早睡早起的习惯，晚上12点前必须上床睡觉。

（3）挨近脸部的毛发容易残留洁面泡沫堵塞毛孔；也会沾染灰尘和油脂，在脸上扫来扫去，也会污染面部皮肤。所以要经常清洗头发，不要让毛发挡住面部。

（4）常被阳光直晒不仅有紫外线的伤害，也会令汗腺及皮脂腺的分泌活跃，阻塞毛孔，加速发炎。所以一定要做好防晒工作。

（5）千万不要用浓妆去掩饰冒出的青春痘。想借粉底隐藏痘痘的心情是可以理解的，但这样做只会堵塞毛孔，导致青春痘更加恶化。病情尚属轻微时，可使用水溶性的粉底，并且尽量以在脸上停留最少时间为原则。情况严重时，则应完全停止化妆。

（6）避免使用皂化成分的洗脸剂，皂化成分会破坏皮肤的酸性保护膜，使皮肤失去抵抗力，更容易引起细菌感染，产生敏感痘痘。

（7）容易长痘痘者避免吃巧克力、坚果、奶酪、咖啡、甜点等食物，食用后体内容易产生毒素；已经长痘痘者，海鲜、芒果、补品禁吃。多摄取维生素C含量较多的蔬菜、水果。

（8）积极参加体育锻炼，保持乐观开朗的心情。

只要方法得当，对症下药，青春痘是可以治愈的。青春痘反复发作，多是由于治疗不当。当皮脂腺进入炎症期后，很多患者不给予足够的重视，有的治治停停，不连续治疗，致使青春痘反复发作，甚至一次比一次严重。

对于年轻女孩来说，青春痘是我们成为真正成年人的证明，根本不需要感到难为情而影响到学习和生活。别以为天下只有你一个人长青春痘，记住，青春痘只是你生命中的插曲，很快便会过去，只要你正确地对付它，别让它干扰你的情绪，你会发现，它脆弱得不堪一击！

青春期女孩也可能分泌乳汁

一位女孩羞赧地向医生诉说她的难言之隐：“我是一名中学生。我还没结婚生孩子，可是为什么我的右边乳头经常出现一些白色的、像乳汁一样的膏状分泌物呢？”

青春期泌乳到底是不是病?

针对这个问题，大家看法不一，众说纷纭，现在主要有两种观点。

一种说法认为：发育正常的女孩，从13～18岁有了月经，一直到生殖器官发育成熟，这段生理时期就叫青春期。在这段时期里，女孩子除了有月经之外，作为第二性征的乳房已明显地得到了发育。乳房内部有腺泡和腺管，腺泡细胞有泌乳的功能，腺管是乳汁的通路。这两种结构是在妇女卵巢分泌的女性激素（又叫荷尔蒙）的刺激作用下发育成长起来的。

乳房发育过程中是不分泌乳汁的。其原因应从泌乳素的来源说起，泌乳素是从人脑里的一个内分泌腺，叫作脑下垂体（大约有一克大小，状似蚕豆）的细胞产生的，但是它还要受到下丘脑分泌的泌乳素的抑制因子的控制，限制脑下垂体分泌泌乳素，所以泌乳是产妇育儿的一种特殊功能。一般妇女，尤其是青春期女孩是不出现泌乳功能的。

青春期女孩子泌乳是一种异常现象。原因有二：一是脑下垂体里发生了泌乳素性腺肿瘤；二是虽没有发生泌乳素性腺肿瘤，但由于脑下垂体细胞受下丘脑分泌的泌乳素促进因子的刺激，泌乳素分泌过多，叫作高泌乳素血症，患这种病的人时常还伴有闭经的症状。通过头颅CT照相或经核磁共振照相以及测定血清里泌乳素的含量来进一步确诊，如果有肿瘤可以用伽玛刀治疗，不用开颅就可以治愈；如果不是肿瘤，只是高泌乳素血症，服用溴隐停就可以，但是必须在医生指导下服用。

另一种说法认为：乳房开始长大时是可能会有分泌物的，这是发育的正常现象，婴儿在母体内长到五个月时就开始逐渐形成乳房，初生时就已有乳头和基本的乳腺倒灌，因受到母体荷尔蒙影响亦会有分泌物，乃属正常。在青春期，乳腺不断发育，每个成熟的乳房有15～20叶乳腺，将分泌物排到乳头。乳头旁边的乳晕有细膜组织，有汗腺和皮脂腺，对冷冻型的刺激特别敏锐，所以当发觉有少量分泌物时，不必惊慌，用棉质毛巾轻轻拭去即可，不要挤压而令其受创。

倘若分泌物过多，一边的乳房出现发育不平衡或凹陷的现象，或颜色和形状有特殊改变，就应该向妇科医生询问了，千万不能胡乱吃药。

两种观点都有道理，但是青春期少女一旦遇上诸如此类的困扰，一定不要因为顾及面子而隐瞒实情，向医生求助，对症下药才是最科学有效的。

了解“秘密小花园”——处女膜

许多女孩都知道自己的身体里有这样一个隐秘而珍贵的部分——处女膜，可是却对有关它的常识知之甚少。

究竟处女膜是什么样的呢?

处女膜是覆盖在女性阴道外口的一块中空薄膜，大约1～2毫米厚，膜的正反两面都是湿润的黏膜，两层黏膜之间含有结缔组织、微血管和神经末梢，中间的小孔叫处女膜孔。处女膜孔的大小和膜的厚薄程度各人可有不同。处女膜孔的直径为1～1.5厘米，通常为圆形、椭圆形或锯齿形；有的呈半月形，膜孔偏于一侧；有的为隔形孔，有两个小孔做上下或左右并列；有的有很多分散的小孔，就像筛子上的小孔。

很多少女不敢使用内置卫生棉就是怕弄破处女膜，了解了它的结构后，我们就知道：只要使用得当，内置卫生棉条是不会有任何不良影响的。相似地，很多少女害怕做妇科检查，甚至得了病也忍着，就是害怕检查时会弄破处女膜。其实，正常情况下医生会询问婚姻状况，对于处女，会采取特殊的检查方法，这种担心是多余的。只有处女初次性交，男性的阴茎插入女性的阴道时，才会将处女膜顶破而形成裂口，处女膜的裂口往往是多发的，从中心部向四周呈放射状延伸，由于男性阴茎进入的方向一般是向下向内的，故裂口在阴道口两侧下方处较深，可达其底部，称为完全性破裂。有时由于性交时男方用力过猛，可使附近的阴道壁也有裂伤。生育过的妇女，由于胎儿经阴道娩出，使处女膜进一步破损，以致到处残缺不全，有时仅留下几个残存的突起，叫处女膜痕。如果是剖宫产分娩的，因婴儿是从下腹部切口处娩出，不通过阴道，则处女膜仍保持婚后的形状。

仅仅了解处女膜的形态是远远不够的。

由于处女膜破裂时往往伴随着或多或少的流血与或轻或重的疼痛现象，处女膜在古人眼里异常神秘，甚至形成所谓的“处女膜崇拜”。处女膜崇拜有两层意思。第一层是指把处女膜是否完好作为判断未婚女性是否“失贞”的唯一标准，不考虑任何其他原因和其他情况。第二层指的是“贞操崇拜”，就是把是否“失贞”作为判断一个女人的全部价值的首要标准，甚至是唯一标准。处女膜崇拜来源于人类农业社会中的财产式婚姻，是父母把女儿当作待价而沽的物品，丈夫把妻子作为一种财产来占有的重要标志之一。在这种把女性物化的出售和占有里，处女膜的完好就像是表明该物品或者该财产未被动用过的标签一样。因此在所有民族的农业社会时期里，所有人，包括女性自己，都把女性的处女膜完好与否看成是该女性是否贞洁、是否与别人有过性关系的唯一标志。因此才会出现“处女”和“处女之膜”这样的名词。

古往今来，受封建传统思想的影响，一幕幕悲喜剧不停上演，一位位女性失去生命，一段段婚姻戛然而止，罪魁祸首就是这层普普通通的“膜”！

但实际上，处女膜的完整与否与是否处女本身并无必然联系。有的女性的处女膜虽然完整，但也已不是处女了，有的女性确实是真实的处女，而处女膜已破裂。因有些处女的处女膜孔大，弹性好，膜内血管少，加上在性交时男方比较斯文而不粗暴，多次性交后处女膜可以不破裂；相反，有的处女，因某些意外，使处女膜破裂，如有的女性在儿童期的无知，将小玩具插入阴道，有的遇到外伤、或尖锐物碰巧抵在外阴部，有的因手淫、洗涤或阴道塞药造成损伤，也有的是处女膜本来就很脆弱，从事剧烈运动时可使之破裂。因此，不能仅凭处女膜是否破裂来鉴定是否是处女。进入现代社会以来，越来越多的人认为，所谓“贞操”应该是指目前双方在感情上的互相爱恋、忠诚和信任，而不是去追究任何一方的个人历史。尤其是在离婚与再婚都日益增加的当代，再去追究女性的处女膜是否完好，实在是极其荒谬!

而我们也由此认识到：要让人们形成对处女膜的正确认识，就应该引导人们理解它的实际价值、实际功用。

曾经有些生物学家将处女膜视为与阑尾类似的、没有实际功用的、应该在进化中被淘汰的组织，但是研究证明，这种说法是缺乏科学依据的。

处女膜可以防止外界不洁的东西进入阴道，有保护阴道的作用。青春期前由于卵巢所分泌的雌激素很少，这时阴道黏膜薄、皱襞少、酸度低，故抵抗力差，处女膜有阻拦细菌入侵阴道的保护作用；青春期后，随着卵巢的发育，体内雌激素增多，阴道抵抗力有所加强，处女膜也就逐渐失去了作用。而且处女膜的构造也是很有讲究的：处女膜孔是生理所必需的，女子成熟后，每月一次的月经血就是通过这个小孔排出体外，如果膜上没有小孔，则每月的月经血被它挡住而不能排出体外，医学上叫作处女膜闭锁。如果没有及时发现，月经血在阴道内积聚，成年累月以后可向上扩展到子宫腔和输卵管，通过输卵管的远端开口，流入腹腔中，使输卵管破损，肠管黏连，腹腔感染。

除了这种被普遍接受的看法外，当代人类学家还从进化的角度提出了“保护说”和“性选择说”两种理论学说。

保护说：持此主张的人类学家认为，处女膜对女性的生殖系统乃至身体起着保护作用。它与覆盖男性性器官的包皮一样，是一种防止病邪入侵的屏障与保护膜。处女膜守卫在阴道门口，可以防止尿液流入阴道。人类童年时代的原始社会，女子是不穿衣服的，她们至多在下身围上一块兽皮，敞开的围裙容易被尘埃、病菌入侵。而少女们的阴道壁比较薄，卵巢发育尚未成熟。因此，处女膜的存在，对于防止病菌入侵，保护内生殖系统、保证女性的生育能力，具有十分重要的意义。

性选择说：持这种理论学说的人类学家认为，处女膜的主要功能在于选择男性中的强者，促进优良的精子进入阴道受孕。众所周知，在远古洪荒的年代，人类的婚姻形态是比较自由开放的，既没有什么婚龄的限制，更没有任何门第出身的约束，性结合的随意性相当大。而处女膜的存在，可以防止老弱病残和性功能低下的人对年幼少女的侵占。这样就可以减少或防止生育不太强壮的子孙后代，具有选择强者的进化意义。我们知道，性功能与体力之间有一定的关联，老弱病残者体力较弱，性功能也比较低下。处女膜的存在成了一道检验性功能的关卡。破“关”者，是强者，可以给后代留下自己的基因；不能入“关”者，常常是弱者，他们较少或没有传播自己基因的机会。

以上两种理论观点均有一定的理由。但是，大自然选择的是这两种原因中的哪一种呢？抑或是这两种原因在共同起着作用？还需要更多有力的事实证明。

处女膜只是一种正常的生理形态，在对它有了正确的认识之后，少女们就不再由于害怕弄破处女膜而忧心忡忡了。放心做有益身心的运动，培养健康强壮的体魄，才能得到社会的尊重和认可！

预防青春期女孩贫血症

小英进入青春期以后，经常说头晕，没力气，晚上睡眠也不好。大人很担心，怕影响学习，又怕影响身体。有时早晨在洗脸时，她会突然懵懵懂懂地跌到沙发上去坐一会儿。问她，她说头晕、眼睛发黑，要坐一会儿才好。有次，学校上体育课跑步，她竟然摔在操场上，把老师同学都给吓坏了。

小英的症状就是典型的青春期贫血症。

据统计，国内约有10%的青春期少女患有缺铁性贫血；日本也报道：少女缺铁性贫血的发病率为16%。看来，少女贫血的发病率是相当高的。人体内的红细胞总是在不断地衰老而被破坏和分解，新的红细胞总是在不断地生成，处于一种动态平衡之中。如果这种平衡一旦被破坏，当红细胞的损失多于生成达到一定限度时，就会发生贫血。常见的贫血分为三类：

（1）大细胞性贫血：MCV＞100fl，此类贫血大多数为正常色素型，属于这类贫血的主要有叶酸和维生素B_{12}缺乏引起的巨幼细胞性贫血。

（2）正常细胞性贫血：MCV＞85～100fl、MCHC＜31%～35%，

属于此类贫血者主要为再生障碍性贫血、溶血型贫血与良性失血性贫血，脾功能亢进及慢性器官功能衰竭引起的贫血亦属于正常性贫血。

（3）小细胞低色素型：MCV＜85fl、MCHC＜30%，属于此类贫血的有缺铁性贫血、球蛋白生成障碍性贫血及铁粒幼细胞贫血等。青春期的贫血大多数是由于血红素的成分不足。血红素的主要成分为铁质，因此铁质的不足就是引起此种贫血的主因，这种贫血称为缺铁性贫血或低血红素贫血。青春期的女孩由于身体快速的发育，成长的速度快，必需的铁质无法从饮食中得到充分的补给，同时，经血中又大量流失，女孩子在青春期期间由于正常的月经将会造成体内铁的大量流失，相对于青春期的男孩子来说，更需要补充铁。月经每月一次，如果不超过100毫升，一般不会造成贫血；但有的少女经量大，失血多，就容易造成贫血。具体表现在容易疲劳、四肢无力，脸色不佳、皮肤粗糙，食欲不振、记忆力衰退等现象，严重时会有眩晕、耳鸣、心悸、气喘等症状，甚至于影响其正常的生活学习和生理发育。

青春期贫血大都会有预防贫血营养原则：

（1）补充含铁食物，进食含铁量丰富的食物。二价铁容易被身体吸收，是优质补铁原料。

（2）高蛋白饮食，高蛋白饮食一方面可以促进铁的吸收，另一方面也是人体合成血红蛋白所必需的物质。

（3）促进铁的吸收，在酸性环境中，尤其是胃酸能将食物中的铁分离出来，并能增加铁盐的溶解度，有利于铁的吸收。

（4）纠正长期偏食和素食的饮食习惯。有些少女有挑食、偏食的习惯，甚至为追求身材“苗条”，而盲目节制饮食，忌吃肉类等，这种做法是很不科学的。

（5）远离烟酒和浓茶。专家发现喝浓茶也易引起缺铁性贫血。这是因为，浓茶中含有很高的茶酸，它能与食物中的铁发生化学反应，妨碍铁的吸收，造成缺铁性贫血。

若是已经确诊为青春期贫血的少女应该怎么办？

（1）引起高度重视。青春期贫血“看似小病，实则不小”，它虽然不会直接威胁生命，但是对身体健康和发育都十分不利。少女缺铁如果得不到及时的治疗，在结婚后的妊娠、分娩、哺乳期，就很容易发生严重贫血，不仅自身痛苦，还会影响到第二代。因此，对少女的贫血应该给予足够重视。

（2）对症下药。除了缺铁以外，肝脏、肾脏有病或长期腹泻也会引起贫血。千万不要自行服药进补。在病因诊断未确定之前切忌勿乱服药物，例如，维生素B_{12}、叶酸、铁剂，这样的处理是不会见效的，反而因疏忽病因延误病情，这样会对病人造成严重后果。例如，胃癌引起的贫血，只顾一味地治疗贫血而疏忽治疗引起贫血的癌症，那真是舍本逐末。市面上的补血产品虽多，但只有在医生的指导下使用，才能药到病除。

（3）积极防治。如果情况轻微，只要注意饮食，多吃含铁量高的食品，如黑木耳、瘦肉、肝脏及绿叶蔬菜、水果也可以促进铁的吸收，如果中毒贫血或缺铁症状严重，就要在医生指导下正规地用铁剂药物治疗。最常用的制剂为硫酸亚铁、富马酸亚铁（富血酸）。服药时忌茶，以免铁被鞣酸沉淀而不能被吸收。若出现下列情况只能注射铁剂：肠道对铁的吸收不良，如胃切除或胃肠吻合术后，慢性腹泻、脂肪痢等；肠道疾病可由于口服铁剂后症状加重，如消化性溃疡、溃疡性结肠炎、节段性结肠炎、胃切除后胃肠功能紊乱及妊娠时持续呕吐等；服铁剂虽经减量而仍有严重胃肠道反应。

一些民间秘方是通过食疗来治疗贫血的，也不妨一试：

（1）黑木耳 15克，用温水发泡，红枣 15个，放入碗中，加 10克冰糖和水，放入锅中蒸煮 1小时，1次或多次食用。

（2）糯米 100克，黑豆 30克，放入开水中煮，煮至半熟加入红枣30克，煮熟后放入适量红糖，每日一次食用。

（3）鸡蛋 2个取蛋黄，待水开后放少许食盐，将鸡蛋打散，倒入锅中煮熟，每日服 2次。

特殊时期，特别呵护

身体好是保证学习和工作的先决条件，月经与身体健康密切相关。经期是女孩生活中一段特殊的生活时期。阴道原来的酸性保护环境被经血冲淡，所以女孩在行经期，全身及生殖器官局部的防御机能均会发生暂时性的减退。正因为这样，少女的经期卫生是一个不容忽视的问题。那么，在这样一个特殊时期，应注意哪些方面的问题呢?

（1）注意清洗，保持卫生。月经期，生殖器官的防御机能减退，同时经血又是细菌生长繁殖的温床，此时细菌还很容易上行侵入生殖器官。因此，月经期应当经常用温水清洗外阴。月经期洗澡应当淋浴或擦浴，不能坐在浴盆里。洗澡要用温水，不能用太冷或太热的水。洗冷水可使月经突然停止；用热水会使子宫充血，造成经血量增多。

（2）保暖防寒，避免受凉。经期御寒能力下降，寒冷刺激容易引起子宫、盆腔内血管过度收缩，会导致痛经或月经失调。因而要避免淋雨、蹚水、用凉水冲脚；少食或不食冰冻食物、饮料。

（3）用品保洁，勤换勤洗。注意保持卫生巾清洁，不要把卫生用品随意放在书包里，以防污染。勤换卫生巾、卫生纸和内裤。要用经过消毒的卫生纸，要购买国家卫生部门允许出售的卫生巾（最好是购买知名品牌，质量稳定，信誉有保证，千万不能图便宜去买一些连生产日期都没标注的劣质品）。如使用卫生带，清洁后应在日光下晒干。另外穿棉织品的内裤，使会阴部透气性良好，以保持会阴部的清洁和干燥。

（4）饮食适当，睡眠充足。少吃刺激性食物，多吃蔬菜和水果，保持大便通畅，免得盆腔充血。经期易出现疲劳和嗜睡，感情波动也大，故最好不饮浓茶、咖啡等。在月经期，铁的需求量更大，所以少女在经期应多吃些瘦肉、蛋黄以及动物的内脏如肝、心、肾，以防因缺铁引起贫血疾病。 月经期间很容易疲倦，体力、精力都呈现较差的状态，因而要保证足够的睡眠。

（5）适当运动，过犹不及。剧烈运动或重体力劳动会使下身血液流动过多过快，加重盆腔内脏的充血，造成经血过多，体质虚弱，甚至会引发妇科病。因此上体育课时，遇有剧烈运动应主动向老师请假，不要羞于启齿。月经是女性正常的生理现象，体育老师有这方面的知识，会理解的。但是，像散步、打羽毛球等轻度的体育活动是可以参加的。适当参加体力劳动和锻炼是有益的。

（6）稳定情绪，轻松应对。月经期间需要精神愉快，心情开朗，避免情绪波动、忧郁或发脾气。进入青春期的少女，不必为来月经心烦，可通过与别人聊天，看轻松愉快的文艺书刊，或听优美音乐或写日记来排除烦躁情绪。

（7）做好记录，有备无患。随着月经周期的逐渐规律，在母亲的帮助下，你要学会和逐渐习惯记住自己每次月经来临的日期，并了解自己每次月经周期的间隔和行经的天数；这样，你就可以大致估计出下次月经来潮的日期，提前做好准备，例如事前准备好1～2个消毒的卫生巾，放在书包里，避免月经出其不意来潮而引起的尴尬和麻烦。

你或许不知道：在月经期间，还有这样的禁忌：

（1）生理期是不宜染发的。因为东方人的发色很深，头发不容易上色，而国内又相当流行将发色染成红色、蓝色、棕色，所以为了要染上这些发色，就必须先用脱色染发剂破坏头发的分子结构，才能把原有的黑色褪去，染上全新色彩。但染发剂在褪色过程中，其内二氧化硫及双氧水等化学成分，很容易经由头皮微血管传输到人体，对人体头部、颈部、脸部及皮肤造成伤害。因为女孩在生理期皮肤都非常敏感，所以很容易受到脱染剂的伤害。

（2）月经期胃肠功能常会发生轻度改变，如有人便秘，有人则腹泻，有人不想吃饭，有人恶心。因此，在经期最好不吃或少吃刺激性的食物，更不宜吸烟饮酒。有的人月经来潮期间不敢吃水果和生冷食物，其实西医认为关系不大，再冷的东西到了胃肠道也都变成温暖的了。平时习惯喝凉开水的人，月经期吃水果和生冷食物便不易受影响。但是由于体质和饮食习惯不同，平时不习惯食生冷者，经期进食生冷食物，可能就适应不了而出现恶心、腹痛等反应，应该避免。

（3）假如你有病牙需要拔除，千万记住要避开月经期，否则，一种叫作干槽症的口腔疾病会缠上你。此种疾病表现是：拔牙后3～4天，耳颈部出现持续性疼痛，可辐射到半侧头面部，局部淋巴结肿大、低烧、全身不适、食欲下降、张口困难、牙槽窝凝血块溶解、牙槽骨暴露及坏死等。据口腔科医生统计，罹患干槽症的女病人中，大约60%是在月经期拔牙种下的“祸根”。为何经期拔牙会有这种恶果呢？原来，女性经期唾液中纤维蛋白溶解原的前体激活物增加，达到最大值，当拔牙后的创面与唾液接触时，凝血块过早破坏，发生代偿性出血而影响愈合，加上细菌乘机入侵，导致干槽症发生。

（4）月经期除声带充血外，覆盖声带的黏膜也不坚固，如果不适当地唱歌或用声，则致喉肌紧张，声带肌及其表面的黏膜就会因受到突然的冲击而出血，长时间的唱歌、高声谈话、上呼吸道感染引起的剧烈阵咳也会导致声带出血。因此，女性在经期不可纵声高歌，发音时间也勿过长，以保护好你的发音器官。

除此以外，再告诉你一个缓解经期不适症状的小窍门：麻省理工学院的研究人员指出，巧克力可提高脑内血清素浓度，而血清素越多，就越快乐。除巧克力外，梅子、茄子、西红柿、菠萝、胡桃，也可以增加血清素，达到控制经期综合征的目的，热量又不太高。但切忌一次大量吃巧克力，因为这样的话巧克力中的大量单糖进入体内，刺激胰岛素大量分泌，使血糖骤降，不妨改吃慕斯、冰淇淋、奶昔、优格、脱脂牛奶。而面食、全麦面包、麦片、烤番薯，因为造成高血糖的速度比单糖（巧克力）慢，不致使胰岛素大量分泌，亦可一试。这回可有个名正言顺地吃美食的好理由了！

进入青春期的少女，不必为来月经心烦。如果经前略有烦躁感，也属正常，这是内分泌变化影响情绪所致，可通过与别人聊天，看些轻松愉快的影视节目或听优美的音乐来排解烦躁情绪。把月经看作“倒霉”的事情是不对的。越认为“倒霉”，心里就越不愿接纳自己生理上的这一自然现象。少女之间也不要总谈论来月经怎样不舒服，而要相互多关心，多鼓励，从精神上克服不适之感。

“太平公主”的心事

一个女孩在日记中写道：“我已经17岁了，可是胸部竟然‘风平浪静’。很多同学，尤其是一些男同学，总是拿我开玩笑，说我是‘太平公主’。现在又是夏天，我没法穿很多衣服来掩饰，我真的很难过，我现在都不敢面对别人说话了，我该怎么办？”

青春期女孩的乳房开始发育，丰满而轮廓清晰的乳房能衬托出女性特有的曲线美，健美的身体曲线也能增强女孩的自信心。但是也有一些女孩为自己的乳房还没有开始发育或发育得较小而发愁和不安。较敏感的女孩容易在公共浴室里或在集体活动中发现自己的乳房的确不如一些同龄人的乳房丰满，她们可能会怀疑自己的乳房发育是否正常，也可能担心将来是否会影响自己的生育能力。

乳房发育的大小除受激素作用的影响以外，还受遗传、环境因素、营养条件、胖瘦、体育锻炼等多种因素的影响。青春期是影响女性胸部大小最重要的黄金时期，在这段期间，若胸部发育过于缓慢，最好能了解体质，再进行调养，才不致影响日后的胸部发育。

青春期胸部发育缓慢的体质分为四种：

（1）脾虚型：面色萎黄，以鼻及唇周围黄色明显，唇色淡，舌质淡胖，舌边缘有齿痕，脉虚缓，可合并白带过多，月经失调，腰酸，经期排便次数增多或水样便，平时腹胀，胃口不好，精神倦怠等。

治疗方案：发达的胸部肌肉是支托乳房的基础，因此首先要锻炼胸壁的肌肉。锻炼的方法有：做扩胸运动、俯卧撑、仰卧上举哑铃等上肢的运动，锻炼胸肌以间接地刺激乳房发育。

（2）肾阳虚型：体胖而皮肤松，面色白少光泽，懒于行动，易患感冒，唇色及指甲不红润，舌胖色淡，舌苔薄腻而润，月经后期量少、色淡，平时白带清稀量多，易腰酸、怕冷。

治疗方案：通过局部按摩直接刺激乳房的发育。主要采用对乳房的各个方向的按摩，例如，一只手轻握对侧乳房，按一定规律分别向上、下、左、右四个方向直推20～50次；再按顺时针及逆时针的方向轻轻揉压乳房各20～30次；双手托住乳房向外推托，每侧各20～50次。每天坚持按照这个程序来按摩乳房对青春期乳房的发育肯定会起到积极的作用。

（3）肾阴虚型：体型瘦弱，面色白而干燥，唇色鲜红，掌心热，舌红，舌体瘦薄，脉细数，易合并有头晕目眩，咽干潮热，睡眠差，月经先期量少或先期量多。

治疗方案：处于青春发育期的女孩除了加强局部锻炼外，合理的饮食及良好的睡眠对乳房的发育也起到重要的作用。饮食方面要摄取充足的蛋白质、矿物质和维生素，以促进激素的分泌，使乳房丰满而富有弹性。对于体形瘦弱，乳房干瘪的少女，应多吃一些高热量的食物，如蛋类、肉类、豆类及富含植物油的食品，通过热量在体内的积聚，使干瘪的乳房随瘦弱身体的丰满而挺耸起来。

（4）肝郁型：外形多消瘦，面色黄而青气隐隐，性格孤僻，鼻间青筋微露，时欲叹息，食欲缺乏，胁腹胀痛，经行欠畅，经前乳胀，痛经，经色暗，若肝郁而有火者，常见性格急躁。

治疗方案：乳房的发育离不开体内雌激素的正常分泌。而雌激素的合成又需维生素的调节，蛋白质、B族维生素及亚麻油酸的参与。因此多吃富含维生素 E等成分的食物，对乳房的发育是大有裨益的。富含维生素E的食物有：卷心菜、花菜、核桃、葵花子油、芝麻油及菜子油等；蛋白质丰富的食物有：牛奶、鸡蛋、瘦肉、豆类及其制品等；含B族维生素多的食物有：动物肝脏、鱼、新鲜水果等。

乳房偏小也可能与发育的早晚有关，其实只要生殖器官发育及月经均正常，就不会影响成人后的哺乳功能和生育能力。一般来说，乳房开始发育早晚并不影响其今后发育的快慢，也不影响成年后乳房的大小和形状，所以不必为发育晚、乳房小担忧。当然如果月经初潮后很长时间乳房还没有开始发育，就有必要到医院检查一下，请医生诊断是属于生理性的，还是病理性的，以便采取对策。

有的女孩寄希望于隆胸，认为这是个一劳永逸的好方法。但是，女孩们，你们可能还不知道：隆胸的害处相当大。因为一般的隆胸手术都是往乳房内注射不同材料的填充物，当肌体对手术填充物产生排异的时候，填充物就开始变硬，由于周围的组织不断被挤压，使得乳房变硬并最终崩溃。这在隆胸手术里是十分普遍的问题。如果注射的是最常用的硅胶，那么可能会导致破裂，使硅胶成分泄漏，进入血液，后果将不堪设想。在清除过程中，人体肌肉组织不可避免地会受到损害，即便这样还是很难清除干净，严重的整个乳房溃烂，被迫做清创手术，美容变成毁容。同时，由于人工液体材料注射人体后，会在乳房内游走，使人体对异物的排异反应增加。

在全国各级消费者协会收到的美容投诉中，因隆胸而受到损害的占到很高的比例。有的消费者在注射“英捷尔法勒”胶状材料隆胸手术后，术后一个月胸部就缩回原状，并且结有硬块，痛楚难耐，连举臂都困难，最后只得切除双乳。据了解，“英捷尔法勒”隆胸即硅胶隆胸。

20世纪90年代初，不少世界医学权威就指出，硅胶对于人体的危害是慢性的。有的医学家还认为，隆胸手术通常使用的硅胶囊在手术20年后，95%将破裂，影响植入者的健康。中国医学科学院整形外科医院院长戚可名说，注射非生物制品，尤其是非自身系统的化学制品是相当危险的。

隆胸丰乳，不但花费巨大，而且极有可能危害身体健康。自然健美，才能焕发精神。只要注重锻炼，就能塑造健美的身躯。

乳房发育得更健美，需注意四点：

一是营养。体内脂肪多并存积于乳房就使乳房显得丰满。在乳房发育期和发育后都必须注重营养素的补充。要多食含高蛋白的食物，如瘦肉、鱼、蛋及乳类等，保证足够的碳水化合物和适量的脂肪，经常吃新鲜的蔬菜和水果，以充足的营养来保证乳房的发育，完善乳房的形态，促进脂肪在乳房的蓄积。

二是锻炼。要保持乳房的健美，乳房韧带和胸肌群的弹性十分重要。经常参加体育锻炼或运动，如游泳、做俯卧撑、拉簧扩胸等，有利于机体内分泌平衡。加强胸部肌肉群的运动，对于保持乳房的丰满外形非常重要。

三是乳房按摩。按摩可促进胸肌群的活动，增加其张力，而且通过皮肤直接刺激乳腺，使乳腺发达，起到隆胸挺乳的目的。

四是选择胸罩。佩戴胸罩应选择柔软、透气好、吸湿性强的棉布制品。胸罩最好有一段松紧带，以适应呼吸和运动。理想的胸罩，应该是在人体活动时刚好能托起乳房，能尽量地限制乳房的活动而又不影响呼吸，取下后皮肤上下不应当有压迫的痕迹。因此，去商店购买胸罩前应测量一下自己的底胸围，即用软尺沿两乳房的下缘绕胸一周测量，这个尺寸即是应买胸罩的尺寸。

佩戴文胸的正确方法

刚上初中的小薇一直很喜欢和妈妈一起上街购物，可是最近却一而再、再而三地拒绝和妈妈一起逛街，原因只有一个：妈妈要带她去买文胸。虽然班上的女孩们一个个都戴上了文胸，显示出美丽的少女曲线，可是小薇觉得那是大人才会用的东西，怪难为情的。

其实，小薇的做法是错误的，少女在乳房发育过程中一定要适时佩戴文胸。因为乳房没有肌肉组织，只有腺组织和脂肪，支撑它们的是结缔组织。这种结缔组织像一张绷紧的纤维网，起着支撑的作用。但是，它和肌肉组织不同，没有弹性。因此，少女乳房发育日臻成熟时，如不用文胸支持乳房会使乳腺负担不均匀，妨碍乳腺内正常的血液流通，造成部分血液淤滞，引起乳房疾病。剧烈运动时如不戴文胸，容易使乳房受到创伤，引发乳腺炎。一般来说，女孩子到了十六七岁，用软尺测量乳房上底部经乳头到乳房下底部的距离，如果大于16厘米，就可以戴文胸了。过早地佩戴文胸，则没有必要。

那么，如何选择适合自己的文胸呢？

1.文胸的种类

（1）按形状可分为：全罩杯文胸、3/4罩杯文胸、1/2罩杯文胸。全罩杯文胸的罩杯能把整个乳房包裹起来，适合乳房丰满或肉质柔软的人使用，而且两侧的弹性剪裁，有助于乳房往内托拢，使腋下线条清晰。3/4罩杯文胸为全罩杯的3/4面积大小，杯形是L形也就是说罩杯略为斜吊，发挥托高乳房及往内托拢的功效，露出乳沟比较深。1/2罩杯只有全罩杯的1/2，杯形呈现U字形，具有将乳房托高及往内托拢的功能，也可以加上肩带，非常合适搭配低胸露肩的服装。

（2）按肩带种类可分为：斜肩、宽肩、窄肩。如果肩膀弧度较大，肩带常常有滑落的尴尬。这时可以选择可拆卸肩带交叉或是肩带上有挂钩的款式。宽肩文胸肩部较宽，基本上不会有肩带滑落的烦恼，但是不注意肩带的选择往往会显得过于方正，缺少女人味。最好选择肩带有些变化，偏向内侧的文胸。因为肩部窄，所以总是像个大头娃娃，好郁闷——这时就要尽量选择肩带靠外的款式，会显得肩部较宽。

2.购买文胸小窍门

乳房的尺码和形状会受体重增减的影响，所以应该定时度量身材尺码。上胸围：以手将胸部托起，测量通过最高点所得之指数。下胸围：乳房底部为基点所测得之胸转指数。腰围：自然站立，双手往上弯曲，测量与手肘相齐之腰际所得之指数。腹围：以肚脐以下三横指为基点。臀围：以臀上三横指为基点。大腿围：以大腿最粗的部分为基点。先穿戴最舒适的胸罩，在腋下乳房上的位置用软尺绕着胸部一围，便能测出胸围尺寸。再量乳房最丰满的位置，尺寸和胸围的相差，便是杯形的大小。若两个数字差距大于1寸，则应选择A杯，2寸则选B杯，3寸则为C杯。尺寸合适的胸罩缝口会平滑地贴于胸骨处。购买过程中还须注意以下几点：

（1）注意肩带的长度是否适当。

（2）胸围较大的应选1寸或1寸半的肩带，肩带向内的款式可使肩带不易下滑。

（3）两旁有撑铁的胸罩可防止胸脯向外挤压，挤出手臂下的位置。背后T字形或运动型款式适合肩膀较窄的女性。

（4）最好能在决定购买前试穿一下看中的文胸。

3.试穿时应该注意的地方

（1）下胸围是否紧贴，是否水平地穿戴在身上。

（2）前中心是否松浮（可容下一指的空间）。

（3）罩杯上缘是否过紧，罩杯尺码是否适合。

（4）胁边肌肉是否受挤压或突出于罩杯外。

（5）肩带是否太松或太紧。

（6）背扣是否水平地固定于肩胛骨下的位置。

（7）罩杯是否因为不服贴而产生褶皱。

（8）胸罩上方是否有勒进肉里的痕迹，或者有无赘肉外露。

有的少女为了掩盖胸部过平的缺陷，选用了较大的文胸；而有的少女为了遮盖提早发育的乳房而让其备受“压迫”。实际上，这些做法都是不科学的，文胸不能过松，也不能过紧。长期佩戴大一号的文胸会使胸部下垂，乳房周围的赘肉增多，严重的会产生副乳现象！长期佩戴小一号的文胸会使胸部变得扁平，严重影响胸部的正常发育，不但影响身材，对内脏也会产生压迫及影响。因为过紧的文胸限制了呼吸肌的运动，胸廓收缩舒张不畅，从而影响呼吸功能，致使两肺换气不足，产生胸闷、气促等症状。所以，内衣一定要选择适合自己的尺码。适当大小、能够支撑胸部的少女文胸，才能展现青春自然的跳跃之美。目前文胸市场已经非常细化，针对不同年龄、身型的女性设计出款式各异的内衣。但定型性的文胸，特别是有钢圈的，长期佩戴，会影响胸部血液循环，甚至诱发乳腺癌，不适合这些处于发育阶段的女孩子，她们只需穿戴背心围就可以了。普通背心是一种平面的设计，会压制乳房的发育。但背心围则因增加了一个突起的围，形成可伸展的弧度空间，很适合青春期乳房发育的需要，它不带钢圈，穿戴起来非常舒适自如。在运动过程中，女孩子可以选择这种少女型文胸。在面料方面，应选择富有弹性的优质化纤面料。因为天然纤维恢复性差，在洗涤后会渐渐变硬。在颜色方面，粉色和白色的颜色较适合少女使用，穿校服时胸部不会太明显，避免尴尬。

需要严格警惕的是那些卫生不合格、质量不过关的文胸。从山区来城市打工的少女小韦对文胸了解甚少，在她的家乡成年女性都是束胸的。正值发育期的她，购买文胸时不知如何挑选，又没法试穿，加上贪图10元3件的便宜货，也就买了。使用一段时间后，小韦感觉乳房很不舒服。经检查，发现乳房结节。据医生说，像她这样长期使用过紧的文胸，不仅局部血液循环受影响，还会使乳房及其周围组织器官的发育发生障碍，如长出纤维瘤、乳房变形、乳头扁平、粗糙内陷等。另外，劣质化纤材料的文胸毛细纤维很多，直接与乳房摩擦就会堵塞乳腺，造成乳汁淤积，给将来的母乳喂养造成障碍。严重的还因腺体发炎、病人高烧疼痛而需要开刀排脓。购买文胸，千万不要贪小便宜，一定要到正规商店购买！

性成熟程度自检

很多青春期女孩已经知道应该开始关心身体发育状况了，可是大多数的女孩羞于开口问家长和老师关于这方面的知识。于是，她们心中常有这样的疑惑：别的同龄女孩是怎样的？究竟自己的发育状况正常吗？

为了解决青春期女孩的这些困扰，在这一节中，我们将揭开性成熟的奥秘。青春期的女孩，可以依据这些知识来检查自己的性成熟状况。

从青春期开始，女子除身高、体重迅速增长以外，最初的身体变化是乳房开始发育，接着出现阴毛、月经来潮，然后是骨盆增宽。这些变化发生的时间也是因人而异，有时差别是很大的。

从13到17岁，乳房逐渐发育。在体内雌激素的影响下，女孩乳腺开始发育，这时乳房内除了许多细长的乳腺管不断发育外，还积累了不少脂肪，由于乳腺组织较硬而脂肪组织较柔软，所以乳房日渐隆起。女孩子首先会察觉到胸部乳头发育突出，同时乳头四周棕色的乳晕逐渐扩大，乳房充分发育，这些变化从外观就可以看出。女孩的乳房发育有很大的个体差异。

有的女孩才八九岁乳房就开始发育了，而有的女孩要到16岁或更大点乳房才开始发育。大多数女孩在月经初潮之前，在9～14岁乳房开始发育。有些女孩乳房发育开始得晚些，但发育得较快，而有些女孩乳房发育得较早，却发育的较迟缓。这些都是正常的。

可是，一些乳房发育较早的女孩常常为此而难为情、烦恼，设法刻意掩饰自己的胸部来逃避，走路时低头含胸，或穿紧身衣束胸，结果限制了乳房和胸廓的正常发育。也有一些女孩为自己的乳房还没有开始发育或发育得较小而发愁和不安。她们可能会怀疑自己的乳房发育是否正常，也可能担心将来是否会影响自己的生育能力。

实际上，乳房发育的大小除受激素作用的影响以外，还受遗传、环境因素、营养条件、胖瘦、体育锻炼等多种因素的影响。青春发育期的女孩要学习一些乳房发育和保健的卫生知识，正确对待正常发育过程中的生理现象。为自己乳房大小而担忧的青春发育期的女孩，不应采取束胸或丰乳的措施，以免影响乳房的正常发育。

女孩子在14岁以后，阴毛逐渐发育。自己可以观察到阴阜皮肤上长出细茸毛分布，但这不是真正的阴毛。

阴毛的发育要经历五个阶段：第一阶段：女孩在12岁以前，阴阜上只有细茸毛分布，而无真正阴毛长出，此称为“幼稚型”。第二阶段：12岁左右首先在大阴唇，继之在阴阜上开始长出浅色、稀疏之阴毛。第三阶段：随着年龄的增长，阴毛色素加深，毛体变粗、变长而且卷曲。第四阶段：阴毛接近成年女性外观，局限于阴阜之上，不再向上扩展。第五阶段：阴毛长得很多，卷曲状，把外阴表面覆盖起来，其分布像一个“倒三角形”，底边沿耻骨向下掩盖大阴唇，会合于肛门，这是成年女性阴毛。

正常女性体毛的多少有很大个体差异，一般女性的阴毛较男性少。阴毛的有无、疏密主要取决于两个因素：一是体内肾上腺皮质所产生的雄性激素的水平；二是阴部毛囊对雄激素的敏感程度。如果女性阴毛发育期，由于某种原因使肾上腺皮质产生的雄激素水平低下，或阴部毛囊对雄激素不敏感，就会造成阴毛稀疏或不长阴毛。在现实中，阴毛的疏密个体差别很大，阴毛稀少或无阴毛的妇女如果其他第二性征正常（如乳房发育、体型、声音变化等），月经按时来潮，说明性器官的发育及性功能不会有什么问题，能够过正常的性生活，也会有正常的生殖能力。阴毛对人体并没有什么特别的作用，也不是反映性功能或生育能力的标志，这已被日常生活中的大量事实和科学研究所证实。所以，阴毛稀少或无阴毛的女性自己不要为此而烦恼和担心，也不要为此而背着严重的思想包袱。

大多数女孩子会有月经初潮的体会，一般发生在13 ~ 15岁，但也有的女孩子较早在11 ~ 12岁，也有的晚到18 ~ 19岁才开始。初潮来临的女孩，生长迅速，食欲增加，乳房发育隆起，时有疼痛，阴毛、腋毛开始增加，颜面红润，这些现象应是初潮即将来临的预兆。

女孩子自己会感到月经来潮由初期的不规则逐渐变为规则性。月经周期一般在初潮后的第一年里，月经周期常不规则，一般也不排卵，第二年月经周期正常，每一个周期都可能排卵。初潮来的早晚与遗传、环境、营养和经济状况等因素有关，气候炎热地区初潮较早，寒冷气候来得偏晚；发达城市少女较早，偏僻山区来得稍迟；身体健康、营养条件好的女孩来得早，体弱、生活条件差的较晚。但如果超过18岁还不来月经的，就属于异常现象，就应该求医问诊了。

此外，随着青春期第二性征的出现，皮下脂肪日益丰富，皮肤富有弹性，臀部增厚长圆，声音尖细；骨盆增宽，女性婀娜多姿的曲线美也将逐渐展现，这也是性成熟的重要标志之一。

豆蔻少女不能忽视感染性疾病

少女中普遍存在着这样一种现象，就是把小问题夸大，造成心理压力。比如，有的女孩认为自己乳腺发育不对称，有的对自己的乳房大小很不满意等。另外一种现象是对青春期的一些变化认识不足，以为是正常的，没有引起足够重视。例如，有的女孩肚子痛，经常会以为是小毛病，当成痛经来对待，但实际上这种肚子疼不可轻视。还比如，处女膜闭锁主要临床症状就是腹痛，少女第一次月经来潮后，由于处女膜闭锁，经血不能排出而回流，每月回流的血累积到腹腔，在腹部形成包块，这种情况就必须要手术治疗。

青春期少女往往对妇科病认识不足，认为结了婚的女性才可能患妇科病。实际上，少女也经常患上各种感染性疾病，比如阴道炎、白带增多、分泌物多、外阴痒痛，还有的典型症状是痛经，这些青春期孩子常患的疾病，容易影响到她们的学习和生活，一定要加以治疗。

1.阴道炎

女子的外生殖器构造较为复杂，皮肤、黏膜褶皱较多，既有汗腺、皮脂腺，又有前庭大腺和宫颈、阴道分泌物，还有月经来潮，且前有尿道口，后有肛门，再加上少女的会阴部屏障作用尚不完善，容易患阴道炎。因此，应注意以下保健：

注意阴部卫生。少女进入青春期后，随着月经的来潮和白带的分泌，少女对此往往茫茫然，一时不知所措，由此易患青春期阴道炎。因此，应注意经期卫生，正确使用消毒后的卫生纸巾，内裤要在日光下照晒，借以紫外线消毒；经常洗澡；睡前用温水清洗外阴，洗盆专用；大便后，手纸应由前向后擦，小便后用卫生纸擦干净。

防止患“时装性阴道炎”。青春少女随着审美观念的增强，追求体形美，故各种体形裤备受青睐。此类裤子裤裆瘦短，布质厚，弹性不佳，透气不良，这就使得前有尿道口、后有肛门的阴道备受压迫，阴道的分泌物不得排泄，会阴部处于温热、潮湿的状态，各种致病菌在此环境下最容易生长、繁殖，容易患时装性阴道炎。因此要少穿或不穿体形裤，合理着装，尽量选用合体、布料弹性好、透气良好的时装，以防后患无穷。

洁身自爱，守身如玉。毋庸讳言，近年来，个别少女出于种种原因，过早地发生了性行为，患上了性病性阴道炎。对此，少女应自强、自尊、自爱，正确认识人生价值观，洁身自爱、杜绝性乱。

合理应用抗生素。少数少女长期大剂量应用抗生素（广谱）和激素治疗某些疾病，导致体内菌群失调而患霉菌性阴道炎。因此，少女患炎性疾病，选用广谱抗生素治疗时，请遵医嘱，尽量不与激素合并用药。

防止性病的间接感染。少女在公共浴所洗浴时，应自带浴盆、浴巾，尽量淋浴而不要盆池浴，防止阴道滴虫、淋病菌或其他性病等间接感染，同时亦应掌握相应的性病知识，防止性病的间接接触感染。

2.外阴瘙痒

外阴瘙痒是外阴各种不同病变所引起的一种症状，是妇科疾病中较常见的扰人难忍的症状。瘙痒部位多生于阴蒂、小阴唇，也可波及大阴唇、会阴，甚至肛周等皮损区。阵痛发作，也可是持续性的，夜间加重。

病因有以下两种：

第一，局部原因。

（1）特殊感染：霉菌性阴道炎和滴虫性阴道炎是最常见的。痱子、疥疮都可发生瘙痒。蛲虫病引起的肛周及外阴痒一般在夜间发作。

（2）外阴白色病变：又称慢性外阴营养不良，以奇痒为主要症状，伴外阴皮肤发白。更年期因卵巢功能低下可致外阴痛痒。

（3）药物过敏与化学药品的刺激：香皂、洁尔灭、避孕器具、会阴垫、尼龙裤等化纤织品均可引起接触性皮炎，出现瘙痒。

（4）有刺激性的阴道排液刺激外阴痛痒：如老年性阴道炎、宫颈糜烂、宫颈息肉、服液刺激、糖尿、膀胱炎、肾盂肾炎的胺尿、尿失禁、尿病等。

（5）外阴的皮肤病、扁平苔藓，慢性湿疹、脂溢性皮炎、牛皮癣、擦伤、疱疹、肿瘤等。

第二，全身性原因。

（1）糖尿病。

（2）维生素A、维生素B缺乏，贫血、白血病等出现外阴瘙痒。

（3）不明原因外阴痛痒。目前认为可能与精神心理方面因素有关。

有此症状者应注意经期卫生，保持外阴清洁干燥。切忌搔抓、热水洗烫和使用肥皂。有感染时使用高锰酸钾溶液坐浴，内裤要透气、宽松，忌酒及辛辣或过敏食物。如果症状严重，应该向医生求诊，对症下药。

月经失调，尤其是月经周期不规则、月经时失血过多、散发异味，月经失调是指各种原因引起的月经改变，如月经初潮年龄的提前及延后，月经周期、经期及经量的变化等，是妇科病最常见的症状之一。建议有此疾病的青春期女孩吃一些可清血的东西，如茴香汁、“甜菜、萝卜、小黄瓜汁”（它可以称得上万灵汁了）、“菠菜、萝卜汁”、柠檬纯汁、海藻、黑莓、糖蜜、小麦胚芽油等。避免吃的东西大致和“白带”者相同。

3.痛经

引起痛经的原因很多，一般都与心理精神因素有关，如情绪激动（生气）、抑郁、精神紧张等，有时过度疲劳、剧烈运动、淋雨、受凉、大量喝冷饮等也可以引起痛经。

少女和未婚女青年的痛经大都是原发性。这类痛经的严重程度与情绪有关。恐惧、紧张、忧虑、郁闷都会使疼痛加重。

痛经虽然在月经过后会自然消失，但若不采取积极的预防措施，将会造成肉体和精神上的痛苦。首先要预防痛经的发生，做到平时加强体质锻炼、保持心情愉悦。其次，患有原发性痛经的青少年应对月经生理知识有正确的认识，消除对月经的恐惧、紧张情绪，注意营养及经期卫生。另外，行经时避免过度劳累，少吃寒凉生冷或刺激性的食物，并避免淋雨或洗冷水澡、在冷水中劳动等。

经常痛经者平时可以服用一些调经片、痛经丸，疼痛较重时也可以服用去痛片等。

4.白带增多

白带增多就是女性生殖器官黏液分泌过多。这种病和饮食习惯有很大的关系。

患者可以尝试多摄取诸如“山葵加柠檬汁”“甜菜、萝卜、小黄瓜汁”、柠檬纯汁（这是最适合女性滋养性腺器官的自然食物）、苹果醋（在蒸馏水里滴进一两滴）、葡萄柚汁（加进蒸馏水）、柳橙原汁、萝卜和菠菜汁等蔬果汁，同时应该避免吃高温杀菌过的牛奶、煮过的鸡蛋、氢化过的脂肪（特别是人造奶油）、肥肉、精制淀粉类等。

5.分泌物多

由于嫌分泌物过多，少女们往往会使用卫生护垫，觉得这样不会污染内裤，其实这是特别不好的习惯。因为护垫后面的胶制品是不透气的，把这样不透气的物体紧贴着阴道，使阴道总处于潮湿、温暖的环境中，特别适合细菌的生长，容易造成真菌感染、霉菌性阴道炎。此外有的孩子会对这些护垫过敏，引起过敏性炎症。患外阴炎，有很大一部分是由护垫造成的。

一些青春期少女往往因为无法适应青春期的生理疾病，出现癔症、抑郁症等。长期情绪调整不过来，无论对少女的生长发育还是生活学习都贻害不浅，少女应该正视疾病，端正认识，及早找专业医生治疗。

第8章　有效交际，扩展朋友圈，提升女孩竞争力

做个气质优雅的女孩

俗话说，打铁还得自身硬。一个人想要和别人交往，自身就得有吸引别人的优点。如果一个女人气质优雅，相信自然会让身边的人乐意和你交往。好女孩，不一定要有非常美丽的外表，但是一定要有健康向上的生活态度与合理有益的生活习惯。

下面我们来看看什么样的女生才可以称得上是气质优雅的“好女生”，“好女生”到底有怎样的具体标准。

1.注重身体保健

“健康的身体是革命的本钱”，这是一个通俗易懂的道理。没有健康的体质，怎么能有健康的心态。没有健康身体，哪来的幸福生活?

身体保健主要包括以下几个方面：

（1）养成科学合理的作息时间。充足的睡眠能够使身体得到最好的呵护。女孩应该早睡早起，杜绝熬夜通宵。注意劳逸结合。学习、工作适度，业余生活丰富多彩，才能保护大脑和神经系统的健康。

（2）有良好的饮食习惯。避免摄入过多像咖啡、茶、酒精和高糖分的食物，减少摄入垃圾食品。让自己的食谱多元化。

（3）有正确的锻炼方法，并能坚持不懈。推荐做有氧运动，它不但能燃烧体内的脂肪，紧实肌肉，亦可增加心肺功能，令身体更加健康。长时间的慢跑、游泳、骑自行车、步行、原地跑、有氧健身操等，能使心（血液循环系统）、肺（呼吸系统）得到充分的有效刺激，提高心、肺功能，从而让全身各组织、器官得到良好的氧气和营养供应，维持最佳的功能状况。

2.注重道德修养

一个好女孩应该具备以下几种美德：

（1）善良 。“人之初，性本善”，关键是如何在后天的交往过程中保持一颗纯洁、不受污染的内心。对待他人，要有发自内心的礼貌。贫贱不能移，富贵不能淫，威武不能屈。善良的女孩有着对真善美不变的信仰，她的性情相当纯净，在俗世的诱惑面前，从不莽莽撞撞、轻举妄动，而是用长长的睫毛，挡住滚滚红尘和茫茫情潮，让青春的心，在精神的净土中舞蹈。

（2）大方 。漂亮可以靠化妆，天真可以靠假扮，而大方是一种从内而外的气度，主要在环境中逐渐形成，绝非一日之工。不卑不亢， 自在从容。大方源于自信，大方源自真诚。

（3）朴素 。青春只是一瞬间的事，所有有意无意地掩饰和伪装迟早都要褪色。太爱装饰自己的人， 往往缺乏自信和诚实。相由心生，一个人的内心终究会写到脸上。朴素的女生不一定就是好女生， 但是好女生的风格绝对是朴素的。这种朴素不仅是穿衣打扮的风格，更是为人处世的基调。物极必反，清水出芙蓉，自然才是美。

（4）有好人缘。如果一个女生有好朋友，有真正亲密的友情，有良好的人际关系，她多半是个心智很健全， 有情有义的人。建立在友情上的爱情往往更亲密。 友情是世界上一切人与人之间最美好的感情。不自私，不排外，没有任何障碍。不知其人视其友，看她的朋友是什么人。

3.有较好的性情

好的性格，决定着人生的成败。

（1）热情开朗。热爱生活的女孩，生活也喜爱她。喜欢学习、运动、社会活动，充满积极的热情，心胸自然愉快与开朗。精神愉快、心胸开朗的女孩，容易接纳人也容易被人接纳，让别人对她产生好感。

（2）面带笑容。女孩要注意带着一张可爱的笑脸，但是要注意：这种笑要来自愉快的心情，切勿为笑而笑，皮笑肉不笑，那只能让人看着难过，笑，还必须是出自内心的友善，纯真无邪，自然无伪。假如是不端庄、讽刺性、敌意的冷笑，笑就失去了意义，成了令人讨厌的虚伪面具。

（3）善解人意。善解人意的女孩是深得人心的，善解人意的前提是具有丰富的内涵和关心他人的爱心。她们不仅见多识广、谈吐不俗，而且善于倾听别人的谈话，在适当的时候发表自己的观点，显得既聪明又可爱。

（4）温柔可人。举止娴雅、文静而不孤僻的女孩，像是言情小说中清纯的女主角，她所穿的衣服朴素，干净整齐，似乎可以闻到一股清香，让人感觉清新怡然。女孩与之接触都要产生好感，何况是男孩呢？遇到这种温柔的女孩，同伴会对她特别关心，以后也会极其爱惜她。

4.着眼长远，面向未来

一个女生， 现在是可爱的，善良的，但是以后呢？

（1）好女生应该有真正的爱好。她喜欢的活动不一定非要高雅，但是她一定要有发自内心的喜爱和热情。逛街、吃零食、听流行音乐都不是爱好，而只是一种消遣方式。

（2）爱学习、爱读书。记得曾经有人说过这样一段很有哲理意味的话：“书页黄了，走出的文字绿了；故事浅了，感悟的道理深了；冥想多了，心灵的浮尘少了；记忆淡了，跳跃的思想浓了；心灯亮了，过往的欲望暗了；笨拙减了，成熟的快乐增了。”一个好女生，未必要有超群的智商，也未必要博闻强识，但是一定要学习勤奋、认真严谨。“腹有诗书气自华”，一个好女生要明白：只有不断充实自己、完善自己，才能在这个竞争激烈的社会站稳脚跟。一个好女生，应该有一定才华、一定思想、一定的独立意识，知道自己应该对自己负责。

（3）有社会责任感。有社会责任感的女孩一般更有思考能力，视野开阔。而且，这样的女孩道德感比较强，不会不顾别人的感受。

（4）自我保护，洁身自好。好女孩最好少些感情经历，要自尊自爱，珍惜自己的青春年华，以学业为重，抛弃一切邪念，抵制他人的引诱，理智行事，关好情欲的闸门。

爱情和友情的界限

“和他认识是升入初中以后，我们之间似乎有很多共同语言，很容易聊到一块儿。所以，接触时间不长，我们就成了好朋友。聊天、嬉戏、打闹……我们做一切好朋友都可以做的事。可是，不久，关于我们俩的风言风语就在班上传得沸沸扬扬。一开始，我还能抱着‘清者自清’的态度去面对，辩解我们之间是正常的朋友关系。但我也不是木头人，时间长了，我也变得不太自信了。难道我们之间真的是‘爱情’吗？”

许多在两性交往中的少男少女，都会产生类似的困惑。

要分清爱情和友情的界限，首先要搞清楚什么是友谊，什么是爱情。

友谊，词典上解释为“朋友间的交情”。它是有相似兴趣、爱好或者性格的人的一种彼此关心、相互帮助的感情，是个人之间强烈而深沉的情绪依恋。它不分男女，也没有范围和年龄的限制。

友谊的最显著特点是不排斥他人，可以是三五人或更多的人形成的朋友关系。这种友谊可以是短期的，也可能是长久的。友谊结束不对彼此造成心理伤害，因为友谊是多元化的。例如，中学时代结束了，中学同学间的友谊可以结束，也可以持续，不少同学又有了大学时代情谊更深的朋友。

那么，什么是爱情呢？

文学大师歌德是这样形容它的："若要说出春天的花朵和秋天的果实，若要说出人心中所有的爱慕和喜悦，若要说出蓝天和大地，只有一个词，沙恭达罗啊，只要提你的名字，便说尽了一切。"

多少世纪以来，在世界的各个角落，我们一直在试图编织更活泼生动的语言、更美妙动听的歌曲、更萦回感人的故事来不知疲倦地歌颂爱情。它打破了不同年龄、不同社会阶层和不同审美情趣的差异，可以说，只要光的声音仍在草地上歌唱，风的讯息仍在丛林中奔驰，只要我们一息尚存，圣瓦伦丁节的玫瑰便永不凋零……爱情是一种感觉，而且是一种真正恒久持续的感觉，而不是一时的情绪，不会只单单地流过你、穿越你，然后就消失。它是很强烈的，是你能够从内心感受到的，它会将你带往那个你所爱的男人或女人。你会渴望听到他（她）呼吸、看到他（她）对你微笑、想象他（她）正望着你，而且望着你的同时他（她）也感到无比幸福。你也会想触摸他（她）、抚摸他（她），也希望他（她）抚摸你。当你内心有这种感觉时，你就会觉得生活更美好，并且迫切地想与爱人分享这种快乐。世界上有些事情很容易说明白，但是爱情却不是，它能让人哭，也能让人笑，最神秘的是，它的开始和结束，永远让人预测不了！

爱情与友情的本质区别有两点：

首先，爱情具有排他性，而友情则不排斥他人。也就是说，当两个人相爱之后，他们彼此便有了一种约束，不能再与其他异性有密切往来。同时与多人保持爱情关系则被视为不道德。实际上，与多人同时共有爱情的完整内容，也是不可能的。应当说，对于恋爱中的成熟异性，这是一种传统的要求，但对于尚不成熟的学生而言，却很难做到。因为青春期少女的心理特点，她喜欢张三，也可能欣赏李四，并且都有着充足的理由。这是因为她们还没明了爱情的真谛。

其次，爱情追求天长地久的永恒，爱情的誓言是“海枯石烂不变心”。几乎没有一个少女能够做到这一点，因为她们控制不了青春期内心波涛汹涌的变化，她们的兴趣随时都可能转移。

异性相吸，在中学时代尤为明显，这是天然合理的现象。如果说，异性相吸是符合逻辑的，说异性相吸必然产生恋爱关系却可能是一个错误的逻辑。异性友谊与恋爱既有区别又有联系，恋爱植根于异性友谊，但友谊不一定都发展为恋爱。

然而，要使男女交往保持在友谊范围之内，对中学生来说“不是件太容易的事”。

当你和异性朋友常常出双入对、形影不离，不愿扩大交往的圈子时，当对方的一举一动都牵动着你的心思时，当对方不在你身边，你就坐卧不安，大有一日不见，如隔三秋之感时，当对方身边异性的一颦一笑都会触动你紧张的神经的时候，当你们的举动已超出了朋友间的亲密程度时，就很难以友谊来解释了。此时的你，就应该以冷静的头脑审视自己和异性朋友间的关系。

就青春期女孩的特点而言，友谊往往比爱情更珍贵，也更有营养。因为无论从年龄、阅历、知识、成熟性方面，还是人生的精神和物质的准备方面，她们都不具备爱情所需要投入的资本和承担的责任。从实际情况看，中学生谈恋爱有百害而无一利。因为，此时的双方，并不懂得自己的恋爱有何目的，更无法预测爱的结局，往往是身不由己地陷入某种情结，连自己也不知该进还是退。这本身就是危险的。它可能转移你对学习的注意力，松懈你的意志，甚至在这种情况下做出非理智的事情，从而给双方身心造成伤害。这种感情，受到家长和学校的劝阻，是合情合理的。青春期的女孩们，在这方面应当听取长者们合理的劝告，早下决心走出盲目感情的陷阱。当你舍去了眼前的一些快乐，包括舍去向你招手的迷人的爱情，或许你会在将来得到更多的快乐，得到更让人心醉的爱情。

对于中学生来说，友谊与爱情相比，既能宣泄情感，满足少男少女的心理需求，又可避免越轨行为。

因为，爱情如酒，容易让人痴醉癫狂；而友情似茶，可以让人心旷神怡。宽容的友谊给了少男少女自然成长的空间，也给了他们自由比较与选择的机会。他们可以从容不迫地相互观察了解，彼此倾吐肺腑，这实际上就是品味人生。当然，有情人终成眷属。由于有了漫长而深厚的友谊为基础，有意者上升为爱情，便是春去秋来到了自然收获的季节，一切都是顺理成章的。无意于爱情者，也完全可以道一声“珍重”，继续彼此的友情之旅。

珍惜友谊， 慎言爱情。你想过轻松的生活吗？那就选择友谊吧，因为友谊会让人轻松。

你想多交一些朋友吗？那就选择友谊吧，因为友谊会使你朋友众多。

下面我们就来看看如何让父母和老师理解男孩和女孩发展友谊的正常交往呢？

第一，要端正交往态度，培养健康的交往意识。与异性交往要多注意汲取对方在学习、品质和个性发展上的优秀的东西，双方相互交流，共同发展。应该摒弃那些不健康的消极的交往动机，交往自然就会落落大方。

第二，注意交往方式。要广泛交往，避免个别接触，交往程度宜浅不宜深。青少年男女以集体交往为宜。课堂上的讨论发言，课后的议论说笑，课外的游戏活动等，为大家创造了异性交往的机会。在集体中的异性交往，每个人所面对的是一群异性同学，他们各有所长，或幽默健谈，或聪明善良，或乐观大度，或稳重干练……使我们在吸收众人优点的同时，开阔了眼界和心胸，避免了只盯住某一位异性而被其吸引、发展暧昧情愫。

第三，注意交往尺度。关系要疏而不远，正确把握交往的心理距离。公开场合的两性交往，完全可以大大方方地进行。女孩子应端庄、坦荡，不使对方产生误解和非分之想。假如两人互有好感，相处愉快，约会的次数会增多，每次约会的时间会延长，直到两人难舍难分，恨不得每时每刻都和对方在一起。这时一定要注意适可而止，使双方的感情降温。为防患于未然，对于目的不明的约会，最好婉言谢绝，让对方明白你的心思，放弃对你的追求。但要注意方式方法，不可伤害对方的自尊心。对于纠缠不休，甚至威逼诱吓的人，就要请家长、老师、同学、朋友们帮助处理了。

第四，社会交往应在积极的环境中进行，要谨慎对待不明身份人员的交往请求，尤其要克服网络、笔谈等虚拟交往环境中那些虚构、浪漫的语言，避免安排单独见面，发现对方有不良倾向，要果断中止交往。

学校和家长不要视异性交往为虎狼，要以正确的心态来看待异性交往。倡导学生健康的广泛的交往，积极组织开展集体活动，社会实践活动，创造各种健康的交往环境，加强学生之间，学生与社会之间的交流，淡化学生对异性交往的好奇。并积极教育和提醒学生注意交往的尺度，有意识地引导学生在更广阔的人际范围内进行交往。只要与青春期女孩保持良好的意识，把握良好的交往尺度，就能让老师放心、家长宽心，也能够开出一朵朵友谊之花，对今后的人生起到莫大的帮助。

不得不说的“师生恋”

张爱玲的《殷宝滟送花楼会》里有一段让人印象深刻的描写：在一张书桌前，女学生和男老师上演了一出欲拒还迎、明明暗暗的对手戏。

小说不过是小说。在现实生活中，一旦青春期少女陷入师生恋，就很难全身而退。

雨烟高一的时候，爱上了教她语文的何老师。她柔肠百转，写下了一本本缠绵的日记，何老师却一直不知情。自那以后，雨烟变得缄默无言，成绩也直线下降，尤其是她作为课代表的语文成绩。在何老师找她谈话的时候，她忍不住吐露了真情，何老师在震惊之余，却出乎意料地吻了她。于是，他们都不可救药地陷进了这场畸恋。那年雨烟15岁，何老师23岁，但是他告诉雨烟，他会等她长大。

但是，还没等雨烟长大，她就遭遇了生命里的浩劫。高三的时候，这件事被班里暗恋她的一个男生发现，他以说出去相要挟，要求和她发生关系；她被迫答应，屈辱地满足了他一次又一次。何老师知道后，冲动地打断了那个男生的腿，男生没说他们的事，只说是何老师体罚他。结果，何老师被劝退，在办完离职的那一天，在恍惚中出了车祸……

漫长的雨季从此开始，雨烟的世界里只剩下叹息。她只要一走出去，看到川流不息的车辆，就会想象，是其中的某一辆，呼啸着碾过了何老师的身体……就会想象，如果他们不曾相爱，他就不必付出生命这么沉重的代价。

女学生容易爱上她的老师。

她们初来乍到、举目无亲，而任课教师待人诚恳、善解人意，于是很容易使学生神化老师的形象和作用，将对方看作是温暖和智慧的化身，对其产生特殊的好感。

其次，当为师者不但具有渊博的学识，而且姿容秀美飘逸，较完美地体现了内在美与外在美的统一时，学生往往对其既有崇拜感又有一种朦胧的异性间的好感，最后干脆过渡到一种明显的爱欲指向。

而且，当同龄男生尚显青涩时，老师那种成熟男人的魅力简直是少女杀手。

男老师也容易爱上女学生，她们年轻活泼，生机勃勃，而且倾慕男教师，从很大程度上满足了他们的虚荣心。

鲁迅先生和妻子许广平就是典型的师生恋，现在人们说起许广平，都会赞一句，好一个勇于追求真爱的伟大女性。杨过和小龙女也是典型的师生恋，他们的一往直前和百无禁忌，也是一段公认的爱情佳话。事实上当真如此吗？师生恋真的被许可，被祝福了吗？还是说，这仅仅只是舆论给了名人一个特赦？

现实生活中的师生恋与之相差甚远。

虽然师生恋不犯法，但毕竟有违道德准则。既然是师生关系，就存在着年龄差异，而且相差的不会是无伤大雅的几岁，很可能是整整一代，比如琼瑶的《窗外》。其次，在公众的眼中，和恩师男欢女爱，到底打碎了某种神圣的感觉。师者，传道授业解惑也，怎么可以在如此高尚的名义下，利用工作之便，和女学生眉来眼去？

倘若老师已有妻室，那事态就愈发严峻了。为人师表的那一个，稍有不慎就沦为道德败坏人士。而做学生的，无论如何都会影响学业，师生恋的破坏力比早恋可要厉害多了。

中国有句古话叫作："一日为师，终身为父。"教师和学生之间更多的是保护与责任的关系，任何对学生们存在潜在伤害的事情，教师们都是不可为的。

师生恋存在着种种阻碍，既有来自内心的犹豫与担忧，又有来自周边环境的指责与压力。因此师生恋一般都很低调，甚至偷偷摸摸。

"师生恋"是一个无比瑰丽的词汇，但它却是一朵带刺的玫瑰。

师生恋的双方，通常所处的心理地位是不平等的。师生之间的移情，多发生在学生对老师的一种崇拜心理下，有一种以下视上的感觉，而没有异性之间平等的心理关系；其次，正常而顺利的恋情会随着双方交往程度的加深而日渐亲密。而一旦女学生走近崇拜的老师，往往会以十分苛刻、挑剔的眼光审视自己心目中的“神”，当发现后者已不再符合自己的构想时，便导致感情逐渐冷淡乃至消失。

师生恋往往弊大于利。对学生来说，由于心理上的成熟度较低，一旦对老师发生感情，往往很难理智地将它与正常的恋情区分开来，热烈投入的结果极有可能影响正常的学习。对于老师来说，一旦与学生发生亲密关系，就会使其信誉与判断力受到严重的非议与挑战。

所以虽然不乏结局美满的师生恋，但是大多数的情况则是，随着环境和各人扮演角色的变化，师生恋双方的热情会很快消失殆尽，故而不易走入真正的婚恋轨道。

青春期女孩缺乏自我判断能力与自我控制能力，老师不能置身事外，应该担负起为人师表的责任，积极主动发挥教育作用，正确处理学生对其产生的感情依恋。

首先，老师要敏锐而正确地识别学生是否产生感情，既要防止心理过敏，无中生有地把学生对老师的尊重和客气当作洪水猛兽来处理；又要摒弃被人崇拜而产生的沾沾自喜、自鸣得意，甚至到处夸耀的心理。当异性学生经常借口在课后单独向老师请教，而其所问问题又是不难解决的；如果是女生刻意化妆打扮，或是该学生经常有意无意当着老师的面或其他同学的面对该老师表示热烈崇拜、极度推崇时，作为老师就要考虑学生是不是对你产生恋情。

教师对于已产生恋情者，既不能迎合，助长其心理的不正常倾斜，更不能以粗暴、轻率的态度严重刺伤无知者的自尊心。正确的做法应予以巧妙地化解，必要时还可以科学态度给其讲明，明确而坚定地了断“情丝”，帮助其提高认识，达到情感上的升华。教师可以尝试以下方法：

第一，通过人为拉大两者之间的物理距离，以产生“距离美”的方式使教师与学生之间始终处于一种尊重与被尊重状态。

第二，如果靠教师个人意志来保持与女学生的距离确有一定难度的话，那么只能靠改变客观“情境”来消除移情现象了。如替换教师等，随着时间的流逝，在事过境迁之后，女学生的激情也会随之退却。

第三，在以上两者都不奏效的情况下，则应由德高望重的教师或是心理咨询人员，向女学生讲清师生恋的产生及潜在的危害，用理性的力量帮助其克服不正常的心理倾向，引导学生通过刻苦学习、积极扩大交往层面等为社会所能接受的行为达到其情感上的转移和升华。

如果明知故犯，趁机接受女学生的爱意表达或者有意促使其行为越轨，则是严重违反教师职业道德的行为，而且也违反了做人的最基本准则。

对于人性的东西，一味粗暴地压抑是不会取得好效果的。为防止师生恋所产生的负面作用，学校对于任课教师在上岗培训时应加入教育心理学方面的内容，尤其要从道理上讲透，从思想上给以科学知识的武装，使教师们真正做到在传授专业知识时，也以自己高尚的人格感染学生。

莫把芳心轻许付

幸福的少女，也许你还沉浸在对青春期恋情的美好遐想中，也许你从未曾想过，真实的青春原来可以这样残酷……

那年，他十七岁，她小他一岁，两人是同班同学。进入高中后，两人偷偷开始恋爱起来。初恋单纯而美好，他们沉浸其中，渐渐无法跟上紧张的学习步伐。最后，他们的秘密行动还是被人察觉，学校及双方家长劝阻两人不要过多交往，要珍惜学业。黯然的女孩有意疏远两人之间的关系，但他仍不时去找她，女孩苦恼不已。

那个中午，一切在瞬间颠覆。她在自己的租住处，关着房门吃饭，他来找她。敲门数分钟后，她退让了，开门让他进屋。随后她坚持让他离开，但他不理睬。她独自去教室上课，他就在屋内待了一下午。晚6时许，她放学后回到住处，见他还在，于是再次要他离开，但是他仍不离开，两人发生撕扯。她随即拿来一把水果刀进行威吓，向他的背部轻轻地戳了一下。男孩一直还以为是开玩笑，仍没有走的意思，她情急之下，没控制住自己，就向他腹部猛戳了一刀。

这一刀用力很大，鲜血立即从他的腹部喷涌而出。他最终因腹部动脉破裂，导致失血性休克死亡。得知他的死讯，她伤心地哭了起来。

事后，死者家属报了警，仍在伤心哭泣的她因“故意伤害致死”罪被执行逮捕。如花的岁月就这样因为一场不合时宜的恋情画上了休止符。

女孩到了青春期，由于心理、生理上的变化，自我意识的增强，逐步对异性产生了特殊的情绪体验。在那躁动着青春活力的躯体中，对异性的爱慕及渴求由初步萌动而逐渐增强。少女们常会因一句关怀的话、一封友好的信、一次真诚的相助而动情，这种情绪是正常而美丽的。但是对于“爱情”这个字眼，她们还显得太年轻，她们的肩膀还太过稚嫩，她们稍有不慎就会抱憾终身。

是的，你也许会说，凡事有两面，但是对任何一件事情，尤其是青春期的恋情，不是说都带有乐观的想法就是好的。如果把握得好，青春期恋爱可以教会孩子与人相处的艺术，这是个不可否认的事实。但是，更多的情况是少女们由于青春期恋爱掌握不好而导致悲剧， 我们又怎么能把青春托付给概率呢？

我们不赞同青春期过早恋爱，主要有如下几个原因：

（1）由于身体的发育，特别是性的发育成熟，青春期的少女体内积蓄了大量的能量，容易兴奋过度，造成情绪上的不平衡；另一方面，她们的神经系统还远未成熟，不能很好地控制和调节情绪。所以她们毫不犹豫地为这种新产生的感情雀跃不已，激动不已。但是这种情感会在某种情况下把她们的情绪推向极致。少女们已经可以完全不管不顾，以“爱”的名义肆意挥霍，谁也不愿意控制自己。

（2）少女们的恋爱往往没有正确的动机。现在这个时代，谈情说爱对很多女生来说非常自然。对恋爱的错误态度，不仅出于她们认识的不足，还和时代背景息息相关。一是现代的通信系统太发达了，电话、QQ、微信、微博……青春期女生与异性接触的机会增多。二是随着社会物质水平的提高，部分学生过上富裕的生活，身在福中不知福的学生现在越来越多，把谈恋爱当作一种潮流。三是各种因素导致学生早熟。现在无论在网上、书上、生活上都有许多关于情情爱爱的东西，而且现代的女学生也非常钟情于那些爱情小说、言情小说等，都容易刺激青春期女生进行过早的尝试。而没有正确动机的爱情是不纯洁的，不纯洁的爱情注定只能如昙花一现。

（3）青春期正处于知识积累、学习人生经验的关键时期。处于此期的学生观察力、判断力还很幼稚，对异性的了解多限于外貌特征，很难准确而深入地对异性进行全面的了解，凭一时的感情行事较多，所以这个时候的想法往往难以抗拒时光的打磨，未来的不可预测性是显而易见的。 而且青春期正是中学学习阶段，还没有走向社会，不可能具有成熟的社会责任感。

（4）社会竞争的激烈，使青春期恋爱现象越来越受到限制。女孩今后要想在社会上立足，在青春期不进行必要的知识技能和社会适应能力的学习和储备，未来是很难承担起家庭和社会责任的。

（5）青春期恋爱易引发抑郁症。因青春期恋爱引起的抑郁症，其实在15%～20%的青少年身上会有早期症状。如孩子日益孤独、睡眠增加、饮食或行为改变等，这些症状如持续出现两周以上，最好去看心理医生。

总之，尽管他们的生理成熟提前，但他们的心理成熟却严重滞后，根本不具备步入婚恋的条件。因此，中学生的恋情是不适宜、不明智的。大量的事实证明，中学生的恋情不稳定，双方为此消耗了许多宝贵的精力和时光，不但荒废了学业，而且有的还会造成终生遗憾。虽然对中学生的早恋现象有许多争论，但有一点各界人士看法一致，那就是当今社会未成年的孩子过早沉溺于自己也分不清的恋情还是友情之中，导致学习成绩下降、身心疲惫，丧失进取心，耽误前途，是一生的不幸。因此，社会各界对中学生早恋问题应旗帜鲜明地反对，并加以科学地引导才是上策。

走出青春期恋爱的误区，需要教师、家长与女孩的共同努力。

第一，对于少女的恋爱，教师及家长应该做到心中有数，要细心观察她们的言语、行动、神色、情绪是否发生了莫名其妙的变化，以便主动地采取措施，避免出现措手不及的尴尬。

第二，正面引导，给她一片蓝天。许多教师及家长一遇到学生早恋，似乎如临大敌，紧张万分，快刀斩乱麻是他们的通常做法。其实，青春期恋爱是正常的心理活动的体现，如果我们能够正确地予以引导，一定可以妥善地解决。

第三，青春期女孩应该把自己的情感冷冻，把精力集中在学习上，并且多参加一些集体活动和自己喜欢的文体、科技活动，用多层次、多角度的同学关系来淡化这种情感。通过广泛的交往，你就会不断地发现其他异性同学身上的优点和可贵品质，会发现使自己脸红心跳的男生其实只是众多的各具特色、各有特长的男同学中的一员，会感到当初视野的狭窄和情感上的不成熟。

庐隐说：“人若无感情维系，无论海阔天空，也难以使郁结之心消释。”情是生活不可缺少的，但是不恰当的“情”却是有害的。

异性之间的爱慕和憧憬如太阳初生的薄雾，它是美好的，而一旦酿成云、酿成雨，甚至酿成雷电与冰雹，对于初涉人生的少女来说是难以经受的。

青春期的女孩，我想对你说：我们坐火车去目的地，沿途风光优美，美得让人心醉，情不自禁要下去看看，但是你要忍住，因为这不是你要去的地方，如果你实在忍不住，不妨下去看看，再去目的地，但是，你再搭乘的车就永远不会是此时此刻的这一辆，就算你到达了目的地的话，也不再是生命中准时的那一刻！

女孩与同性交往的技巧

女孩，你注意到了吗？让你最放松、最舒适的减压方式，既不是健身操也不是长途旅游，而是向同性密友开怀倾诉。

事实上，调查结果也显示：大多数少女认为同性朋友之间的情谊是生命中最快乐、最满足的部分，这种情感关系也是最深刻的，为她们带来一种无形的支持力，就像空气般可靠。西方心理学家也指出，拥有稳固的同性朋友是现代女孩健康生活的最重要的方式之一。

为什么在青春期同性友谊对女性如此重要？

首先，青春期女孩开始进入生命历程的多事之秋，身体的发育与成熟带给她们许多从未有过的体会，当然，烦恼和困惑也随之而来，包括对同性的感觉也会发生变化。绝大多数女人会对同性产生信任和依赖的感情，因为这是一个与自己完全相同的群体，她们能够理解和体会你的所有悲喜，并给予你最贴近的关怀和帮助。排解烦恼、缓解压力的最常用方法就是找同性朋友倾诉。

其次，女孩的心理天生更为脆弱和细腻，更需要支持和理解。由于男性的性别特点，他们的理解程度远远不能满足女孩的需要，女孩只有在自己的同类处才能得到共鸣，所以女孩间的倾诉就较为普遍。另外，遗传基因中女性的群居性更强，对于友情的渴望程度更大。

再次，亲密的同伴关系，作为一种预防性措施，一种对于免疫系统的支持，能够降低疾病对你的威胁，也就是说，青春期的女孩要保持身体健康，不仅需要锻炼身体和正确的饮食，同时更需要加强对友谊的维护；由于女性之间的沟通更开放、自然，并且能够给予对方同等的回馈，所以这种友谊，更容易在女孩和女孩之间产生。

那么，怎样才能做个在交往中讨人喜欢、赢得同性首肯的好女孩呢？

朱丹是一所重点高中的尖子生，她不仅学习成绩优异而且多才多艺。她还热衷于参加各种活动，而且都有不俗的表现。按理来说，这样优秀的女孩应该过着无忧无虑的生活，可事实并不是这样。她的苦恼是没有朋友。用她自己的话描述，就是朋友交一个，丢一个，和人打交道时，她会不经意地压抑自己，聚会时冷场、尴尬的局面时有发生，因此怎么也找不到一个推心置腹的朋友。在她眼里，没有朋友、缺乏人脉的生活，就像是被关在狭小的牢笼中，一潭死水。长期的忧虑影响到了她的自信，也逐渐干扰着她正常的学习和生活。她一直不明白自己在哪个环节出了问题，而且她还是一个优秀学生！

在现实生活中，有些女孩在社交中总交不上朋友，或者是交了朋友没多久，朋友又离她而去，平时和同学的关系也不融洽。究其原因，社交中的不良心理状态阻碍了人际关系的正常发展，也就是所谓的社交病态心理。

经过与老师几次谈心后发现，她的关键问题在于对形象、言词过度关注。她总是怀疑自身措辞不够完美，审视穿着是否得体，敏感地关注对方的反应，甚至为任何失误感到焦虑。当然，她也会那么严格地要求别人。所谓“一鼓作气、再而衰、三而竭”，屡次失败让她的自信心大打折扣。找到了原因，经过几周的调整，朱丹终于能克服原先苛刻的眼光，转变了谨慎的态度，以放松的心情，愉快地和朋友们谈天说地了。

朱丹的教训告诉我们：如果你已经做得很多了，那么希望你不要再让自己戴着假面具了，因为一个人的魅力源于真实地呈现自我，这样的人才是最受欢迎的。

你喜欢完美无缺的人还是喜欢一个真实的人呢?

举两个例子。

其一：美国历届总统大都能给人留下鲜明的印象：风度翩翩，有人格魅力。肯尼迪总统受到美国公众的喜爱程度恐怕是美国历史上所少见的。然而，肯尼迪并非一个完美无缺的人。他曾经试图在猪湾（地名）入侵古巴，结果遭到惨败。像这样大的军事失误无论发生在怎样出色的领导人身上，普通人都会认为它会使领导人的形象大打折扣。令人费解的是，“猪湾惨败”非但没有降低肯尼迪的个人声誉，反而使他在公众心目中的形象更加真实、丰满和贴近——人们更加喜爱这位“也会犯错误”的总统了。

其二：中国杂技团在国外演出也曾经出过错。然而，当地的观众并没有因为演员的一时失误而冷嘲热讽，反而前去观看演出的人更是络绎不绝。因为人们通过杂技演员的失误了解到，他们那些惊险的动作是真的。真实，给人最深切的印象。

之所以会出现这种情况，是因为尽管人们追求完美，然而，真正面临一个完美无缺的人时，却不敢相信。“人非圣贤，孰能无过？”从古至今，所谓“无过”的圣贤有谁曾经见过呢？那句古话说得好：“水至清则无鱼，人至察则无徒。”

要赢得同性的喜爱，光做到这一点是不够的。

受女孩欢迎的女孩懂得如何欣赏他人。女孩通常视同性为天敌，这不奇怪。正像一则笑话所讲：两对男女迎面走，男人看女人，女人也看女人。女孩吝啬对同性的赞美，女孩轻蔑自己的同类；自古以来似乎都是如此。若想获得其他女孩的好感，适度的赞美是必要的，让她知道你是她无须设防的人，你真心把她做朋友，你不会同她争风吃醋，大家自然就能够坦然相对。

诚恳地去赞美其他女孩，哪怕只是一句“你今天的衣服真配你”。相信他人一定会用微笑和感激来回报你。

受女孩欢迎的女孩懂得如何宽容待人。女孩的心地或许是善良的，但女孩的小脾气却往往坏事。宽容别人是一种境界，一种用一颗心去包容和感化另一颗心的境界。对别人的宽容也是对自己人格的肯定，我们存在于这个世界上，不一定非要使自己伟大，但一定可以使自己崇高。有些时候，别人伤害了我们，我们大可不必去寻机报复。想一想，也许是发生了什么误会，或是自己真的做错了什么，曾经也在无意间伤害了别人。无论怎样，我们要学会原谅别人。

小慧不漂亮，但性情谦逊、大度、热心助人。周围无论谁人有求，她都帮忙。别人出言不逊，她也只是一笑而过。久而久之，她成了最受欢迎的女生。

受女孩欢迎的女孩懂得如何平易近人。有架子的人是人见人烦的，与其做个孤芳自赏的高傲“公主”，不如平心静气地与人谈天说地，做个善解人意的“灰姑娘”。女性天生善妒，格外不喜欢倚仗容貌骄矜自己的同类。相比之下，她们更愿意接受随意、温婉、同自己一样柔和、普通的女子。

曾经有个校花级别的女孩，一向高昂脖颈，金鸡独立。女孩子们艳羡她的同时又全都孤立她，不同她交谈，不与她为友。她终日天马行空，独往独来。男生虽说倾慕她，但觉得她太傲慢，不好接近，女生则背后净说她的坏话。最终老师无奈，做出了对她不利的决定：没有推荐她考研究生。

受女孩欢迎的女孩懂得如何一视同仁。路遥知马力，日久见人心。势利总不是为人的根本，始终如一才是做人起码的准则。男人如是，女人也如是。

记住，只要“以人为本”，你一定能得到其他女孩的认可！

女孩与异性交往的技巧

一个女孩向智者请教：

“是这样，我成绩和其他方面还都算不错，还被老师任命为班长，但是我觉得自己在男生中并不受欢迎。可是，我们班上的另一个漂亮女孩却非常有人缘。她不当班干部，男同学们都喜欢她，她当班干部，男同学们也拥护她。您说，这公平吗？”

“我们先不去管那些大道理是怎么讲的，你能仔细想想那些男同学们喜欢的女孩平时有哪些表现吗？”智者试图引导她自己来领悟。

女孩沉思片刻，恍然大悟：“她喜欢帮助人。同学们谁有困难都愿意找她，只要是她能做的，她总是尽力帮助。她也常常主动帮助同学。”

很多女孩对人际交往缺乏信心的原因是她们对自己的外貌缺乏自信。

从客观上来说，我们承认：一个人的仪表是最先被对方的感官感知的，所以仪表因素是构成一个人魅力的最基本的条件。亚里士多德曾经说过，漂亮比一封介绍信更具有推荐力。事实的确如此，在其他条件相同的情况下，外表占有优势的人往往具有更大的魅力。学生组织的集体活动中，那些最先受到关注的学生总是在同等条件下具有外貌吸引力的人，但值得重视的是，人们对美貌的人的其他方面会给予积极评价，但如果人们感到有魅力的人在滥用自己的美貌时，反过来倾向于对其实施严厉制裁。

小慧可以说是幸运的宠儿，美丽聪明的她一直是异性追逐的对象。也许是从小就被宠坏的原因，她天生就有一种优越感。的确，无论在相貌上还是学习上她都是佼佼者。但她却很少有朋友，特别是在班上，同学们表面上对她笑脸相迎，但实际上都敬而远之。因为，她的光环太耀眼，别人同她在一起会感到一种压力和不自在。偏偏小慧也因为自己有才有貌，一股从内心里透出来的优越感，使她说话时都会有种盛气凌人的样子，而且还习惯以自我为中心，让同她相处的人感到格外的不舒服。

由此可见，外表的漂亮并不是绝对的，人与人之间内在素质的吸引力往往比外表的吸引力更强。一个拥有内在美的女孩，即使相貌平常，也富有吸引人的魅力。

想要赢得男孩的友谊，女孩要温柔待人。

温柔不仅是一个女孩的性格表现，也是她美好心灵的反映。言为心声，一个人只有心气宽容，具有崇敬友爱之心，才能宽其身，柔其声，行动上关怀体贴别人。但是，温柔不等于软弱，温柔是以礼待人，这既是一种平等地尊重别人，体贴别人的品性，又是自重自爱的表现。温柔也不等于一味依赖别人。软弱无能的女子，注定要变成男人的附属品。女孩应该培养柔而不弱的品质，有自尊心，上进心，不轻看自己，敢于自强不息地实现自己的价值，在为社会做出贡献的事业中让自己成才。

想要赢得男孩的友谊，女孩要善于倾听。

女孩在男孩身边的时候，行为必须有相应的改变。不要自作主张，少说话，专心听男孩讲话，多给男孩时间表现自己。从某种意义上来说，倾听，也许是女孩与生俱来的本领。倾听的本质是优秀的，是担负着人类繁衍生息使命的女人们的一种基本的品质。这个品质，有一种内敛的节制，有一种不张扬的朴实。在男孩眼中，擅长倾听的女孩，像一块温润的玉石，不耀眼，但是尊贵平和。像一块琉璃，内外明澈，净无瑕疵。

想要赢得男孩的友谊，女孩要乐观开朗。

乐观开朗的女孩不会轻易被挫折打倒，也不会在细节上斤斤计较。男孩能够放心大胆地与这样的女孩交往，而不用担心引起任何误会。这样的女孩，会在男孩遭遇失败、心灰意冷的时候及时伸出援助之手；也会在男孩春风得意、傲气渐增的时候善意地加以规劝。这样的女孩是男孩成才道路上的好伙伴。

想要赢得男孩的友谊，女孩要坦诚相对。

有的女孩把男女交往当作是逢场作戏，往往朝秦暮楚，见异思迁。这种交往方式只是在做表面文章，因而常常得不到真正的友谊和朋友。如果希望交到真心的朋友，就要拿出自己的真心，以道德、义气、慈悲来交往；如此得来的朋友，在最困顿的时候，还能不变初衷地支持扶助，才是真正的朋友。

想要赢得男孩的友谊，女孩要自重自爱。

在男孩心中，理智的女孩永远有着无可替代的魅力。只有一个懂得自重自爱的女孩才可能把握住自己的现在，只有一个懂得自重自爱的女孩才能够赢得更美好的未来，只有一个懂得自重自爱的女孩才会得到男孩真心的赞赏与祝福。

想要赢得男孩的友谊，女孩要克服敏感和猜疑。

敏感和猜疑是女孩交往中的大敌。有过分敏感和猜忌心理的女孩，往往爱用不信任的眼光去审视对方和看待外界事物，每每看到别人议论什么，就认为人家是在讲自己的坏话。猜忌成癖的人，往往捕风捉影，节外生枝，说三道四，挑起事端，其结果只能是自寻烦恼，害人害己。

因此，男生对这类女生通常是敬而远之。多一点友谊的情分，少一些功利，尊重别人，正视自己，与人为善是克服敏感和猜疑的良药，要用善意去理解他人。

想要赢得男孩的友谊，女孩要克服嫉妒。

嫉妒是女孩性格中的致命弱点。嫉妒别人，实际上是企图剥夺别人已经得到的物质和精神的需要，这种心理极易引起别人反感。许多嫉妒心理是由误解产生的。嫉妒者误认为对方的优势会造成对自己的损害，从而耿耿于怀。所以要打开心扉，主动接近，加强心理沟通，避免发生误会，即使发生了也要及时妥善地消除。然而，因为男女交往不同于同性之间的交往，如果光具备了以上几点还是不够的。

有个女生性格活泼，热情大方，又能宽以待人，乐于助人，受到大家的称赞，与男生之间的交往也极其自然。可没多久，突然几位男孩向她求爱。女孩不仅上课时受到他们的打扰，回家路上还遇“堵截”，班级里流言四起。面对这些，天真善良的她迷惘了——我不是一个随随便便的女孩啊，事情为什么会成这样呢？

是啊，女孩的言行怎么会被几个男孩误解呢？她应该怎么办呢？

首先，敢于面对现实，以柔克刚。对那几个男孩，不要躲避。男孩们的争胜心很强，追求一个女孩时，大有穷追不舍之势。对此，女孩不妨找个机会，开诚布公地向他们表明自己拒绝的理由，希望他们谅解，并渴望能友好相处。在这样的表白下，疯狂的追求者们会产生悔过感，一般会面对现实的。

其次，与男孩交往言谈举止要有分寸。在正常的人际交往中，关心别人、互相帮助、温柔大方是女孩们美丽温柔的体现，但不要有过分亲昵的表示。另一方面，对男孩们的亲昵举止要明确表态，及时制止，不要拖泥带水。这样有柔有刚，刚柔相济，防患于未然。

男女之间良好的人际关系能给人精神上的愉悦和满足，促进身心健康。想让男孩对你另眼相看吗？试试改变一下。

社交并不恐怖

小红是一位年轻的女孩，生性胆小怕羞，近来更是觉得自己得了一种怪病：她怕接触人。开始时，见到陌生的异性她就脸红耳赤，心慌意乱，手足无措，不知该说什么。现在，甚至发展到看到同学也惊慌失措，严重影响到她的学习和生活。她知道这是种不正常的心理状态，但不清楚是怎么形成的，该如何对待。

从小红的情况来看，她患了心理学上所说的社交恐惧症。

中国人，特别是女孩，多数内敛、含蓄，不轻易表达自己的感情。这只是性格上的弱点，而不是病态。真正的社交恐惧症是以焦虑、自闭为主要特征的综合心理障碍。主要表现为：自我封闭，不敢交友，害怕社交；有社交的欲望得不到满足，由此产生焦虑、孤独；不敢面对挫折，由此而逃避现实，觉得只有躲在没人的地方才安全。

社交恐惧症有多种具体的表现，例如，见人时害怕、脸红；见人时感到表情不自然；与人对视时紧张异常；见人时自己会产生强迫思维及行为，例如，控制不住地想注视异性性敏感区；在人前行走时，怕自己姿态不好引人嘲笑和轻视，等等。

在世界上，社交恐惧症已经是忧郁症和酗酒之后排名第三的心理疾病。在我国，社交恐惧症的患者正在激增，且有往低龄化发展的趋势，这应该引起社会、学校、家庭以及少女的高度重视。

为什么会产生社交恐惧症呢？社交恐惧症往往缘于极度的自卑。

心理专家为小红专门录下了她与人的谈话过程，然后让别人评判。在众人眼中，都认为小红没有什么明显的问题。可当问她本人的感受时，她却说自己表现得太差了。

从心理学的角度来看，小红的问题在于她的自我意象极差。自我意象就是人的心目中所反映的关于他（她）自己的形象。自我意象的好坏取决于当事人的经历，而后，人的所有行为、感情、举止，永远与自我意象相一致。简而言之，你把自己想象成什么人，你就按那种人的方式行事。

青少年是进行自我认识、自我评价的初始期，但是他们的自我认识往往不客观、不全面、不辩证、不准确、不稳定，于是就很容易陷入自我认识的误区。在他们的心目中，自己是丑陋的、不被人接受的，所以在外部的某种场合下，外人的目光马上会引起他们的自惭形秽，刺伤他们的自尊心，导致他们本能地产生回避的反应。

所以社交恐惧症患者往往有严重的自卑。他们由于自己看不起自己，因而在社会交往中，总在意自己在别人心目中的形象，总担心别人会看不起自己，这样就背上了心理上的大包袱，言行举止放不开，结果更让自己紧张和自卑不已。

一位名人曾说过这样一句话：喜剧型的性格创造喜剧型的人生，悲剧型的性格创造悲剧型的人生。社交恐惧症者的不良性格，给他们带来了种种弊端。

首先，社交恐惧症导致了与他人的隔阂。自卑者不能悦纳自己，也会认为别人也不会悦纳他，因而不愿与他人沟通融合。这种心态常常会产生两个不良的后果，其一是常常会产生一些偏、怪的主观性错误想法，比如把别人无意识的举动看成是针对自己的，是故意嘲笑自己，于是就更加自卑和与人为敌。

其次，把自己的人生目标狭隘地定义在把别人比下去上面，完全忽视和体验不到与人沟通交流的乐趣，友爱互助的温暖。忽视集体活动的价值和意义，因而必将成为一个心胸狭窄，心理承受力差，缺乏生活情趣，不会为人处世的人。

最后，严重的社交恐惧症患者容易形成错误的竞争观和相应的错误手段。自卑感强的人，自尊心必定十分脆弱，就可能用消极错误的思维方式来保护他们受伤的自尊心，甚至不惜用损害他人利益的做法来阻碍他人进步。一旦发展到这个程度，后果将不堪设想。

那么，怎样才能走出社交恐惧症的阴影呢？

（1）害怕社交的人多半比较内向，应注意锻炼自己的性格。多学习有关社交的知识、技巧和艺术，以及相关的社会学、心理学和传播学知识，真正明白道理，这对消除心病是大有裨益的。课余多参加体育、文艺等集体活动，尝试主动与同伴和陌生人交往，在交际的实际过程中，逐渐去掉羞怯、恐惧感，使自己成为开朗、乐观、豁达的人。

（2）学会欣赏自己。对于社交恐惧症患者来说，要想消除自己的心理障碍，就必须能欣赏自己。必须有健全的自尊心，必须信任自己，必须不以自我为耻，一定要树立自信，认识自己的优势，还要能在交往中积极地鼓励和暗示自己，随心所欲地、有创造性地表现自己的优势。只有自己先悦纳自己，才能在交往中自然大方，挥洒自如。要知道，没有谁是十全十美的，每个人都有不足之处，不要无限夸大别人的优点，扩大自己的缺点。只要努力，你也可以很优秀。

（3）切勿操之过急。对于社交恐惧症患者来说，不可能在一夜之间就能在公众场合谈笑自如。可以给自己订一个计划，先和熟悉的人交谈，然后循序渐进，最后达到和陌生人交谈的水平。平时可以主动找同学说话，慢慢培养在公众场合表达自己意见的能力。如果实在难以做到这一点，可以在家里，设想是在一个公众场合，下面有无数听众，自己对着墙壁说话。经过长期艰苦的心理锻炼，随着年龄的增长，个性的完善，社交恐惧症是可以逐渐克服的。要把社交恐惧当成是一项工程，也是一场我们一定能够打赢的战斗。每一个胜利都是真实可见的，只要我们去做。

最后，自我暗示也不失为一种好办法。可以暗示自己：我只不过是集体中的一分子，谁也不会专门盯住我，注意我一个人的，摆脱那种过多考虑别人的思维方式。要记住：我并不比别人差，别人也不过如此，以此来增强自信。

但愿和小红有着同样心理问题的青春期女孩，在明白了上述道理之后，能积极地改变自我，重塑自信乐观的性格，勇敢地走出自我封闭的圈子，绽放美丽的笑容。

网络交友是一柄“双刃剑”

关于网络交友的利弊，有人用这样一句话来概括：如果你恨一个人，请带她去上网，因为那是地狱。如果你爱一个人，请带她去上网，因为那是天堂。

她叫阿珍，今年15岁，是某中学初二学生。阿珍向来读书勤奋，努力进取，在校是个尊师守纪、成绩优秀的好学生；在家是个知书识礼、父母疼爱的好孩子。然而，因为网络交友不良，她背上了终身的悔恨。

今年暑假期间，阿珍和一些同学追时尚、赶时髦，加入了“网虫”行列。每天吃过晚饭，阿珍就到家附近的一间网吧去交友聊天。很快，阿珍便沉迷在色彩斑斓的网络世界中。在网上，阿珍为自己取了个名字“世纪靓妹”。

没多久，“世纪靓妹”在网上结识了一名同市的“浪漫帅哥”男子。经过多次在网上“推心置腹”的交谈之后，“世纪靓妹”与“浪漫帅哥”两人约定了见面时间。

倘若一切可以重来，阿珍永远都不会做那个错误的决定。

当天下午，阿珍借故离家，独自一人来到某公园附近，与“浪漫帅哥”约会。原来，那个“浪漫帅哥”是个心存不轨的流氓。当晚，阿珍被他花言巧语骗到旅店过了一夜。最后，那“浪漫帅哥”还乘阿珍不备，把她身上仅有的25元人民币偷去，借口上卫生间溜走。

网络交友具有一定的风险。上网聊天，你所看到的、听到的、了解到的，只是对方愿意向你公开的一部分，而对于对方真实的身份、背景和道德状况则一无所知。假如对方隐瞒真实意图，蓄意欺诈，你也毫不知情。应该这样说：相处多年的朋友，尚且会发出“知人知面不知心”的感慨，更何况是网上偶遇、突然发生兴趣的“过路人”。如果把网络比作一个大森林，当女孩们像“小红帽”一样沉醉美景中时，你并非都能遇到“狼”或者是“陷阱”；但是，倘若你真遇到一只狼，那对你来讲就是百分之百的灾难。因此，对青春期女孩来说，应该加强网络安全防范意识。

但是，过多的宣传与父母老师声色俱厉的教诲也让少女感到迷惘：网络交友究竟是个什么性质的东西？它就一无是处吗？

所以，对网络交流有一个客观的认识是非常重要的。

虽然网络世界的那一头的确存在着虚假甚至危险，但是总体来说，互联网还是为人与人之间的交流开辟了一条新途径，不能因为个别网络侵害事件的发生，就抹杀了互联网在社交方面的功劳，那显然是狭隘的。

（1）网络使我们的社交圈变得越来越大，使我们和越来越多的陌生人成为朋友。在现今信息发达的时代，交友不再局限于彼此一定要面对面说话。透过计算机网络，不但可以走出自己的生活圈，扩大生活领域，使自己有远见，亦可以认识各种形形色色的人。借助于先进的网上聊天工具，他们不仅能在所处城市找到兴趣相投者，甚至可以搜索到地球另一面有着同样理想与抱负的青年人。经过虚拟世界中的情感交流，许多现实中的交往可能就此展开，数不胜数的“网恋”便是一例，撇开少数品行恶劣的骗子不提，的确有不少青年通过互联网找到了生命中的另一半。从这个意义上说，互联网已成为青春期女孩实践“陌生人社交”的缓冲地带。

（2）网络交友能让人集思广益，丰富见识。借着网络交友，可以看见来自各县市，甚至各个国家等四面八方的人。它没有年龄的限制，也没有身高相貌的规定，只要是想交网友的人，皆可利用它。若你的网友年纪比你大，则可以从他身上吸取有益的人生经验；若他的年纪比你小，则可以分享他的生活乐趣。此外，由于是借着网络所认识的，大多数网友的身份背景都与自己不同。不同的人，就来自不同的地方；不同的地方，就有不同的文化。所以，交网友可以了解各地的生活方式，认识自己原来所不知道的风物习俗，既而充实自己的知识，放远自己的眼光，不至于变成一只井底之蛙。 现在是个社会变迁非常快速的时代，不合时宜的行为往往会遭排挤。以新替旧一直不断循环，才促成今日社会的进步。若要充实自己的内涵，网络交友是一个不错的选择。

（3）网络使朋友间的交流达到从未有过的便捷，是现代社会的流行趋势。网络交友是科技发达的证明，也是认识人群的动力。有句话说：秀才不出门，能知天下事。网络就能让你足不出户，而达到与朋友沟通交流的目的。即使彼此两地相隔，不能见面，仍旧可以时时刻刻互相联系。

（4）网络交友还能使人享受到来自陌生人的关爱，有助于放松身心、缓解学习压力。有些事情你无法与现实生活中的朋友说，和陌生人却可以倾诉衷肠，一拍即合；有些你不能自解的疙瘩，说不定陌生人可以一语中的，于是问题迎刃而解；还有时你只想找个陌生人说话，既畅快了心情也没有负担，然后一笑而过，各走各的路。物换星移，不知不觉，随着聊天的次数的增加，一些网友就由陌生变为熟悉，甚至于成为无话不谈的知己。因为网络是虚拟的，所以人们可以在网上摘下面具，坦然相处。诙谐幽默的谈笑，亲切温馨的问候，美好醉人的祝福就时时在聊天中一一呈现。

如今，更兴起了朋友圈。闲暇之余，写些自由任性的文字，看看那些朋友点赞、回复。这些回复，有的打趣，有的祝福，也有一些善意的批评，等等，总之是各具特色，不忙的时候看着微信群里自己留下的生活点滴，会觉得曾经的时光那么美好。

只要我们擦亮自己的眼睛，网上交友，就一定能使我们的生活更为充实，更为多姿。

但是女孩们，真诚“待客”的同时也要“擦亮双眼”哦！网络也是现实世界的一个缩影。注意在网上保护自己吧！因为，即使是美丽的草原上，也会有游荡的恶狼。

学会和陌生人说话

在美国纽约的时代广场上，有一位银发老妇整日踱来踱去。有人认为她是在活动筋骨，有人认为她是位无家可归的老人。

直到有一天，报纸上登出了这位老人的事情，人们才知道：原来她是在来来往往的人群中搜寻面带焦虑、心事重重、需要帮助的陌生人。

见到独自乱跑的小朋友，她就上前问一句：“小东西，是不是找不到家了？需要我帮忙吗？”见到满眼忧郁的女孩，她就上前问一句：“孩子，有什么不开心的事吗？说出来吧，或许我能帮助你。”见到心事重重、满脸沮丧的老年人，她也会主动上前打个招呼：“遇到为难的事了吧？用不用我给你出出主意？”

她救助过因长期失业对前途感到迷茫而企图自杀的青年男女，送回过离家出走的学生和迷途的智障老人，救助过被拐骗的异地少女，还曾成功地劝说走投无路的犯罪分子投案自首。

一位曾经想自杀的男人现在已经是一家跨国公司的部门经理。他在回忆被老人帮助的情形时说：“听到她关切的问话后，我竟然扑到她的怀里大哭了一场，当时我只觉得她是母亲或祖母。”在老妇的劝导下，他重新树立了信心。

在这位老人的影响下，纽约成立了一个自发性的银发老人救助组织，他们的口号是“多和陌生人说话”。现在，越来越多的退休老人加入了这个行列，像那位老妇人一样，走上街头用他们那双见多识广的眼睛，去搜寻来来往往的人群，一旦发现可能需要帮助者，他们就会主动上前，去和陌生人说话。

从小到大，家长对女孩们灌输得最多的便是对陌生人的防备。家长们经常教育女孩：不要和陌生人说话。

确实，社会非常复杂，如果不注意交往对象的企图，有时非常容易上当受骗。在与不熟悉的人或者陌生人打交道时，提高警惕性对于缺乏自我保护能力的少女是非常必要的。然而，作为一句告诫性的话语，“不要和陌生人说话”给了女孩们这样一个误导：陌生人不可信。在这样的氛围下长大，会使她们对这个世界充满不信任感，从此在与陌生人打交道时造成心理障碍，从而影响到女孩的健康成长。

女孩们，实际上，和陌生人说话远没有想象中那么可怕。

学会与陌生人说话，是人类生存的需要。

周国平在《南极断想》中说，灵魂永远只能独行。他认为，只有自己去寻找，才能找到自己的上帝。其实，人永远无法独行。人类总是一种需要沟通和倾诉的生物。若你还是那么抗拒与陌生人交谈，那么不妨假设当你在陌生的环境遇到问题需要旁人的帮助时，回应你的却是一张冷漠的脸，你又会是怎样的滋味？和陌生人说话，你会发现你朋友身上的优秀品质；和陌生人说话，你会有越来越多的朋友；和陌生人说话，你会发现世界越来越美好。

学会和陌生人说话，是现代社会生活必需的。

首先，从社会发展的大趋势来看，一个开放、理性、文明的社会，其中的人们也必然是呈现开放的心灵、进取的精神和科学的态度。

其次，市场经济是一种交换经济，是建立在人们交换行为基础上的。交换意味着人与人之间必须存在扩大了的交往行为，而孕育于这种行为之中的是参与者的理解、沟通、平等协作等意识，离开了这种交往行为，离开了人与人之间的联系，割裂需求与创造的关系，只能使我们退回到小国寡民的状态，还谈得上什么发展与进步？

最后，从个人角度来看，不要和陌生人打交道的背后潜藏着害怕竞争、自我封闭的不健全的人格。现实生活要求我们有勇气面对竞争，并在竞争中学会自我保护的方法与手段，在挑战中学会自我生存的技巧与方略，这才是正确的人生态度。一味回避，主动收缩防线的做法，并不能适应今天的社会。

学会和陌生人说话，还能为你增加丰富的生活体验。

有这么一句话："世界上没有陌生人，只有还未认识的朋友。"和陌生人说话是那么有趣的经历。这就好像你面对装礼物的盒子，却完全不知道有怎样的惊喜在等着你。面对彼此不知道底细的陌生人，你可以放松大胆地聊一聊积压许久的心里话，而不必担心有什么错综复杂的利益关系危害到你。面对千色百样的陌生人，你总会发现世界上有着你所不知道的另外一面，有那么多五花八门、出人意料的故事。

当然，有人要反驳说："和陌生人说话容易被骗。"其实，如果有人处心积虑想骗你，你即使不开口也要上当；相反，如果你真诚地去对待那些生命中的过路人，你会发现世上还是好人多。

著名作家刘心武在他的《和陌生人说话》中记述了这样一件事：他和母亲坐车去石家庄，半路，上来两个小伙子，坐在他们对面，母亲主动和他们攀谈，还拿出药给其中一个小伙子治冻伤。不久两个小伙子便离开了。当刘心武和母亲下车时，看见警察押着几个人下火车。旁边有人说，这是个犯罪团伙，本想抢劫3号车厢，可后来不知什么原因改成了7号车厢，结果事情败露，被抓了。而刘心武和母亲坐的就是3号车厢。刘心武母亲的主动攀谈和仁爱使抢劫分子不忍下手，如果处处充满沟通和关爱，会减少多少犯罪？

但是。对于青春期少女来说，这个社会是非常复杂的，只有我们时时具备安全防范的意识，才能在与人打交道时防止上当受骗。

第一，不要轻信别人的许诺，天下永远不会有免费的午餐。

第二，青春期少女的好奇心强，在面对诱惑与挑战并存的情况时，一定要以自身安全为重。

第三，青春期少女因为年龄的问题，涉足社会不是很深，很多事情不能辨别是非，所以就容易上当受骗。

第四，跟陌生人打交道，因为对陌生人的情况不了解，不要轻易跟陌生人透露过多个人信息。

第五，一般女孩都比较胆小，禁不住恐吓。遇到危险时，一定要保持冷静，大胆地与之周旋。

和陌生人说话并不恐怖。只要在安全和信任中间找到一个平衡点，女孩们就既能安安全全，又能开开心心地成长。和陌生人说话这门功课，我们必须学会。

异性交往，注意尺度

少女们，你们是否有过这样的经历：在与异性交往时都有这样一种感觉，无论是相互间交谈，或是一起完成某一个实验，无意间的肌肤接触，可能在引起面红耳赤的同时，伴随着一种触电的体验。事后，每当回忆起此事时，你会觉得似乎做错了什么？

有位初二的女孩在进行心理咨询时焦急地说："我在初一时，看到男孩就厌烦，和他们说句话都感到害羞、不自然，路上遇到了也不怎么打招呼。到了初二忽然变得想和男孩说话了，有时看到男孩过来，就不自觉地迎上去，喜笑颜开地打招呼。不管是学习，还是参加课外活动，有男孩在场才觉得有劲；和男孩一起做事时，总是特别想显示自己，以引起男孩的注意。我这是怎么了，难道我成了一个作风不正派的女孩？"

这位女孩会产生这样的忧虑是因为：她并没有认识到自己的情感变化轨迹是成长发育过程中再正常不过的现象。这种体验，其实是青春期的一种特殊的心理反应。它是神经系统对外界刺激产生的一种冲动。这种冲动的出现，标志着女孩的性生理逐渐走向成熟，开始具有了一定的性意识。因此，不必过多地责备自己。

在女孩们刚刚进入青春期时，往往对自己身上发生青春期的生理变化感到恐慌。由于发现了人类性生理的一些奥秘，因此对性产生了不安、害羞和反感，认为恋爱是不纯洁的表现，于是对异性采取回避、冷淡和粗暴的态度。

但是在接下来的一个时期，由于性发育的开始，人的性意识也开始觉醒和逐步形成。在性意识发展过程中，男女同学会产生一种彼此要求接近的需要，产生互相吸引的心理，特别希望异性注意自己并有好感。这一时期一般只把年龄相当的异性作为向往的对象，在各种集体活动中，男女青年都努力设法引起异性对自己的注意，尽量创造出机会与自己中意的异性接近。但由于双方理想主义成分太高，以自我为中心的意识太强，所以冲突较多，接近的对象也会经常变换。

向往异性本是青春发育期的一种正常生理反应和心理现象，是人的情感世界中美丽而珍贵的内容，男女同学相处，是中学生社会交往不可缺少的内容。

异性的良好交往对青少年的身心与学习会有促进作用。原因有以下几点：

（1）仅在同性范围内交往，人的心理发展会受到局限；而与异性交往，能丰富人的情感，拓展人的个性。男女同学在正常交往中可以互相取长补短，相互学习借鉴，能消除对异性的好奇心和神秘感，培养少男少女健康的性心理。不少性偏离患者（如窥阴癖、恋物癖等）的病因，就是由于长时期不敢与异性接触，对异性怀有自卑、胆怯、不满等心理所引起的。而且，通过与异性的交往，可以帮助男生克服逞能好强，骄傲自满的不良心理；同时也可以帮助女生克服优柔寡断、感情脆弱等性格缺点，克服自卑感，树立自信心，通过相互交往，彼此学习，相互影响，完善自我。

（2）尺有所短，寸有所长。男女智力虽没有高下之分，却有类型差异。比如男生的左脑比较发达，往往比较喜欢数学、物理、化学等学科，在解题的灵活性上略占上风；女生的右脑则更为灵活，比较喜欢语文、外语、地理、生物等学科，在语言的记忆和使用等方面可能略胜一筹。不言而喻，通过交往，男女同学均可以从对方那里取长补短，从而有助于提高自己的智力活动水平和学习效率。

（3）情感交流，互补互助。人际间情感是极其丰富的，男女之间不带爱情色彩的情感交流可以使人感到温暖，达到心理上的平衡。一般来说，女性的情感比较细腻温和，富有同情心；男性的情感粗犷热烈，且比较外露。男生向女生吐露自己的不幸和难堪，可以在同情声中平静下来；女生向男生诉说自己的犹豫和愁苦，可以在鼓励声中振奋起来……这种异性间的情感交流是微妙的，也是在同性朋友身上所得不到的。

（4）互相激励，提高效率。“异性相吸”是一种普遍存在的心理现象，这种现象在青少年中更明显。俗话说“男女搭配，干活不累”，其表现是，有两性共同参加的活动，较之只有同性参加的活动，参加者一般会感到更愉快，干得也更起劲、更出色。这是因为当有异性参加活动时，异性间的心理接近需求得到了满足，因而会使人获得程度不同的愉悦感，并激发起内在的积极性和创造力。

有一种现象，比如，两个男女异性同学由于兴趣爱好相投或学习、工作上联系接触稍微多一点，就立刻有人传出各种闲言碎语，使他们不敢进行正常的接触。这是由于封建观念的不良影响，使有些人对男女青少年的交往特别敏感，认为似乎男女之间只能有爱情，不能有友谊。其实，青春期女孩只要把握与异性交往的尺度，诚恳对人，热情大方，自尊自重，处理好与异性的关系，就一定能以自身良好的修养和人品赢得异性的尊重和友情，也能赢得他人的理解。

与异性的正常交往要注意以下几点：

（1）自然就好。消除异性交往中的不自然是建立正常异性关系的前提。自然原则的最好体现是，像对待同性那样对待异性，像进行同性交往那样进行异性交往。

（2）把握分寸。男女之间过分拘谨固然令人难堪，但也不可过分随便，诸如嬉笑打闹、你推我拉之类举止应力求避免。须知，男女毕竟有别。过分随便亲昵，会使你显得轻佻而引起对方反感，容易造成不必要的误会。

（3）避免单独接触。男女交往的方式要适应当前的社会心理。最好是多参加集体活动，多参加公共场合的活动。这样不仅可以避免产生不必要的误会，而且老师放心、家长也安心。

（4）学会控制情感。在平时与异性的接触中，要通过理智来克服这种类似爱情的冲动，把较多的精力投入到学习和正常的文体活动中，切勿效仿成年人的那种谈情说爱的方式，放松自己对感情的束缚，铸成终身遗憾的错误。

要帮助孩子安全度过青春期，父母们应该从自身做起，为孩子建立一个温暖、愉快、轻松的家庭环境，在日常生活中要经常和孩子进行情感上的交流。同时父母、老师要信任孩子，要理解孩子的情感，不要过分干涉孩子的自由，更不要把孩子与异性的正常交往指责为早恋或不轨行为。这个时期最关键的是帮助孩子建立起自我形象，树立坚定的信心，确立远大的理想和奋斗目标，充实孩子的生活。这样才能有效地帮助孩子度过青春期。

网恋要谨慎

网恋，正逐渐成为青少年中风行的一种时尚。网上聊天，由于双方互不认识，更不知对方详细情况，便更方便互相倾吐情愫。单纯的少女很容易将深藏心底的感情与欲望淋漓尽致地宣泄出来。然而，青春期的女孩万万没有想到的是：网恋正逐渐成为青少年、尤其是少女的“桃色杀手”。下面是一个真实的故事。

李某是黑龙江省某中学的一名女生，她在网上结识了一位网名叫“阳光男孩”的网友。然而，这名纯洁善良的少女并没有意识到：网恋的开始，同时也是噩梦的前奏。

李某先是被男孩幽默的言词所吸引，当“阳光男孩”介绍自己为某公司的白领，父母在国外等情况时，她更是羡慕至极。在男孩对她表达了爱意并提出见面后，李某竟一口答应，并瞒着家人，踏上了远去湖南长沙的列车。然而，她做梦也没想到的是，她痴迷的网上恋人、白马王子竟是社会上的小混混，网上所说的话全是谎言。见李某万般后悔准备离开时，这名小混混凶相毕露，带着几名兄弟，将女孩强行带到某旅馆进行多次轮奸，并抢光女孩子所有的钱物。

这起案例只是众多网络犯罪中的一种，利用网恋来骗财、骗色，甚至残害生命。利用网恋这一特殊方式犯罪已成为威胁青少年身心健康的一个重要的社会问题。网恋，一旦被坏人利用，它就好似一个玫瑰式的陷阱，无情地吞噬着思想单纯、感情纯真的青少年的心灵和生命。

尽管许多少女因网恋给自己的身心带来巨大的影响和伤害，但仍有相当一部分人还痴迷于网恋中不能自拔，仔细分析一下，可能有以下几方面原因：

（1）对网络虚拟世界的好奇心理。她们的年龄，往往处于人生观、世界观成型前的不稳定期，容易对未来抱有幻想，对谎言的识别能力低。过分追求浪漫和激情，因而容易被网上一些“爱情高手”的甜言蜜语所迷惑，最终跌入网恋的陷阱中。

（2）广大青少年，尤其是在校学生，由于学习任务重，业余时间少，生活单调，很多学生还要面临升学、就业的压力，造成他们到网上寻找刺激、寻找寄托，逃避现实生活，幻想通过网上交友缓解压力，得到情感上的寄托。

（3）现在都是独生子女，孩子孤独，觉得没有安全感，觉得与父母代沟深，需要有父母之外的人的精神支持，使得他们迫切需要满足友情、爱情等情感需求。但现实生活中的交往可能会给他们带来压力，而网络中的虚拟空间则会给他们以相对宽松的环境。

（4）网恋为广大青少年提供了一个广阔的择偶空间。网络把世界变成了“地球村”，可以结交海内外的朋友。这样就使一些青少年到网上去寻找符合自己要求的“白马王子”或“白雪公主”。而且，网恋又能不被家长和老师轻易发现。

（5）网络作为最新的交流手段，具有信息传递的瞬时性、广泛性、超时空性和虚拟性、符号互动性等优点，极大地满足了现代人的需求，少女们可能觉得这种新式的恋爱法很“酷”。